Zwischen Kreuz und Roter Fahne

Hubertus Deick

Zwischen Kreuz und Roter Fahne

Zeit der Reife
1945 – 1953

Eine autobiografische Erzählung

Roland Reischl Verlag

Bibliografische Information der Deutschen Nationalbibliothek: Die Deutsche Nationalbibliothek verzeichnet diese Publikation in der Deutschen Nationalbibliografie; detaillierte bibliografische Daten sind im Internet über dnb.d-nb.de abrufbar.

Umschlagbilder: *Zeichnung:* Albrecht Thomas, Siegen (Motive: Klosterkirche der Huysburg und Gymnasium Martineum in Halberstadt), *Klassenfoto:* privat (um 1950).

Umschlaggestaltung, Layout und Satz: Roland Reischl.

Druck: TZ-Verlag-Print-GmbH, 64380 Roßdorf.

Jegliche Veröffentlichung, auch auszugsweise, bedarf der Zustimmung des Verlags: **Roland Reischl Verlag**, Herthastr. 56, 50969 Köln, Internet: www.rr-verlag.de

© 2017 **Hubertus Deick.** Alle Rechte vorbehalten.

ISBN 978-3-943580-23-5

Inhalt

Die handelnden Personen 8

1 *Bert in einem fremden Land / So beschlossen es die Sieger in Potsdam / Die kleine Stadt / Das Wunder und der Lindenbaum / Die frommen Fräuleins, Küstersleut' und Flüchtlinge / Die Schule fängt wieder an und Bert überspringt eine Klasse* 11

2 *Der neue Lehrer / Ein alter Lehrer wird von den Russen abgeholt / Sie sprechen etwas anders / Der „Kugelblitz", auch ein guter Hirte / „Junkerland in Bauernhand" / Fischpaste, Fischpaste, Fischpaste / Die Mönchszelle / Wohin sind die frommen Fräuleins?* 21

3 *Nach der Hitler-Diktatur jetzt die Stalin-Diktatur? / Der 1. Mai 1946 / Der alte Kommunist erklärt die Welt, der Lehrer auch / Wir werden von den Freunden in Karlshorst regiert* 30

4 *Erntezeit / Das erste Zeugnis / Ein Kriegsgefangener kommt zurück / Wallfahrt zur tausendjährigen Linde / Der neue Rektor / Rübensaft gibt Kraft / Der Genosse belehrt den Rückkehrer / Winnetou und Old Shatterhand* 38

5 *Die Hasenjagd / Frost und Winterkälte / Kopfrechnen und Pulloverbeulen / Imperialistische Kartoffelkäfer / Religionsunterricht und Messdienerprüfung / „Religion ist Opium des Volks" / Die Explosion und das Wunder / Der Apfeldieb und die Predigt* 45

6 *Ist das eine Sünde? / Was ist „Volksdemokratie"? / Maiennacht / Der Küster und die Glocke / Eine Wallfahrt / Der Lieblingslehrer mit dem Rohrstock / Der Zauber der Musik* 58

7 *Knaben treiben „Knäbliches" / Briefe aus dem Wilden Westen / Freundschaften* 69

8 *Das Zementwerk wird Volkseigentum und Männe belehrt seine Frau / Lehrer Hinrichs und „Die Brücke am Tay" / Werner, der Künstler / Die Skala des Lebens* 73

9 Parteischulung in der Skatrunde / Die Norm und ihre Übererfüllung / Wer die Jugend hat, hat die Zukunft / Die Skala des Lebens erreicht einen Tiefpunkt 79

10 Das schlechte Zeugnis / Selbstzucht, Selbstzweifel, Selbstbewusstsein / Die Mädchen als unbekannte Wesen / Oberschüler oder Malerlehrling? 85

11 Warum ausgerechnet Latein? / Die Oberschule, das Martineum / Neue Klassenkameraden und der Selbstwert / Mehrfach „stigmatisiert" / Bert wird Mitglied der FDJ 92

12 In den Westen abhauen? / Maiandacht und Frühlingsgefühle / „Gibt es Tallöwen, Herr Doktor?" / Die „Neue Zeit" im Klassenzimmer / Junge Gemeinde und Pfarrjugend / Bert wird „Helfer" 101

13 Zeugnis und wieder Selbstzweifel / Ein Traum, das Fahrrad und das böse Erwachen / Ist der Schwager pervers? 108

14 Ein Lehrer erschrickt / Ist Rosi eine Nymphomanin? / Ein Pfarrer provoziert mit Erfolg und ein anderer begeistert / Gruppenstunde 112

15 Die Lieder der „Neuen Zeit" und der Musiklehrer / Haben Fahnen etwas Mystisches? 118

16 Die Weltfestspiele der Jugend und Studenten und das Sportleistungsabzeichen / Der Keuschheitsgürtel / Die zwei Kopfzimmer / Das tote Ferkel an der Tafel........123

17 Wallfahrt zur Huysburg / Gegenwartskunde beim überzeugten Kommunisten und Antifaschisten / Was ist Musik? / Der erste Kuss................................133

18 Sich unterwerfen oder sich anpassen / Die Erbsensuppe beendet den Traum / Weltjugendfestspiele in Berlin / Sind Bananen wichtig? / Was ist eigentlich Freiheit? 143

19 Auf der Gutsmauer / Schwingungen ordnen Gehirnzellen / „Aida" im Volkstheater 152

20 „Wissen ist Macht!" / Das „Abzeichen für gutes Wissen" in Bronze ist ausreichend / Musikalischer Misserfolg 156

21 Landschulaufenthalt im Harz / Über die grüne Grenze und eine schwierige Verständigung 161

22 Bert wird ein Leichtathlet / Norbert ist ein Funktionär / Das Ende der ersten Liebe / Die Landwirtschaft auf dem Weg in den Sozialismus und die Bauern hauen ab 166

23 Wieder nach Berlin / Eine Deutschstunde / Gegenwartskunde / Katholikentag, mystisches Erlebnis und eine nächtliche Fahrt...................171

24 An der Dreschmaschine / „Gesellschaft für Sport und Technik" / Was ist Osmose? / „Dicke Luft" 181

25 Philosophie / Leibniz und die Monaden / Achim und die Wanzen / Die „Junge Gemeinde", eine illegale Tarnorganisation? 187

26 Helferschulung auf der Huysburg / Jugendarbeit mit der Kirche / Beten / Gibt es überhaupt einen Gott? / Kann man zwei Herren dienen? 193

27 Diebstahl von Volkseigentum / 1. Mai / Abivorbereitungen / Unruhe in der Republik / Berufswahl, was soll er studieren? / Wer möchte Soldat werden? 203

28 Das Abitur / Zeugnis der Reife / Kann ein „Neuer Mensch" eigenwillig sein? / Anpassung oder Opposition? 211

29 „Aufstand des Volkes" / 17. Juni 1953 / Ausnahmezustand im Kornfeld / Zum Studium zugelassen / Gedanken beim Abschied...................216

Nachwort und Dank 225

Über Autor und Verlag 227

Die handelnden Personen

Eine Vorbemerkung: Alle Personen dieser Erzählung sind frei erfunden. Zufällig, aber sicherlich nicht beabsichtigt, können Ähnlichkeiten mit Lebenden oder Menschen, die nicht mehr unter uns sind, erkannt werden. Es kann aber nicht anders sein: Während des Schreibens kommen Erinnerungen aus der Tiefe des Gedächtnisses oder werden Gefühle plötzlich wieder wach, von denen man glaubte, sie wären seit Langem gestorben. Siegfried Lenz hat einmal gesagt, dass man überhaupt nur über sich selbst schreiben würde – im Sinne einer Selbstversetzung.

Bert Howald, der elternlose Flüchtlingsjunge
Berts 14 Jahre ältere Schwester
Ernst, Berts Schwager
Tante Martha, die Schwester von Ernst

Pfarrer Werner Horstmann, der Kugelblitz
Pfarrer Alfons Rohr
Pfarrer Theo Schmidt, der Dekanatsjugendseelsorger
Tante und Onkel Witteck, die Küstersleute

Die Altkommunisten:	Männe
	Fips Wahner
	Oskar Wohlleben
Bauer Sievers	
Bauer Hecht	
Müller Peltau	
Die Lehrer in der Grundschule:	Jürgen Hinrichs
	Fräulein Gastner
	Rektor Dettmann
Die Schüler, Freunde und Freundinnen aus der Grundschulzeit:	Werner Kupfer, der Künstler
	Achim, der Sohn des Müllers
	Susi
	Rosi
	Sigrid, die Tochter von Bauer Hecht
	Ursula Schuster
	Lothar, der Sohn des Rektors
	Norbert
	Gerhard

Ilse
Erhard
Günther, alias Old Shatterhand
Karl-Heinz
Ännchen
Maria
Alfons

Die Lehrer im Gymnasium: „Spucker" Barni, der Lateinlehrer
„Vati" Neumann
Hans Dietz, der Sportlehrer
„Napoleon", der Biologielehrer
„Rampa Mord", der Deutschlehrer
„Hape", der Musiklehrer
Jenny Diekmann,
Musiklehrerin am Lyzeum
„Nu-Wott", der Russischlehrer
Dr. Wilhelm Mahrenberg,
der Deutschlehrer
Bruno Hillmann,
der Gegenwartskundelehrer

Die Oberschüler: Wolfgang, „der Beste"
die Kugelkreuzträger:
Kurt, Jürgen, Horst und Markus
Didi, der Bauernsohn
„Knappe" Walter
Gerdchen
Bodo, der Schauspieler
„Ringer"
Tomm
Achim, der Erfinder der Wanzen
Manfred

Rita, eine gute Freundin

Die „Helfer" in der Pfarrjugend: Johannes aus Quedlinburg
Paul aus Gröningen
Winfried und Meinhard
aus Halberstadt
Jo
Stanis

1.

Bert in einem fremden Land / So beschlossen es die Sieger in Potsdam / Die kleine Stadt / Das Wunder und der Lindenbaum / Die frommen Fräuleins, Küstersleut' und Flüchtlinge / Die Schule fängt wieder an und Bert überspringt eine Klasse

Eine Flucht ist das Ende des Bisherigen, ist die Aufgabe des Bestehenden, ist das Ende einer Vergangenheit. Natürlich nur eine absolute Flucht, mit der man unwiderruflich alles verliert und alles verlässt – eine endgültige, eine Flucht zur Null.

In diesem Sinne musste Albert fliehen. Abnehmend zur Null wurden Heimat, Freunde, die Eltern. Die Eltern waren nicht ganz abnehmend: die Mutter zwar ganz, der Vater nur halb. Ganz blieb die Schwester. Sie wurde nie zur Null. Ein Glück für Albert.

Albert war nun ein Flüchtlingskind, und wenn er jetzt schon bei null angekommen war, dann wollte er doch wieder anfangen zu zählen: null – eins – zwei – drei und so weiter und so weiter. Mit eins fing er an. Und eins hieß, dass er fortan nicht mehr Albert, sondern Bert sein wollte. Das beschloss er kurz nach seiner Ankunft in dem fremden Land, in dem die Menschen anders sprachen, in dem die Kiefernwälder fehlten, in dem keine Seen die Wolken des Himmels widerspiegelten, der hier längst nicht so hellblau leuchtete. Aus dem kindlichen Albert, der den kindischen Namen Albert nicht mehr mochte, wurde Bert, der, was Erfahrungen anbetraf, älter war, als in seinen Papieren stand.

Ungewohnt anfangs im vorerst noch fremden Land war die Stille. Panzerkettenrasseln, Motorenknatterei, Kalaschnikowbellen, kehliges Gebrüll aus Rotarmistenkehlen, Angstgeschrei aus deutschen Frauenkehlen – das alles hatte sich auch auf null zurückgezogen.

Hier krähten die Hähne, gackerten die Hühner, muhten die Kühe, grunzten die Schweine, bellten in der Ferne die Hunde. Das alles hörte er und hörte es doch wieder nicht, denn das gehörte zur Stille und die Stille kennt keine Laute. Auch wenn die Glocken läuteten, blieb es still. Er konnte sich nicht erinnern, wann er das letzte Mal Glockenläuten erlebt hatte.

War Deutschland nun befreit oder war es untergegangen? Diese Frage konnte Bert noch nicht beantworten, und später wird er sagen, dass diese Frage dumm ist. Hier, wo er jetzt lebte, wurde amtlich und offiziell und mit Nachdruck natürlich nur von der Befreiung geredet. Eine andere Meinung war schlichtweg verboten, wurde mit Zuchthaus bestraft oder sogar zum Anlass genommen, den also Übelredenden nach Sibirien zu schicken, in ein Straflager.

Denn hier waren jetzt die Russen, wie man sagte, wenn man von der Sowjetarmee in der Sowjetischen Besatzungszone sprach. Dabei hatten doch die Amis und nicht der Iwan, auch so nannte man die Russen, diese Gegend erobert – Mitte April. Aber dann mussten die Amis abziehen auf ihren großen, starken Lastautos, und auf den Panjewagen, gezogen von kleinen, struppigen Pferdchen, zogen die Russen ein.

So war das zwischen den Siegermächten besprochen worden. So hatten es die Russen, die Amerikaner und die Engländer beschlossen. Die Grenzen der Besatzungszonen, die das besiegte Land teilten, lagen schon lange fest und in Potsdam wurden sie endgültig besiegelt.

Bert, damals noch Albert, hatte es ja erlebt, in Potsdam.

Er erinnerte sich noch gut daran, wie er hinter dem Zaun auf dem gepflegten Rasen der Vorortvilla gelegen hatte. Ganz klein hatte er sich gemacht. Es durfte keine deutsche Menschenseele auf und an der Straße gesehen werden. Alle zehn Meter hatte ein Sieger gestanden. Er war herausgeputzt gewesen. Weißer Helm, weiße Handschuhe, weißer Gürtel, weiße Gamaschen, blitzblanke, schwarze Schuhe, gebügelte Uniform, das Gewehr neben dem rechten, blitzblanken, schwarzen Schuh abgestellt. Dann waren die großen, schweren Limousinen – auch sie allesamt schwarz – vorbeigefahren, davor und dahinter die Motorräder. Und in den Limousinen hatten die obersten Sieger gesessen, sicherlich auch der Generalissimus, der Generalissimus Ssowjetskowo Ssojusa. Bert konnte da noch nicht wissen, wie ihn dieser Georgier Josif Wissarionowitsch Dschugaschwili, genannt Stalin, in den nächsten dreizehn Jahren beschäftigen würde. Nicht freiwillig, mehr gezwungenermaßen.

Sommer 1945. Es war ein kleines Städtchen, stolz darauf, seit fast siebenhundert Jahren die Rechte einer Stadt zu besitzen. Von der Burg und von der Stadtmauer zeugten kümmerliche Reste. Sechs Kriegsjahre hatten so ziemlich alles verkommen lassen. Farbig und freundlich war nichts. Grau war alles. Am Marktplatz stand das alte Rathaus, dort, wo ein Rathaus eben hingehört in großen und in kleinen Städten. Erhöht thronte ganz in der Nähe auch die große Kirche, dreihundert Jahre alt. Ihre noch ältere Vorgängerin fiel einer Feuersbrunst zum Opfer. Ganz alt war die Johanniskirche und fast sechshundert Jahre stand die Kapelle mit dem uralten Lindenbaum am Rande des Städtchens. Hinter ihr fingen die weiten Felder an. Die weiten Felder – so weit das Auge reicht. Roggen und Weizen, Kartoffel und Zuckerrüben. Kein Baum, kein Strauch. Zur Kapelle entwickelte Bert bald eine besondere Beziehung.

Neben der großen Kirche, in der Nähe des Rathauses stand die Schule. Bert erinnerte sich an die Schule, in die er vor der Flucht, als Bert noch Albert hieß, gegangen war. Kein Vergleich mit dieser Schule gelang ihm. Sie war ein mächtiges Gebäude. Die Wände waren aus glatten, roten Ziegelsteinen. In den vielen großen Fenstern spiegelten sich die Linden und Kastanien des Marktplatzes. Gar kümmerlich duckte sich die alte Schule daneben, die von der an ihr angebauten neuen scheinbar erdrückt wurde. So nahm das Flüchtlingskind es wahr.

Ob es hier so etwas wie Heimat fühlen würde? Ob es sich hier irgendwann zu Hause fühlen würde? Jetzt war es hier angekommen, nach dem langen Fluchtweg. Aber warum gerade hier?

Es war kein Zufall, dass am Ende des Fluchtweges dieses Städtchen lag. „Nach dem Krieg treffen, finden wir uns bei Martha."

Das hatte Berts Schwager, der Soldat, gesagt, der auch nicht mehr daran glaubte, dass der Führer noch Wunderwaffen in der Schublade hatte, um den Krieg gewinnen zu können.

Auf welch wunderliche Weise doch manchmal der Lebensweg in Krümmungen und Schleifen und Geraden verläuft. Hätte die Martha nicht den Männe geheiratet, dann hätte sie wohl auch flüchten müssen. Wäre Berts Schwager Ernst nicht Marthas Bruder gewesen, dann wären sie nie in dieses Städtchen gekommen. Hätte Berts Schwester den Schwager nicht geheiratet, dann wären sie auch nie in dieses Städtchen gekommen. Wäre der Krieg nicht verloren gegangen, dann wären sie ebenfalls nie in dieses Städtchen gekommen. Doch der Krieg war verloren. Sie mussten flüchten. Die Schwester hatte den Ernst geheiratet, dessen Schwester hier wohnte, weil sie den Männe zum Mann genommen hatte, und Männe war hier zu Hause.

Was hatte doch des Schwagers Onkel gesagt? Er wohnte in einem kleinen Dorf, nur vier Kilometer entfernt.

„Bleibt doch hier. Dort werdet ihr euer blaues Wunder erleben."

Damals hatte es der zehnjährige Bert nicht verstanden, was der Onkel damit meinte -- später schon.

Das kleine Städtchen platzte aus allen Nähten. Die Zahl der Flüchtlinge aus dem Osten überstieg beinahe die Zahl der Alteingesessenen. So war es nur logisch, dass Vater, Schwester und Bert bei der Martha unterkamen. Und da Marthas Eltern, die Minna und der Theo, ebenfalls geflüchtet waren, lebten sie ebenfalls hier – in Marthas Hälfte des kleinen Doppelhauses am Rande des Städtchens. Dazu kamen noch Irmchen und Erika – die Kinder von Martha und Männe. Neun Menschen in einem sehr kleinen Haus. Im Hof die Pumpe auf dem Brunnenschacht aus übereinander gestapelten Betonringen und das Plumpsklo – nicht weit weg vom Brunnenschacht.

Einige lange Reihen von Kindern zogen sich vom Rande des Schulhofes, ja fast von der Fachwerkwand des Rathauses bis in die Schule hinein und endeten jeweils in einem Klassenzimmer. Im Wechsel eine Reihe Jungen und eine Reihe Mädchen. Im Klassenzimmer, also am vorderen Ende der Reihe, saß der Herr Doktor. Mit der großen Spritze stach er in den entblößten Oberarm einer und eines jeden.

Dass die Russen Seuchen, gleich welcher Sorte, hassten wie der Teufel das Weihwasser, war zumindest denen bekannt, die mit ihnen, zum Beispiel auf dem großen Treck vom Osten in den Westen, zu tun gehabt hatten. Das allein war aber nicht der Grund für die Impfwut in ihrer Besatzungszone. Aber war es falsch? War es übertrieben? Menschen vegetierten über Wochen zusammen ohne Waschschüssel, lagen auf leicht fauligen Strohsäcken, wer weiß wie lange schon, trugen ihre Klamotten, bis diese vor Dreck alleine stehen konnten, tranken aus Brunnen, die neben dem Misthaufen und dem Plumpsklosett in die Tiefe gingen. Läuse auf dem Kopf und in den Kleidern freuten sich ihres Lebens. Genug Gründe, um die Kinder regelmäßig zu impfen.

So waren die Susi aus Breslau, der Günther aus Stettin, der Gerhard aus Eger, der Bert aus Danzig, der Fritz aus Königsberg, die Ilse aus Kolberg, der Norbert aus Eger angetreten in den Reihen, in denen natürlich auch die Kinder der Alteingesessenen standen.

Und wer von ihnen mochte schon diese Impferei? Bert jedenfalls nicht. Wenn er es gekonnt hätte, wäre er nie und nimmer dabei gewesen. Außerdem kannte er kein Kind in diesem Städtchen, das Typhus oder Diphtherie jemals gehabt hätte. Der Doktor rammte auch ihm die Spritze in den Oberarm und tagelang tobten sich die Bakterien in ihm aus. Dann war das Fieber vorbei. Nach der festgelegten Zeit ging's von vorn los – die nächste Impfung.

Eine Kapelle ist eigentlich ein kleines Gotteshaus, ist ein kleines Gebäude oder auch nur ein Raum in einer größeren Kirche, bestimmt zum Beten, zur Anrufung der Muttergottes und der vielen Heiligen und, wenn keine richtige Kirche in der Nähe ist, auch zum Feiern der Messe. Danach war die Kapelle gar keine Kapelle. Sie war eine Kirche, wenn auch nicht gerade eine große Kirche.

Aber immerhin so groß, dass zur Christmette über hundert Christen hineinpassten, die Gläubigen, die immer ihrer Sonntagspflicht nachkamen, die U-Boot-Gläubigen, die stets am Heiligabend im Gotteshaus auftauchten, die Pferdediebe, die für ein gutes Jahr einmal im Jahr beteten – allesamt katholisch.

Sicher: Ganz früher war die Kapelle eine Kapelle. Und sicherlich wurde sie gleich danach gebaut. Danach? Ja, danach!

So soll es geschehen sein: Im finsteren Mittelalter lebten natürlich Bauern oder vom Gutsherrn abhängige Kleinbauern hier, die fleißig die Felder beackerten. Allerlei Diebesgesindel trieb sein Unwesen. Was die räuberischen Ritter im großen Stil betrieben, ahmten die räuberischen kleinen Leute nach. Diese konnten aber keine fettsäckigen Kaufleute überfallen. Schwerter und ähnliche Instrumente besaßen sie nicht. Meistens reichte es nur zu einem großen Küchenmesser. Das aber war spitz und scharf.

Solch ein scharfes und spitzes Messer hatte auch der Räuber bei sich. In der stockdunklen Neumondnacht schlich er zur Kirche des Heiligen Johannes in Büdingen, stieg behände über die große Mauer, schlug mit dem Stein das Kirchenfenster ein – den Stein hatte er mit einem alten Lumpen vielfach umwickelt –, zwängte sich durch das Loch im Fenster, ließ sich auf die Steinplatten des Bodens fallen und lief zum Altar. Auf die goldene Monstranz hatte er es abgesehen. Dass in ihr die geweihte Hostie – der Leib des Herrn – aufbewahrt war, ahnte er nicht. Es wäre ihm jedoch auch egal gewesen. Er steckte das Diebesgut in den alten Kornsack und machte sich auf den Rückweg, quer über den noch nicht gepflügten und noch nicht bestellten Acker, in gieriger Erwartung darauf, was der Hehler in Halberstadt ihm für das viele Gold und für die Edelsteine geben würde.

Er war keine halbe Meile weit gekommen. Die stockfinstere Nacht wurde noch dunkler. Donner grollte aus der Ferne, kam in rasender Geschwindigkeit näher. Blitze zuckten. Der Himmel öffnete seine Schleusen. Eine Sturzflut ging auf die Erde nieder. Und der Räuber, abergläubisch wie so viele Menschen seiner Zeit, zitterte vor Angst. Ob nun deshalb, weil er Blitz und Donner fürchtete oder weil ihn nun doch das schlechte Gewissen plagte oder weil er die Strafe des Himmels erwartete? Er zückte das lange Messer und lockerte panisch die Erde des Ackers, grub und kratzte mit den Händen ein genügend großes Loch und versenkte darin den Kornsack mit dem kostbaren Schatz. Er füllte das Loch. Er trat die Erde fest. Er lief im nun nachlassenden Unwetter in die Nacht. Der Morgen kam. Die Sonne nahm ihre Bahn. Der Hamster kam aus dem Bau. Er verschwand aber schnell wieder, denn was da kam, machte ihm nur Verdruss. Er machte sich um seinen Bau große Sorgen. Der Bauer Mielke schickte sich an, den Acker zu pflügen. Er pfiff ein fröhliches Lied und schritt mit langen Schritten hinter dem Pflug. Die beiden kräftigen Gäule schnaubten in der frischen Luft. Aus einem frischen Lindenzweig hatte der Bauer Mielke sich eine Peitsche geschnitten. Das Tagwerk begann. In der Nase hatte er den Geruch der frischen Erde. Es dauerte vielleicht eine viertel Stunde, als plötzlich und ruckartig die Pferde stehen blieben und sich auf die Knie ihrer Vorderbeine niederließen. Bauer Mielke, der fromme Christ, versuchte erst gar nicht, seine Pferde mit der Peitsche vom Lindenbaum wieder hochzubekommen. Hier, das fühlte er, würde sich etwas Wundersames ereignen.

Er erblickte die fest getrampelte Erde im Ackerboden, nahm seine Schaufel und fand gleich den Kornsack mit der gestohlenen Monstranz. Das wiederum war nun eine Angelegenheit der niederen Geistlichkeit. Also spannte er die Gäule ab und machte sich auf den Weg ins sehr nahe Büdingen, zum Dorfpfarrer. Vorher aber steckte er seine Peitsche vom Lindenbaum fest neben die Monstranz in die frisch gepflügte Erde. Auf dem weiten Feld wollten sie ja nicht endlos lange nach der Stelle suchen, wenn sie zurückkommen würden.

Und als sie zurückkamen, war das Wunder geschehen. Aus der Peitsche war ein kleiner Lindenbaum mit vielen grünen Blättern geworden.

Nun, so könnte man in unserer modernen Umgangssprache sagen, schlägt das wundergläubige Mittelalter zu: Der Bischof von Halberstadt stiftet die erste kleine Kapelle, und die Gläubigen kommen zwei Mal im Jahr dorthin. Litaneien erklingen monoton, Gebete werden gemurmelt, Weihrauchfässer schwingen, und der Peitschenstock wird zur tausendjährigen Linde. So der Glaube des Landvolkes. Zu einer Kapelle wird der mächtige Baum selbst. Ein Altar steht unter dem Ästedach. Ausläufer graben sich in die Erde, stehen um den Urstamm herum, wie Kinder neben der starken Mutter. Beton und Stahlbänder halten den Stamm zusammen.

Bert hatte beim Kugelblitz Geschichte – das hieß in diesem Fall: Kirchengeschichte. So fand er es nicht weiter verwunderlich, dass zweihundert Jahre nach dem Wunder, als in diesen Landen, also auch um Halberstadt herum, Luther gepredigt wurde, die Kapelle nicht mehr der Erbauung in Erinnerung an das Wunder diente, sondern zum Speicher wurde. Aber die Linde, jetzt zweihundert Jahre alt, brannte nicht in den Kaminen und Herdstellen des Städtchens. Sie wuchs und wuchs. Bert hatte eine Vorstellung: Was wäre geworden, wenn hier nicht die Lutherischen das Sagen gehabt hätten? Wenn hier die Reformierten, also die, die die Reformation noch einmal reformiert hatten, den Ton angegeben hätten? Vielleicht hätte dann ein calvinistischer Bonifatius die Linde gefällt? So wie der andere Bonifatius bei Fritzlar die Donareiche umgehauen hatte? Hier ein Heiligtum der verfluchten Römischen Kirche. Dort ein Heiligtum der verfluchten germanischen Heiden. Fanatischer Eifer kennt keine Toleranz. Die Linde wuchs und wuchs, und als nach mehreren Jahrhunderten wieder Romgetreue in das Städtchen kamen, waren sie immer noch da: die Kapelle und die Linde.

Dem Onkel Witteck hatten sie im ersten großen Krieg ein Bein kaputt geschossen. Seitdem brauchte er zum Gehen einen Stock. Onkel Witteck und seine Frau, die Tante Witteck, waren die Küstersleut. Sie wohnten im Küsterhaus. Das Küsterhaus war rechts an die Kapelle angebaut worden. Im Obergeschoss lebten die zwei Fräuleins. Über diese wurde nur im Flüsterton gesprochen. Zum Bert waren sie sehr freundlich, steckten ihm manchmal Schokoladenstückchen zu.

Warum diese Fräuleins so geheimnisumwittert waren? Natürlich würde das Bert irgendwann einmal herausbekommen. Sie wohnten in zwei Zimmern, die er, wenn er dazu eingeladen wurde – dies war sehr selten – mit Ehrfurcht und mit Staunen betrat. Nicht nur das Klavier, alles war irgendwie zurückhaltend vornehm, von großer Schlichtheit, jedoch auch von einer gewissen Kultiviertheit. Was das ist, wusste er natürlich noch nicht. Doch ein Gefühl sagte ihm das. Das große Kreuz an der Wand, die Bilder einiger Heiligen, ein Weihwasserbecken neben der Tür. Es mussten zwei sehr fromme Fräuleins sein – sozusagen zwei in sich und in Gott ruhende Fräuleins.

Wenn man unten in das Haus hineinging, lag gleich links ein Zimmer, das direkt an die Mauer der Kapelle stieß. Dieses Zimmer wurde ihr neues Zuhause. Wand an Wand mit der Kapelle, sozusagen, wohnten dort bald die drei: der kranke Vater, die Schwester, die mit dem Bruder der Martha verheiratet war, und der Zehnjährige, der sich nun Bert rufen ließ.

Das „blaue Wunder" hatte schon angefangen. Die Martha hatte es geschafft. In ihrem Häuschen lebten nun nur noch sechs, und als der Theo von der Leiter fiel, nur noch fünf.

Am ziemlich großen, mit Katzenköpfen gepflasterten Platz, an dessen Stirnseite sich die Kapelle befand und rechts das Küsterhaus, stand links das Pfarrhaus. Der Pfarrer und seine Haushälterin Magdalena lebten hier in jenen Jahren. Daran schloss sich ein Gebäude an, das in früherer Zeit als Schule gedient hatte. Ein einziges, aber großes Klassenzimmer.

Der Sommer ist warm und schön. Die Sonne scheint und Bert fängt an, sein noch kindliches Jungenleben wieder zu leben. Sein Abenteuerland sind die gewaltige Linde, der große Garten und die große Wiese mit den vielen Apfelbäumen. In der Linde und auf ihr kann man so weit klettern, bis die Äste zu dünn werden. Im Garten kann man die Mohrrüben aus der Erde ziehen, die Johannisbeeren und die Stachelbeeren ernten oder mit anderen Geschenken der Mutter Natur nachhelfen, wenn ihn wieder einmal das Essen am Tisch nicht satt gemacht hat. Was sagt häufig der Vater?

„Jungchen, wenn es mal wieder genug Brot gibt und die Lebensmittelkarten abgeschafft sind, dann kauf ich dir ein ganzes Brot. Das kannst du dir um den Hals hängen und so viel essen, wie du willst."

Aber so viel Brot kaufen, wie man will, geht jetzt noch nicht. Nur drei Stullen stehen dem Jungchen am Tag zu.

Zunächst kam erst einmal der Herbst. Dann waren auch hinten auf der Wiese die Äpfel reif. Noch aber waren die Tage warm. Onkel Witteck läutete pünktlich die kleine Glocke, die im Dachreiter der Kapelle hing, pünktlich drei Mal am Tag, morgens, mittags und abends, zum „Engel des Herrn": „Der Engel des Herrn brachte Maria die Botschaft und sie empfing vom Heiligen Geist ..." Und auch, wenn der Herr Pfarrer die Messe lesen wollte, stieg Onkel Witteck auf die Empore, auf der das Harmonium seinen Platz hatte, und zog das Glockenseil. Dieses ging oben durch die Decke in das Dachreiterlein hinein zur Glocke.

War Bert ein Kriegsgewinnler? Mit diesem Wort konnte er damals natürlich überhaupt nichts anfangen. Viel, viel später konnte er das und verstand, dass auch Verlierer Gewinner sein konnten.

Wieder wimmelte der Schulhof voller Kinder. Sie standen nicht in langen, geordneten Reihen. Es gab auch keine Massenimpfung. Der Herbst war in diesem Jahr, in dem die alte Welt aufgehört hatte zu bestehen, etwas früher eingekehrt. Die Schule sollte in dieser neuen Zeit ihren Bildungsauftrag weiterführen. Lehrerinnen und Lehrer versuchten, Ordnung in das Chaos vor der Schule zu bringen.

„In welches Schuljahr gehörst du?"
Verständnislosigkeit.
„Na, Junge. Verstehst du mich denn nicht? In welcher Klasse warst du denn?"
„Ich glaube, in der vierten."
„Ja, was heißt denn, ich glaube? Warst du nun in der vierten oder nicht?"
Bert könnte heulen. So viele fremde Kinder. Der ungeduldige Lehrer.
„Dort steht die vierte! Geh rüber!", sagt dieser.
Ja, die Töchter und Söhne der Alteingesessenen haben es leichter. Sie wissen natürlich, wo sie hingehören. Sie stellen sich einfach zu ihren Klassenkameraden. Sie kennen doch die Lehrer und natürlich die Schule. Für die Flüchtlingskinder aber ist alles verwirrend und neu. Die stehen schüchtern und unschlüssig herum, treten von einem Bein auf das andere.

Zu Hause war Bert, damals noch Albert, in der vierten Klasse gewesen, gerade hineingekommen. Aber als die Russen immer näher kamen, hatte das angefangene Schuljahr ein schnelles Ende gefunden. So ging es fast allen, die aus Ostpreußen, Schlesien oder Pommern kamen. Da die Russen das östliche Ostpreußen schon sehr früh überrollt hatten, hatten die Kinder von dort sogar noch eine längere Zeit als Bert keine Schule mehr gehabt.

Helmut und Wolfgang, die beiden Brüder aus dem Dorf ganz nah an der nun ausradierten östlichen Reichsgrenze, sind schon zwölf und dreizehn Jahre alt. Weil es ihnen so passt und es sowieso keiner nachprüfen kann, tun sie so, als wären beide in der gleichen Klasse gewesen. Sie haben sich dorthin getrollt, wo die fünfte versammelt ist.

Diese großen Jungen waren Berts Freunde geworden. Stolz ist er auf diese Freundschaft. Zwei so starke und große Kerle, und der Helmut kann so schöne Segelschiffe aufs Papier bringen. Bert sammelt diese Zeichnungen. Sie stehen also nun beim fünften Schuljahr und er daneben beim vierten.

„Komm rieba, Bert. Du jäheerst doch zu uns, Jungchen!", ruft Wolfgang.

Er wechselt die Seiten, wird sozusagen auf einen Schlag in die fünfte Klasse versetzt, ohne lange in der vierten verweilen zu müssen – dieser kleine Kriegsgewinnler.

Erst viel, viel später wurde ihm klar, warum er das Rechnen mit Prozenten erst Jahre später kapiert hatte. Zwanzig Prozent von dreihundertfünfzig Prozent? Insofern hat er doch verloren: den vollständigen und richtigen Umgang mit der Prozentrechnung. Was aber ist das schon angesichts der anderen Verluste!

2

Der neue Lehrer / Ein alter Lehrer wird von den Russen abgeholt / Sie sprechen etwas anders / Der „Kugelblitz", auch ein guter Hirte / „Junkerland in Bauernhand" / Fischpaste, Fischpaste, Fischpaste / Die Mönchszelle / Wohin sind die frommen Fräuleins?

Jürgen Hinrichs war im Krieg Flieger gewesen. Vielleicht sogar ein Leutnant der Luftwaffe. In dieser Zeit sollte man das nicht zu laut sagen. Leutnant der Nazi-Luftwaffe? Wie viele andere hatte er seine alte Uniformjacke umarbeiten und einfärben lassen. Sie war nicht mehr blau, sondern grünlich-schwarz. Kein Hakenkreuz mehr, kein Reichsadler. Sein Hut hatte aber bestimmt nichts mit dem Dritten Reich zu tun. Eher stammte er aus den zwanziger Jahren. Keck, die Krempe auf der einen Seite leicht aufgebogen, trug ihn Herr Hinrichs. Ob er vorhatte, Lehrer zu werden, vor seinem Einsatz für Führer, Volk und Vaterland?

Jetzt war er Lehrer, der Klassenlehrer von Berts Klasse. Da ja viele alte Lehrer als Nazis eingestuft wurden und in der Ostzone keine alten Nazis, sofern sie echt „Dreck am Stecken hatten", im öffentlichen Dienst bleiben konnten, herrschte Lehrermangel. Also wurden Junglehrer ausgebildet. Und wenn die Alten echt „Dreck am Stecken hatten"? Da konnten sie nicht nur nicht mehr Lehrer bleiben. Sie kamen in die Speziallager der Besatzungsmacht, in denen Zigtausende umkamen.

Und da ja der kommunistische Umbau vollzogen werden musste, nutzten die Mächtigen die Gelegenheit, gleich auch unliebsame Sozialdemokraten und andere, die nicht in das Bild des „Neuen Menschen" passten, aus dem Verkehr zu ziehen.

Zu Berts Klasse gehörte Erhardt. Einer der Alteingesessenen. Im spitzen Winkel ging die Rudolf-Breitscheid-Straße von der Kapellenstraße ab. An der Winkelspitze lag die Molkerei. Wo viele Bauern wohnen, leben viele Kühe. Wo viele Kühe leben, gibt's viel Milch. Und wo es viel Milch gibt, muss eine Molkerei sein. Im dritten Haus neben der Molkerei wohnte Erhardt mit seiner Mutter in einer schönen Wohnung, die Kultiviertheit ausstrahlte. Musste ja auch so sein, denn Erhardts Vater war Lehrer gewesen. Nur gab es ihn nicht mehr.

Ganz unten in der Rudolf-Breitscheid-Straße hatte Fips Wahner sein kleines Haus. Fips Wahner war Kommunist. Mehr oder weniger gut hatte

er das Dritte Reich überstanden. Zumindest ohne wesentliche Schäden an Leib und Seele. Was hatte er aber gegen den Lehrer, der weiter oben in seiner Straße wohnte? Hatte der vielleicht den Sohn des Fips Wahner einmal ermahnt, wie ein deutscher Junge zu grüßen?
„Wie grüßt ein deutscher Junge?"
„Heil Hitler! Herr Lehrer!"
Jedenfalls wurde Erhardts Vater von den Sowjetsoldaten, deren Mützenbänder keine rote Farbe, sondern eine grüne Farbe hatten, abgeholt und verschwand spurlos. Grüne Mützenbänder machten Angst. Die Männer unter der Mütze gehörten der GPU, der „Gossudarstwennoje politischeskowje uprawlenije" an, also dem sowjetischen politischen Geheimdienst. Nur hinter der vorgehaltenen Hand durfte man vermuten: Dahinter steckt Fips Wahner.

„Bert. Sag mal Zeitung."
„Sseitung."
„Nein. Zeitung."
Herr Hinrich guckt schon fast resignierend den Pommernjungen an.
„Bert. Sag mal zerren."
„Ssärren."
Es ist zum Verzweifeln! Nicht nur, dass diese Kinder aus den ehemaligen Ostprovinzen – Hinrich hat im Kopf: Ostgauen – mir und mich, dir und dich ständig verwechseln, sie haben auch andere Eigenheiten in ihrer Ausdrucksweise. Für die alteingesessenen Mädchen und Jungen geben diese Zwiegespräche zwischen Schüler und Lehrer immer einen Anlass, sich kichernd und prustend fast unter die Bänke zu ducken. Dabei ist das, was der Bert von sich gibt, noch zu ertragen.

Da gibt es aber auch noch den Walensky in der Klasse, der noch weiter im Osten seine verlorene Heimat hat. Man merkt es ihm an seiner Art zu reden an. Man merkt ihm noch mehr an. Seine aufrechte und fast soldatische Haltung lässt darauf schließen, dass er noch einiges drin hat vom untergegangenen Großdeutschen Reich. Gewiss hat er den Pimpfen angehört – also den Jüngsten in der Hitlerjugend, genannt HJ.
Erste Schulstunde im neuen Anfang. Jeder soll aufstehen und seinen Namen nennen.
„Bert Howald heiße ich."
„Und du?"
Er springt hoch, stellt sich kerzengerade hin, die Hände an die Naht

der kurzen, etwas vergilbten Pimpfhosen gelegt und ruft laut – ja, fast brüllt er:
„Walensky, Siegesmund!"
Da bekommen selbst die anderen Flüchtlingskinder einen Schreck: Der ist bestimmt schon beim Jungvolk gewesen.

Fast so etwas wie Bitternis stieg in Bert bei diesem Gedanken hoch. Danach hatte er sich auch gesehnt. Im März dieses Jahres war er zehn Jahre alt geworden. Da saßen die vier Howalds aber schon in einem offenen Güterwagen der Deutschen Reichsbahn. Er hatte also nicht mehr die braune Uniform des Jungvolkes tragen dürfen. Hätten die Eltern eigentlich das Geld ausgeben wollen für diese erste Uniform ihres Sohnes? Das schwarze Halstuch hätte der braune Knoten aus Leder zusammengehalten. Wenig später hätte er auch das Fahrtenmesser bekommen. Auf dem Griff des Messers prangte die weiß-rote Raute mit dem schwarzen Hakenkreuz. Vorbei! Vorüber! In diesem Jahr konnte er noch nicht wissen, dass er sogar wieder schießen durfte, in nicht allzu langer Zeit.

Ein Kugelblitz ist rund und schnell und wendig und grell-weiß. Fast alles trifft auf Pfarrer Werner Horstmann zu. Er ist rund und schnell und wendig, nur nicht grell-weiß, sondern – der priesterlichen Kleiderordnung wegen – schwarz. Irgendwann hat sein Bischof ihn hierhin geschickt, in die Diaspora. Die Gemeinde ist klein. Der Heilige Geist weht nicht besonders stark. Dabei ist der Herr Pfarrer doch so ein gewaltiger Prediger. Oben auf der Kanzel beherrscht er seine wenigen Schäfchen unten in den Bänken, wortgewaltig, für die Schäfchen oft gar nicht zu verstehen. Zu viel Theologie. Zu viel geistige Überlegenheit. Aber manchmal erschrecken sie auch gewaltig. Er kann sehr deutlich werden. Und wenn er eines der Schäfchen bei einer Sünde erwischt hat, wenn etwa der August Willecke wieder einmal am Samstagabend stockbesoffen aus dem „Schützenhaus" herausgeworfen wurde, dann scheut er sich nicht – ohne den Namen August Willecke in den Mund zu nehmen –, diese Sünde so zu verdammen, dass jedes Schäfchen weiß, wer gemeint ist.

Selbst der kindliche Bert sollte diese Erfahrung machen. Warum aber Seine Eminenz, der Herr Kardinal, Erzbischof im fernen Paderborn, den Pfarrer in dieses kleine Städtchen verbannt hatte, wusste niemand. Wen interessierte das auch schon? Schließlich war er wirklich ein guter Hirte, streng, aber gerecht. Er wuchs mit seinen Aufgaben. Denn nun, nach dem Ende des Krieges, war in seiner Gemeinde vieles anders geworden. Schlesier, Sudetendeutsche und Westpreußen, Ermländer und Grenzmärker. Ungeahnt hatten sich die Schäfchen vermehrt. Und alle waren katholisch. Und alle mussten deshalb nicht umdenken oder umlernen. In der alten Heimat hatten sie von Kindesbeinen an das gleiche Latein in der Messe gehört. Sie konnten das „Paternoster" mitbeten, und beim „Confiteor" schlugen sie sich drei Mal an die Brust wie in der alten Heimat, oft ohne zu verstehen, was sie da in ihren Gebetsbüchern ablasen. Natürlich waren sie auch mit den priesterlichen Gewändern vertraut. Die waren ja nicht anders als die, die ihr Herr Pfarrer damals zu Hause getragen hatte, entweder weiß oder rot oder grün oder schwarz. Auf den Anlass kam es an, auf die Zeiten im Kirchenjahr: Advent, Weihnachten, Fastenzeit, Pfingsten.

Mit der ihm eigenen Energie, beseelt vom Heiligen Geist, packte der Herr Pfarrer zu. Er verteilte Kleidungsstücke. Bert bekam einen Mantel aus Amerika, den die Motten schon am Rücken intensiv zerfressen hatten. Er verteilte Konservendosen mit Fleisch, die aus irgendwelchen Spenden aus fernen Ländern stammten. Er sammelte die Kinder und die Jugend um sich und erteilte Unterricht in Religion und in Kirchengeschichte. Das war eigentlich verboten. Gott war verboten. Gott gab es nicht. Pfarrer Werner Horstmann war aber schon mit den Braunen fertig geworden. Bei denen gab es ja auch keinen Gott und er war verboten. Mit den Roten würde er ebenfalls fertig werden, dachte er.

Günther und Bert liefen an Uppenkamps Gemischtwarenladen vorbei. Waren gab es dort aber kaum noch. Die Russen konnten alles gebrauchen, auch gemischte Waren. Was Gemischtwaren so richtig sind, interessierte die beiden im Augenblick auch nicht so sehr, denn sie sahen etwas. Da kamen doch wirklich zwei deutsche Soldaten in schwarzen Uniformen vom Bahnhof her. Wie lange hatten sie so etwas nicht mehr gesehen. Denn, wenn eine Uniform auftauchte, dann war sie bräunlich. Dann waren es die Soldaten der glorreichen Roten Armee, die ihre Kalaschnikows lässig an der Schulter hängen hatten. Einen großen Bogen machten dann die Deutschen um die Sieger. Diese aber sahen ordentlich aus. Alles war sauber. Koppel und Schulterriemen. Achselklappen mit silbernen Tressen. Schwarze Stiefel.

Natürlich kamen nicht zwei deutsche Soldaten vom Bahnhof. Den Jungen begegneten zum ersten Male zwei Volkspolizisten. Später hatte nur die Transportpolizei eine schwarze Uniform. Jetzt aber hatte man wohl schwarz gewählt, weil man relativ einfach und kostengünstig alte in neue Uniformen umwandeln konnte, indem das Feldgrau schwarz gefärbt wurde. So dachten die beiden Freunde.

Ja, Günther und Bert waren dicke Freunde geworden. Nicht nur, weil beide Pommernjungen waren. Sievers Villa nannte sich das Haus des Großbauern Sievers. Ein großes Haus. Ein schönes Haus. So groß, dass im Dachgeschoss die Flüchtlingsfamilie aus Stettin eine Wohnung, gar nicht so klein, nicht vergleichbar mit dem Zimmerchen an der Kapelle, zugewiesen bekommen hatte. Der bescheidene und auch später immer zurückhaltende Günther hatte noch Vater und Mutter und den jüngeren Bruder. Bert hatte neben dem Vater nur noch die große Schwester.

Herr Sievers konnte auf seinem Hof noch selbstständig wirtschaften. Die Bodenreform hatte ihn noch nicht erfasst. Bodenreform. „Junkerland in Bauernhand." Diese Plakate klebten jetzt überall an den Wänden. Möglicherweise war Sievers nur ein kleiner Junker oder gar kein Junker. Mit Sicherheit war er aber ein großer Bauer. Ein Großbauer. Er sollte wohl später an der Reihe sein.

Den Besitzern des großen Gutes, auf dem die Susi aus Breslau mit Vater und Mutter jetzt wohnte, hatte die neue hohe Obrigkeit bereits alles genommen. Mit Recht! Denn sie hatten weit mehr als vierhundert Morgen an Feldern, Wiesen und Wäldern. Sie waren echte Junker. Der feudale und junkerliche Grundbesitz musste als Opfer an die „Neue Zeit" liquidiert werden.

So tat der kleine Junker Sievers Gutes an den Flüchtlingen, die er aufnehmen musste, soweit es ihm möglich war. Auch deshalb ging Bert nur allzu gerne zu seinem Freund. Denn es war nicht immer einfach, satt zu werden. Und dann gab es dort den großen Park. Sie kletterten auf alle Bäume.

Was aber wollten die beiden Männer der noch jungen neuen deutschen Polizei, sie nannte sich Volkspolizei, in Schwanebeck? Hatte ein Bauer etwa ein Schwein schwarz geschlachtet? Suchten sie einen alten Nazi, der sich hier versteckt hatte? Oder konnte es mit einem anderen Gerücht zusammenhängen?

„Hast' es auch schon gehört?", Männe flüstert es der großen Schwester, seiner Schwägerin zu.

„Was soll ich gehört haben, Schwager Männe?"

„Na, in Nienhagen stehen Züge. Da sollen Fressalien drin sein."

Nienhagens Bahnhof liegt an der Eisenbahnstrecke zwischen Magdeburg und Halberstadt. – Es war nicht ungewöhnlich, dass nach dem Kriege Güterzüge, die nicht mehr hingekommen waren, wo sie hin sollten, auf Deutschlands Bahnhöfen herumstanden. Und kaum merkte ein hungriger Landsmann, dass der Inhalt der Waggons der „Verbesserung der Versorgungslage" dienen könnte, begann das große Rennen. Mit Handwagen, Rucksäcken, Taschen, alten Kartoffelsäcken rannte Klein und Groß los.

Bis zum Bahnhof sind es vier Kilometer. Die Schwester und Bert brechen in der Abenddämmerung auf. Ein langer Menschenzug eilt über das Kopfsteinpflaster. Fast alle ziehen den Handwagen, das unentbehrliche Transportmittel in dieser Zeit. Einige haben darauf schon die wenigen Habseligkeiten auf ihrer Flucht in das fremde Land transportiert – hunderte Kilometer. Langsam wird es dunkel. Die Schiebetüren der Waggons stehen weit offen. Berge von braunen, kupfern glänzenden Konservendosen. Jedes unnötige Geräusch vermeidend, wird verladen. Dose um Dose wandert in die Rucksäcke, in Taschen, auf die kleinen Wagen. Es muss schnell gehen. Es geht schnell. Zwischen den schon lange abgeernteten, uralten knorrigen Kirschbäumen geht es zurück mit dem Erbeuteten.

Fischpaste auf der Stulle. Fischpaste mit Pellkartoffeln. Klopse aus Fischpaste. Fischpaste mit dem Löffel. Fischpaste mit der Gabel. Fischpaste vom Montag bis zum Sonntag. Fischpaste auch am Weihnachtsfest.

Ja. Ein Weihnachtsfest ohne die Grüße aus dem Radio an unsere tapferen Soldaten an den vielen Frontabschnitten. Bert hatte es nie anders erlebt. Jetzt ist alles kleiner, schmaler und weniger. Aber auch die Angst ist weg. Es interessiert ihn auch nicht, wie der Vater und die Schwester dieses Weihnachtsfest, dieses erste Weihnachtsfest in der Fremde empfinden. Er freut sich auf die Christmette, auf die Messen am ersten und am zweiten Feiertag. Und an das festliche Mahl: Pellkartoffeln mit Fischpaste.

Vater kam aus einem Krankenhaus in Rostock. Man hatte ihm dort unter der Kehle den Hals aufgeschnitten. Jetzt konnte er wieder besser Luft holen. Wenn er sprechen wollte, drückte er das Röhrchen zu. Dann strömte die Luft an den Stimmbändern vorbei und flüsternd formte er Worte. Ein stattlicher Mann war er nicht mehr, eher ein klappriges Knochengerüst, ein Greis mit einer Haut wie Pergamentpapier. Nachts hustete er zum Gotterbarmen.

Wenn man im Küsterhaus die Treppe hochstieg und nicht nach links zur Wohnung der zwei frommen Fräuleins ging, sondern nach rechts, kam man über wenige schmale und steile Treppenstufen in einen ziemlich kleinen Raum, von dem niemand so recht wusste, warum er neben der kleinen Glocke des Dachreiters, fast schon in der Kapelle lag. Licht ließ ein kleines Fenster herein, dessen Öffnung die dicke Bruchsteinmauer durchbrach. Unregelmäßig geformte Platten aus Naturstein – so, als ob sie gerade aus dem Steinbruch gekommen wären, als Boden. Weiß getünchte Wände. Ein Bettgestell mit dem Strohsack. Ein Holzstuhl. So ähnlich stellte der Junge sich eine Mönchszelle vor – oder eine Gefängniszelle. Aber es wurde sein kleines Reich. Hier hörte er nachts den Vater nicht mehr röcheln und husten. Morgens im Frühling begrüßten ihn Vogelstimmen. Im Sommer war es hier kühl. Die Herbststürme machten ihm da oben keine Angst. Nur im Winter konnte es unangenehm werden. Aber den hatte er in seiner Zelle noch nicht erlebt.

Plötzlich gibt es sie nicht mehr! Über Nacht, so scheint es, sind sie verschwunden, die zwei frommen Fräuleins aus dem oberen Stockwerk des Küsterhauses. Keiner hat es gemerkt. Bert überlegt und überlegt. Er beschließt, die Schwester zu fragen. Auch sie weiß nichts. Aber die Magdalena, der Hausdrache des Herrn Pfarrer, die muss etwas wissen. Und sie weiß alles. Also so war das:
„Was hast du nun bei Magdalena rausbekommen?", fragt er.
„Eine Menge, Brüderchen."
„Na, nun erzähle!"
„Na, ich weiß nicht, ob du alles verstehst."
„Ist doch egal", drängelt die Neugier des immer noch Zehnjährigen.
„Na, gut. Das waren Englische Fräuleins."
Bert hat es geahnt. Diese beiden konnten nicht von dieser Welt sein. Immer schon hat er etwas Überirdisches in ihnen gesehen. So, als wenn sie nicht von dieser Welt wären.
„Schwester. Ich hab's geahnt, dass die beiden Engel sind."
Er denkt daran, wie still und ruhig und lieb und zurückhaltend die beiden gewesen sind.
„Ach, du verstehst wieder einmal nur Bahnhof. Nicht Engelsfräuleins oder was du in deinem Kopf hast. Englische Fräuleins! Mit fast elf Jahren müsstest du doch wissen, was England ist. Was bringt euch denn der Hinrichs in Erdkunde bei?"

„Weißt du was, Schwester? Wenn du mich dumm lassen willst, dann gehe ich raus und zum Günther."

„Nun bleib doch. Du wissbegieriges Bruderherz. Auch wenn du nicht alles verstehen wirst. Ich will versuchen, dir das zu erklären."

Bert spitzt die Ohren. Gibt es doch hier etwas zu erfahren, was er niemals im Schulunterricht erfahren würde. Es passt nicht in den Lehrstoff der Schule. Der angestrebte und erwünschte „Neue Mensch" muss diese Facette der jüngeren Geschichte nicht wissen. Religionsunterricht ist kein Fach in der Einheitsschule, die die Sowjetische Militäradministration – diese ersetzt immer noch eine deutsche „Hohe Obrigkeit" – als einzig allein verbindliche und genehmigte Schulform befohlen hat.

„Dass wir das Haus Schule nennen", sie meint das neben dem Pfarrhaus liegende kleine Gebäude mit dem großen Klassenzimmer, „weißt du. Aber warum? Tatsächlich war dort eine Schule. Es war eine katholische Schule. Aus Eilenstedt, Schlanstedt und aus einigen anderen Dörfern kamen die Kinder hierher. Natürlich auch aus Schwanebeck. Und was glaubst du, wer dort Lehrer war?"

Ihm dämmert etwas.

„Sag bloß – die Fräuleins?"

„Bruder! Ich bin stolz auf dich! Du hast recht! Die Fräuleins waren das!"

„Aber. Sie waren dann doch hier nicht mehr Lehrerinnen?"

„Na ja. Du wirst das, was ich jetzt sage, vielleicht erst später verstehen. Als der Adolf an die Macht kam, wollte er ja alle, die nicht seine nationalsozialistische Weltanschauung mit ihm teilen wollten, kaputtmachen. Dazu gehörten auch die Katholiken. Vor allem gehörten die Pfaffen dazu. Eigentlich wollte er gleich alle katholischen Schulen zumachen. Aber der Papst in Rom hatte etwas dagegen. Der und Hitler schlossen einen Vertrag. Danach sollten dieser Schulen bestehen bleiben. Nur das klappte kaum. Denn der Adolf wollte diese Schulen langsam eingehen lassen. Die Eltern wurden beeinflusst, ihre Kinder nicht in diese Schulen zu schicken. Er schaffte es. Vier Jahre, nachdem dieser Führer an die Macht gekommen war, trauten sich nur wenige Eltern noch, ihre Kinder nicht in die staatlichen Schulen zu schicken. Und du weißt: Auch du bist zu Hause nicht in eine katholische Schule gegangen."

„Hat das damit etwas zu tun, dass ich die Lehrer immer mit ‚Heil Hitler' begrüßen musste? Und was hat das aber jetzt mit den Fräuleins zu tun?"

Ganz geduldig, aber schon in Gedanken an die Arbeit, die heute auf dem kleinen Acker noch zu machen ist, antwortet die Schwester.

„Diese beiden waren die Lehrerinnen an unserer Schule dort auf dem Hof. Ich habe dir das gesagt. Mit der Schule war es Schluss. Wo sollten sie jetzt auch hin? Sie blieben hier. Und jetzt sind sie irgendwohin geholt worden, dort, wo Amerikaner, Engländer oder Franzosen das Sagen haben. Da gibt es wohl auch wieder katholische Schulen. Diese Fräuleins sind eigentlich Nonnen. Irgendwie, so habe ich das bei der Magdalena gehört, hat eine Engländerin diesen Schwesternorden in unserer Kirche gegründet. Ward oder so ähnlich war wohl ihr Name. Ja. Maria Ward. Es ist mir wieder eingefallen. Sicherlich nennt man sie deshalb ‚Englische Fräuleins‘."

Bert schweigt. Zu viel will sein kleiner Kopf noch nicht speichern müssen. Aber er merkt sich das, was seine Schwester ihm erklärt hat. Er speichert es also doch. Ganz hinten, in einer ziemlich letzten Schublade.

3

Nach der Hitler-Diktatur jetzt die Stalin-Diktatur? / Der 1. Mai 1946 / Der alte Kommunist erklärt die Welt, der Lehrer auch / Wir werden von den Freunden in Karlshorst regiert

Hier der Osten. Dort der Westen. Die Sieger bestimmten – im Osten die Russen, im Westen die Amis, Tommys und Franzosen. Sie alle regierten jetzt die Deutschen. Und sie, die Deutschen? Hier versuchten sie ganz unauffällig und still zu sein. Im Städtchen sah man zwar selten einen Russen. Ab und an fuhren sie jedoch durch die Straßen, ihre Kalaschnikows auf den Knien, den roten, fünfzackigen Stern, in dessen Mitte der Hammer und die Sichel zu sehen waren, an der Mütze. Bert kannte diesen Stern sehr genau. Damals, als der Schwager noch die feldgraue Uniform mit dem Hakenkreuz trug, hatte er dem Bert aus Russland solch einen Stern mitgebracht. Bert hatte ihn immer noch, hatte ihn auf der langen Flucht nicht verloren.

In Halberstadt saß der zuständige Kommandant in der Kommandantura. Um die Kommandantura machten die Deutschen lieber einen großen Bogen. Gab es dazu einen Anlass? Na ja, man wusste nichts Genaues. Man merkte aber, dass das eine oder andere bekannte Gesicht nicht mehr zu sehen war. Eine unbestimmte, nicht direkt bestimmbare Angst ging hintergründig um. Das nicht mehr zu sehende bekannte Gesicht musste ja nicht unbedingt von den Russen nach Sibirien geschickt worden sein. Es könnte ja auch über die Zonengrenze in den Westen gegangen sein. Dort wäre sowieso alles besser, meinten die Großen.

Für die Mädchen und Jungen, für die Halbwüchsigen war das alles nur am Rande interessant. Vieles verstanden sie gar nicht. Die Großen machten sich jedoch so ihre Gedanken. Was würde die Zukunft bringen? Wie sah vor allem ihre Zukunft hier aus? Zwar war das „braune" Vergangenheit und in Nürnberg hatten die Sieger den Nazigrößen, die sie fassen konnten, den Prozess gemacht und einige zum Tode durch den Strang verurteilt, einfach aufgeknüpft. Würde jetzt die Zukunft hier in der Sowjetischen Besatzungszone „rot" sein?

Hat überhaupt einer daran gedacht, an eine „rote" Zukunft? Sicherlich kein Halbwüchsiger. Aber die Erwachsenen? Würde eine neue Diktatur die alte ablösen? Dabei standen die Zeichen auf „rot", denn die Siegermächte waren sich nicht mehr „grün". Vom zukünftigen Deutschland hatten sie ganz verschiedene Vorstellungen. Die Sieger, die aus dem Westen Europas und aus Amerika kamen, wollten Deutschland nicht mehr nur zum Land der Ackerbauern und Viehzüchter herunterentwickeln – was einige ja vorgehabt hatten.

Der Sieger, der aus dem Osten kam, hatte die Vorstellung, nein, hatte das Ziel, Deutschland zu einem Land zu machen, das ein treues, ergebenes Glied in der neuen Weltgemeinschaft werden musste, die nach den vielen Klassenkämpfen der Vergangenheit nun endlich die vorletzte Stufe der gesellschaftlichen Entwicklung erreichen würde: die sozialistische Gesellschaft. Die letzte Stufe wäre die kommunistische Gesellschaft. Man muss schon den Karl Marx kennen, um das zu verstehen. Um das zu erreichen, darf natürlich nicht jeder seine eigene Meinung haben. Schließlich durfte man ja auch nicht im Dritten Reich der deutschen Faschisten seine eigene Meinung der Mitwelt mitteilen.

Doch was interessierte heute schon eine eigene Meinung? Nach der großen Katastrophe und dem Chaos danach wollte der Mensch eigentlich nur über die Runden kommen. Etwas zum Essen auf den Tisch. Möglichst auch viel von dem, was man nicht auf Lebensmittelkarte bekam. Genug zum Anziehen, wenn's auch noch so dürftig war. Holz und Braunkohle, noch nicht zu Briketts gepresst, im Keller für den nächsten Winter. Alles Grundbedürfnisse.

Nicht auffallen bei der Obrigkeit und freundlich sein zu den alten Kommunisten. Auch dieses Verhalten lernten die Menschen schnell. Die Kommunisten tauchten aus der Versenkung auf. Zumindest die, die unbeschadet, unverletzt, nicht gequält, wenn auch unwürdig behandelt, die vergangenen zwölf Jahre überlebt hatten. Sie hatten jetzt den Siegerblick, trugen ihre Überzeugung, dass sie doch immer auf der richtigen Seite gestanden hatten, stolz und sichtbar vor sich her, das rote Abzeichen am Revers des Jacketts. Der Schwager Männe, der Fips Wahner, der den Lehrer vielleicht auf dem Gewissen hatte, der Oskar Wohlleben und ein paar andere. Doch viele waren es nicht in dem kleinen Städtchen. Fast an einer Hand, höchstens an einer und einer halben Hand, konnte man sie zählen.

Wann wir schreiten Seit' an Seit'
Und die alten Lieder singen,
Und die Wälder widerklingen,
Fühlen wir, es muss gelingen
Mit uns zieht die neue Zeit!

Eine Woche Hammerschlag,
Eine Woche Häuserquadern
Zittern noch in unsern Adern.
Aber keiner wagt zu hadern.
Herrlich lacht der Sonnentag!

Fleißig hatten sie mit Lehrer Hinrichs dieses Lied eingeübt. Dieses Lied, nach dem man so richtig wieder marschieren konnte. Nun war die neue Zeit noch nicht einmal ein volles Jahr alt. Aber man ließ die Schüler der Volksschule wieder marschieren. Es war der 1. Mai gekommen. Vor noch nicht einmal einem Jahr wurde dieser Tag „Tag der Nationalen Arbeit" genannt. Heute hieß er „Kampftag der Arbeiterbewegung". Und da die Rote Armee und überhaupt alle Bruderländer, in denen die Arbeiter und Bauern die Macht hatten, diesen Kampftag feierten, mit Paradeschritt und Marschmusik, wurde er auch in der Sowjetischen Besatzungszone gefeiert.

Die zweiundvierzig Jungen gingen in Reih' und Glied, marschierten, in einer Reihe jeweils zu dritt, im Gleichschritt durch die Straßen. Die früheren Pimpfe – leider hatte Bert das Jungvolk nicht mehr erlebt – hatten keine Schwierigkeit, den Schritt mitzuhalten. Vor noch nicht einmal einem Jahr hatten sie den Gleichschritt bei den Pimpfen ja exerziert. Bert hielt den Kopf nach unten gerichtet. Nicht nur er, auch der Werner Kupfer und der Achim Peltau und das Hänschen Fischer. Nur nicht aus dem Gleichschritt kommen. Nur nicht dem Vordermann in die Hacken treten. Bunt gekleidet waren sie. Nicht buntfarben. Aber kunterbunt. Einige hatten das Sonntagsjackett an. Andere gingen im weißen Hemd und trugen sichtbar die Hosenträger aus Leder, falls sie solch feine Dinger hatten.

Jahre später hatte sich das geändert. Man trug wieder eine einheitliche Kleidung, die aber nicht als Uniform bezeichnet wurde. Das wichtigste Teil dieser neuen, einheitlichen Kleidung für die Jugend war das Blauhemd, geschnitten wie ein Uniformhemd, aber doch nicht zu einer Uniform gehörend.

Diese Erkenntnisse kamen dem Bert einige Jahre später, als er ein Mitglied der FDJ war.

Die Freie Deutsche Jugend, die FDJ, war schon aus der Taufe gehoben, als Berts Klasse am Maifeiertag durch die Straßen marschierte. Ihr Führer hieß Erich Honecker, kam aus dem Saarland, war ein Kommunist, ging in Moskau auf eine spezielle Schule, auf der er lernte, wie Jugendarbeit im Sinne der Arbeiter- und Bauernmacht organisiert werden müsste.

Bert las das in der Zeitung und ahnte nicht, was daraus alles werden würde.

Männe und der Bert sind, wenn auch nur um mehrere Ecken und nicht durch das Blut, verwandt. Männe ist der Schwager von Berts Schwester, also der Mann der Schwester von Berts Schwager Ernst, der immer noch Kriegsgefangener der Russen ist. Alles hängt auch mit dem blauen Wunder zusammen.

Bert trifft Männe am Kapellenbrunnen. Dieser Brunnen mit seiner Schwengelpumpe hat weit und breit das beste Wasser, ein weiches Wasser. Der sehr kalkige Untergrund hält sonst nur hartes Wasser bereit. Für gute Suppen und wenn die Mädchen und Frauen die Haare besonders schön haben wollen, holt man das Wasser von diesem Brunnen. Männe und Bert haben den Auftrag, Wasser zu holen. Im Nacken drückt das Joch, an dem die zwei vollen Eimer hängen.

Artig grüßt der Junge: „Guten Tag, Onkel Männe."

– Die Kinder sagten alle „Onkel" oder „Tante" zu Bekannten oder Freunden der Großen. Verwandt musste man nicht sein mit denen, die so angesprochen wurden.

„Tag, Bert. Kannst ja schon zwei volle Eimer nach Hause schleppen."

Das macht den Halbwüchsigen stolz. Ein Lob hört er im Allgemeinen sehr selten. Er bemerkt an Männes Jacke ein neues Abzeichen. Für Abzeichen hatte er immer schon großes Interesse entwickelt. Kein Wunder bei der Schwemme der Abzeichen, der Orden und Ehrenzeichen, mit denen er sich früher beschäftigt hatte, als alle noch mit dem Hakenkreuz verziert waren.

„Onkel Männe. Was für ein Abzeichen ist das?" Er zeigt mit dem rechten Zeigefinger auf das Blechschildchen an Männes Jacke.

„Das hier? Ja, weißt du mein Junge. Ich bin jetzt nicht mehr Mitglied in der kommunistischen Partei. Ich bin jetzt Mitglied der neuen Partei der Arbeiter und das hier ist ihr Parteiabzeichen."

„Und was ist das für eine neue Partei?", fragt Bert.

Es war ja in dieser neuen Zeit so vieles neu und der Elfjährige wollte alles mitbekommen, wollte alles verstehen.

Onkel Männe gibt sich Mühe, dem Kind die Sache mit der neuen Arbeiterpartei zu erklären. Und das tut er dann auch, als Bert wieder einmal bei Tante Martha und Onkel Männe zu Besuch ist:

„Guck dir dieses Bild an!"
Vor Bert liegt ein Bild. Es ist aus einer Zeitung ausgeschnitten. Zwei Männer in schwarzen Anzügen geben sich die Hand. Andere Männer in schwarzen Anzügen sitzen nebeneinander an langen Tischen. Der eine Mann, der steht, umklammert geradezu, so scheint es Bert, die Hand des anderen Stehenden, der die Augen nach unten gesenkt hat. So, als ob er sich seiner Sache nicht ganz sicher sei.

„Und Onkel Männe? Was willst du mir mit diesem Bild zeigen?"

„Hör zu! Bevor die Nazis oder die Faschisten, wie wir und die Russen die Nazis auch nennen, die Macht bekamen, gab es zwei Arbeiterparteien. Das waren die Kommunistische Partei und die Sozis, also die Sozialdemokraten. Beide waren sich aber nicht so richtig grün. Manchmal bekämpften sie sich sogar. Beide Parteien sahen aber in Karl Marx ihren Begründer. Wer der Karl Marx ist, wirst du in der Schule noch lernen. Jetzt, in der neuen Zeit, und besonders hier bei uns, wo unsere sowjetischen Freunde uns helfen wollen, ein neues Deutschland, ein demokratisches Deutschland aufzubauen, kann es doch nur eine Partei geben, die die Interessen der Arbeiter vertritt. Das verstehst du doch?"

Fast versteht er das.

„Und wer sind die Männer auf dem Bild, die stehen und sich die Hand geben?"

„Links siehst du Wilhelm Pieck und rechts – das ist der Otto Grotewohl."

Bert lässt nicht locker: „Und wo kommen die her? Und warum guckt der Otto so missmutig nach unten?"

Onkel Männe ist stolz, auch diese Fragen beantworten zu können: „Wilhelm Pieck hat schon damals die Kommunistische Partei in Deutschland mitgegründet. Und später, als der Hitler herrschte, war er in Moskau. Als Beruf hat er Tischler gelernt. Worüber du jetzt staunen wirst: Er wurde, genauso wie du, sehr katholisch erzogen. Ja, und der Otto Grotewohl blieb in Deutschland und schlug sich so durch, bis der Krieg zu Ende war. Er hatte Buchdrucker gelernt."

„Und warum guckt er so missmutig nach unten?", hakt der Junge nach.

„Meinst du, dass er missmutig guckt? Na ja. Es heißt, dass er sich gar nicht so gerne mit uns, den Kommunisten vereinigen wollte."

Männe, der Altkommunist, grinst und Bert kommt es vor, als ob sich in diesem Grinsen ein klein wenig Hinterhältigkeit versteckt.

„Aber wir glauben, dass unsere Freunde in Karlshorst ihn auf den richtigen Weg gebracht haben."

Es wurde kompliziert. Er hakte nicht mehr nach. Es war ja fast so kompliziert wie die Sache mit den Englischen Fräuleins. Für die war im Zweifelsfall der Papst in Rom zuständig. Aber für wen waren die Freunde in Karlshorst zuständig? Den Onkel Männe fragte er nicht weiter. Sein Gesichtsausdruck hatte ihn ein wenig eingeschüchtert. Aber er wollte mehr wissen. Er wollte eigentlich alles wissen, soweit er es verstehen konnte. Schließlich ging es um die „Neue Zeit".
Wen konnte er noch fragen? „Ja, warum nicht? Mit dem komme ich doch gut aus." Dieser Gedanke ging ihm durch den Kopf.

Die sechste Schulstunde beendet der bekannte Klingelton. Die Fünftklässler packen Federhalter, Bleistifte, Hefte und Schulbücher in den Tornister. Mit dem üblichen Lärm rennen sie aus dem Klassenzimmer. Lehrer Hinrichs freut sich auf das Fräulein Gastner. Mit ihr wird er gleich zu Mittag essen, bei ihren Eltern. Als er auch gehen will, sieht er den Bert an der Tür.

„Na, Bert. Willst du nicht schnell nach Hause kommen?"

Bert gehört zu den Schülern, die Jürgen Hinrichs gern mag. Ein intelligentes Kerlchen, fleißig und bescheiden, immer interessiert an neuen Dingen. Nur manchmal scheint es, dass er plötzlich ganz woanders mit den Gedanken ist. Die Augen blicken in eine weite Leere. Sein Gesicht trägt dann nicht die Züge eines Elfjährigen. Ist seine Seele krank? Was hat er auf der Flucht erlebt? Wohin fliehen seine Gedanken? Jürgen Hinrichs ahnt es. Denkt er dann an die Mutter, die von den Russen vergewaltigt wurde und nicht mehr lebt? An den Vater, der todkrank ist? Daran, wie es damals zu Hause war? Doch jetzt blickt er in die fragenden Augen des Jungen. Er hat etwas auf dem Herzen.

„Herr Hinrichs. Ich habe eine Frage."

„Gut. Frage mich. Ich hoffe, dass ich deine Frage genügend und genau beantworten kann."

„Wer sind unsere Freunde in Karlshorst?"

Der Lehrer stutzt. Sein Gesichtsausdruck zeigt ein gewisses Misstrauen. Was will denn der Bert mit dieser Frage? Natürlich kann er antworten. Aber kann diese Frage nicht vielleicht eine Falle sein? Haben irgendwelche Kollegen oder andere Mitbürger gemerkt, dass er nicht ganz der Linie treu ist, an der sich die „Neue Zeit" und alles, was mit ihr zusammenhängt, ausrichtet? Linientreue! Diesen Begriff kennt er zur Genüge.

„Wie kommst du auf diese Frage?"

Er sieht Berts ehrliche und unschuldige, nichts verheimlichende Augen, als der ihm von dem Gespräch mit dem Onkel Männe erzählt. Er kennt Onkel Männe.

„Nun gut", Herr Hinrich erklärt. „Wenn der Onkel Männe die Freunde in Karlshorst meint, dann ist das so zu verstehen: In Karlshorst ist der Sitz der Sowjetischen Militäradministration, kurz SMAD genannt. Du weißt. Wir haben keine deutsche Regierung mehr. Die SMAD regelt jetzt alle Angelegenheiten, die in einem Staatswesen zu regeln sind, angefangen von der Schule über die Verteilung der Lebensmittel, der Volkspolizei, den Betrieben, der Landwirtschaft bis hin zur Post und der Reichsbahn. Sie gibt dafür Befehle heraus, die praktisch für uns zu Gesetzen werden.

Der Marschall Georgi Konstantinowitsch Schukow ist der Chef, und man kann davon ausgehen, dass sich der große Stalin selbst um uns kümmert. – Du hast mir einmal gesagt, dass ihr auf eurem Weg hierher durch das zerstörte Berlin gekommen seid. Berlin wurde von dem Marschall Schukow erobert. Er war es auch, der Moskau gehalten hat, als die Faschisten kurz davor waren, die Hauptstadt der Sowjetunion zu besetzen. Ein großer Befehlshaber war er schon, der Marschall Schukow. Wir haben uns natürlich gefreut, dass er mit dem Befehl Nr. 50 befohlen hat, bei uns die Universitäten wieder zu öffnen. Vielleicht willst du ja auch später studieren."

Jürgen Hinrichs glaubt, dem Bert alles so erklärt zu haben, dass selbst der Linientreueste damit einverstanden wäre. Auf andere Fragen weiß er auch eine, manchmal nicht ganz vollständige Antwort. Manchmal will er keine vollständige Antwort geben. Nicht, weil er sie nicht kennt. Eher, weil er den Elfjährigen nicht verunsichern will.

Wer der Mann auf dem Bild sei, der vorn in der ersten Reihe sitzt, direkt neben dem Buchdrucker Grotewohl. Der, der oben auf dem Kopf wenig Haare, aber im Gesicht einen spitzen Bart hat.

Einer aus der Kommunistischen Partei. Ullrich oder Ulberich oder Ulbricht oder so ähnlich würde sein Name sein. Er hätte aber wohl nicht so viel zu sagen wie die beiden anderen.

Sonderbar. Dem Bert geht gerade eine ganz frische Erinnerung durch den Kopf. Herr Pfarrer Horstmann hat am letzten Sonntag über das Böse in der Welt, über gefallene Engel und über Dämonen gepredigt. Warum muss er gerade jetzt daran denken?

Und ob Herr Hinrichs denn etwas über den Führer der neuen FDJ wisse, der früher als Dachdecker gearbeitet habe. Nein. Den kenne er kaum. Aber Bert solle nie wieder Führer sagen. Es hieße ‚Vorsitzender' und die Männer, die in der neugegründeten Partei sind, würden sich mit Genosse anreden.

Es gibt viel zu verarbeiten. Bert denkt nach und macht sich seinen Reim aus dem, was er von Onkel Männe und Herrn Hinrichs zu hören bekommen hat.

Also. Die neuen Männer, die – das hatte Bert gemerkt – wohl in der „Neuen Zeit" eine große Rolle spielen werden, sind zum Beispiel Tischler, Buchdrucker oder Dachdecker. Sie sind also Arbeiter. Das leuchtet ein. Denn immer wieder wird von der Arbeiter- und Bauernmacht geredet.

Einige von ihnen sind im Krieg in der Sowjetunion gewesen. Vielleicht sind sie deshalb so mit den Russen befreundet. Die Russen sind also unsere Freunde.

Eine deutsche Regierung gibt es nicht mehr. Wir werden von den Freunden in Karlshorst regiert. Sie werden uns in die „Neue Zeit" führen. Und da Bert sehr viel über den Generalfeldmarschall Erwin Rommel weiß, kann er sich gut vorstellen, was für eine Macht der Marschall Schukow hat.

Onkel Männe hat gesagt, dass der Wilhelm Pieck aus einem katholischen Elternhaus käme. Sicherlich geht er noch jeden Sonntag in die Heilige Messe.

Hier irrte Bert aber. Er irrte gewaltig. Und wenn er gewusst hätte, dass auch der Marschall Schukow aus einem streng christlichen Elternhaus stammte und der große Führer aller Werktätigen, der große Stalin – hier durfte man Führer sagen – auf einem Priesterseminar gewesen war, dann hätte er gar nichts mehr verstanden. Einige Jahre später verstand er es. Er versuchte dann auch zu verstehen, dass sein Freund Norbert das Kreuz mit dem Roten Stern tauschte.

4

Erntezeit / Das erste Zeugnis / Ein Kriegsgefangener kommt zurück / Wallfahrt zur tausendjährigen Linde / Der neue Rektor / Rübensaft gibt Kraft / Der Genosse belehrt den Rückkehrer / Winnetou und Old Shatterhand

Sommer. Gleich hinter der Kapelle junges Getreide. Noch kleine, dunkelgrüne Blätter der Zuckerrüben. Etwas weiter weg blühen weiß die Kartoffeln. Ein fruchtbarer schwerer Boden hier in der Börde. Ein Geschenk des Himmels, das erwartete ertragreiche Jahr? Die Bauern des Städtchens auf dem Land hoffen auf ein gutes Jahr. Zwar haben sie es schon schriftlich. So und so viel von dem und dem ist abzuliefern. Sie finden es in Ordnung.

Zwölf Jahre lang haben sie auch abliefern müssen. Sie wissen gar nicht mehr, wie das ist, wenn man über die eigene Ernte frei verfügen kann. Genug für sie würde übrig bleiben. Und auch die Flüchtlinge, bald dürfen diese nur noch Umsiedler genannt werden, weil man ja vor Befreiern nicht flüchtet, werden nicht hungern müssen. Den Hunger und den Kampf um Kartoffeln und Brot ihrer Leidensgenossen, die in Großstädten oder in den Industriegebieten gestrandet sind, kennen sie nicht.

Die „Deutsche Volksschule" ließ zum ersten Male wieder Zeugnisse verteilen. Mit viel Freude unterschrieb der todkranke Vater Berts Zeugnis. Die Eins in Betragen rührte zwar nicht so sehr von einem einwandfreien, beanstandungslosen Verhalten des Jungen. Vielmehr lag der Grund darin, dass sich Bert zurückhaltend, manchmal scheu, mitunter schüchtern gab. Der Durchschnitt der Zensuren, ein glattes „Gut", machte den Vater stolz – und auch die Schwester.

Selbst in Russisch stand die Zwei. Der Russischlehrer hatte es gemerkt. Bert hatte diese Sprache im Ohr. Nicht weiter erstaunlich. Monatelang hatte er die Sprache täglich gehört. Und dass jetzt ab dem fünften Schuljahr in der Besatzungszone, die der Sowjetunion vertragsgemäß in Potsdam nach dem Kriege zugesprochen wurde, die Sprache des Siegers gelernt werden musste, hatte in den Augen des Siegers natürlich einen tieferen Sinn. Nämlich: Da nach der Weltrevolution des Proletariats unter der Führung der Kommunistischen Partei der Sowjetunion die Weltherrschaft des Proletariats – das Paradies auf Erden –

beginnen würde, konnte es gar nicht anders sein: Die Weltsprache würde Russisch sein.

Sommer. Auf den Feldern beginnt die Zeit der Ernte. Morgens wird von den Frauen der Grudekoks zum Glühen gebracht. Langsam und ruhig wird er stundenlang vor sich hin glimmen und die Suppe, am Abend des vergangenen Tages vorgekocht, warm halten. Frauen und Männer sind auf dem Feld, mähen, binden die Garben und stellen sie auf. Wenn dann am Feierabend das Tagwerk vollbracht ist, wird der Deckel der Grude aufgeklappt. Um den Tisch in der Küche sitzen Groß und Klein. Aus der Grude kommt die heiße Suppe auf den Tisch. Die, die aus dem Osten kamen, kennen keine Grude. Bald merken sie jedoch, wie praktisch und zweckmäßig dieser Eisenkasten auf vier Beinen mit dem Klappdeckel ist. Die, die aus dem Osten kamen, verdingen sich bei den Bauern und arbeiten tagsüber auf den Feldern.

Wer ist das? Bert starrt ihn ungläubig an. Eine gewisse Ähnlichkeit ist ja vorhanden. Kann es wahr sein?
„Lieber Gott! Lass Ernst bald aus der Gefangenschaft zurückkommen!"
Wie oft hat er so gebetet. Ist er das nun oder ist er das nicht? Er hat ihn ganz, ganz anders in der Erinnerung. Gesund, ein starker Kerl, die feldgraue Uniform, die Orden und Ehrenzeichen, die silbernen Tressen, das dichte, schwarze Haar.
Der da, den er ungläubig anstarrt, hat auf dem Kopf überhaupt keine Haare. Die hervorstehenden Backenknochen lassen Bert an einen Totenkopf denken. So, wie er auf dem linken Altarbild in der Kapelle zu sehen ist. Jacke und Hose, nur mit viel Scharfsinn erinnern sie an eine Uniform, schlottern um einen abgemagerten, heruntergekommenen Menschen. Die linke Hand ist verbunden. Früher ist dieser Verband weiß gewesen.
Aber er ist es wirklich. Sein bewunderter und geliebter Schwager Ernst ist zurück.
– Dass er als Erstes zu seiner Schwester Martha und nicht gleich zu seiner jungen Frau gegangen war, fiel zunächst gar nicht weiter auf. Später aber, zu einer Zeit, in der das blaue Wunder Wirklichkeit wurde, sollte dieser erste Gang noch eine gewisse Bedeutung erlangen.

Herbst. Erntezeit. Ein neues Schuljahr fängt an. Die Wallfahrt zur tausendjährigen Linde ist gerade vorüber. Viele Menschen zieht es in diesem

Jahr zur alten Linde hinter der Kapelle. Pommersches und ostpreußisches Platt, Dialekte aus dem Land der Schlesier und der Egerländer und natürlich, wenn auch in der Minderheit, das Einheimische. Stimmengewirr unter dem mächtigen Baum und auf dem großen Hof vor der Kapelle. Bert, Gerhard, Susi, Karl-Heinz und die anderen haben an dem Hochamt andächtig teilgenommen, fast benebelt vom vielen Weihrauch, süßlich und schwer, aufsteigend in den Himmel. „Hoffentlich werden die Engelein im Himmel nicht schwindelig." Das kann nur in dem hübschen Kopf der Susi zur Frage werden. Die Jungen haben andere Gedanken. Wann werden auch wir dort vor dem Altar stehen dürfen? Wann kleidet uns der rote Rock und das weiße Chorhemd und der rote Kragen? Wann wird der gestrenge Herr Pfarrer mich fragen, ob ich nicht Messdiener werden will? Und werde ich dann die Prüfung bestehen? Immerhin muss man die lateinischen Messgebete auswendig hersagen können. Nur der Günther, Berts bester Freund, kann nie und nimmer Messdiener werden. Er ist evangelisch.

Zunächst jedoch war die „Neue Zeit" am Zuge.

Am dritten Tag des neuen Schuljahres tritt Herr Hinrichs hinter einem Mann in das Klassenzimmer. Zuerst tritt also dieser Unbekannte in das Klassenzimmer. Nachdem alle wieder auf den Bänken sitzen, sagt Herr Hinrichs:

„Hier ist euer neuer Schulleiter, Herr Rektor Dettmann. Herr Dettmann wird sicher in der achten Klasse euer Klassenlehrer sein."

Eine leichte Unruhe.

„Bis dahin werdet ihr Herrn Dettmann kennengelernt haben. Sicherlich werdet ihr Herrn Dettmann genauso viel Freude machen wie mir. Nun gut. Ich will nicht übertreiben." Ein Lächeln im Gesicht. „Nicht alle machen mir Freude. Aber das wissen wir ja."

Bert kann es sich nicht erklären. Irgendwie merkt er, dass er sich mit diesem neuen Rektor nicht wird anfreunden können. Nun muss sich natürlich kein Schüler mit seinem Lehrer anfreunden. Doch Bert hat kein Vertrauen zu dem Neuen. Er kennt ihn zwar noch gar nicht. Aber er hat eben dieses Gefühl. Das liegt bestimmt nicht nur daran, dass der Herr Rektor Dettmann das neue Parteiabzeichen am Jackett trägt – dieses Abzeichen mit den zwei verschlungenen Händen, das Bert auch bei Onkel Männe gesehen hat.

Beide Lehrer reden miteinander. Sie sprechen leise, wenn auch nicht im Flüsterton. Bert meint, das Wort „Primus" gehört zu haben. Darunter kann er sich nun überhaupt nichts vorstellen. Auch dann nicht, als Herr Hinrichs sagt:

„Bert. Steh mal bitte auf."

Herr Dettmann sieht Bert an. Seine Gesichtszüge verraten nichts. Diese starren, eingefrorenen Gesichtszüge verraten nichts. Später, in der achten, hat er immer noch diese starren, eingefrorenen Gesichtszüge. Dettmanns Sohn Lothar wird Berts neuer Klassenkamerad.

Der Herbst ist die Jahreszeit der Ernte. Kaltblütige, schwere Ackergäule ziehen die mit Garben hochbeladenen Wagen zu den Höfen. Die Dreschmaschine singt ihr Lied. Goldfarbenes Korn füllt die Getreidesäcke. Weißes Mehl in der Mühle des Müllers Peltau. Noch liegt kein Winterlicht über den Stoppelfeldern.

Bevor der Hamster alle Ähren leer macht und die Körner in die Vorratskammern seines Baues bringt, werden die Flüchtlingskinder zum Ährenlesen auf die abgeernteten Felder geschickt. Natürlich gehen auch die Erwachsenen zum Nachstoppeln. Die Bauern haben nichts dagegen, dass die Hamster Konkurrenz bekommen. Sorgfältig trennt auch Bert das Korn von der Ähre. Achim, der Sohn des Müllers, nimmt ihm das Säckchen ab, und Bert bekommt feines, weißes Mehl. Brotbacken hat die Schwester inzwischen gelernt.

Der Achim besitzt einen besonderen Schatz. Es sind Indianerbücher. Sie handeln von einem edlen Häuptling und seinem weißen Blutsbruder. Als Bert ein Buch gelesen hat, ist er fasziniert. Er taucht ein in die Welt der Apachen. Er gibt seinem besten Freund Günther dieses Buch. Auch der Günther lässt sich anstecken. Sie und auch manche Klassenkameraden versuchen fieberhaft herauszufinden, wer noch Bücher von diesem Karl May im Schrank hat. Und sie entdecken noch viele. Aber es ist ja noch Erntezeit. Wenig Zeit lassen die Großen den Kleinen zum Lesen. Für viele der Großen ist das sowieso eine völlig unnütze Beschäftigung, das Lesen von Büchern.

Und so geht es dann weiter mit dem Nachernten. Der Rodepflug arbeitet. Zugtiere ziehen ihn, Pferde oder auch Ochsen, die zu den weniger großen Höfen gehören. Die Zuckerrüben fliegen auf den Wagen. Und wieder wird nachgeerntet. Schon im Morgengrauen, die Tage werden kürzer, gehen die Menschen auf den leeren Rübenacker, sammeln Reste, die der Rodepflug abgeschnitten hat, und die beim Beladen der Wagen heruntergefallenen Rüben. In der Waschküche hat Berts Schwager den großen Waschkessel angeheizt. Nicht Wäsche wird heute in ihm gekocht. Die gesammelten Zuckerrübenstücke kommen hinein. Viele Töpfe und Krüge füllt später der Rübensaft, braun mit einem goldgelben Schimmer.

„Iss den Saft, Bert", sagt der Onkel Männe. „Du weißt doch. Saft gibt Kraft nach sieben Jahren."

– Und Bert steckte oft und heimlich den Finger in den Safttopf. Sieben Jahre können schnell vorbei sein.

Die beiden Schwäger haben sich die Zigaretten angezündet. Onkel Männe, der Altkommunist, und Ernst, der ehemalige Soldat, vor noch nicht allzu langer Zeit aus der russischen Gefangenschaft zurück. Das Kochen des Saftes aus den Zuckerrüben ist noch nicht zu Ende. Sie sitzen auf der Holzbank, die schon immer ihren Platz in der Waschküche hatte.

„Kennst du den?", fragt Ernst.

„Ich kenn viele. Aber welchen hast du auf Lager?"

„Na, dann hör zu, Männe. Ein Ami, ein Iwan und ein Deutscher aus der russischen Zone treffen sich. Sagt der Iwan: Wott! Bei uns in Mütterchen Russland fahren die Züge so schnell, dass ihr denkt, die Telegrafenmaste neben den Gleisen sind ein Zaun. Antwortet der Ami: Okay, aber was ist das schon? Unsere *trains* sind viel schneller! Alle zehn, zwanzig Meilen ist eine *station*, ein Bahnhof, und einige Häuser. Aber die fahren so schnell, dass ihr denkt, ihr fahrt immer und ständig durch eine Stadt, Haus neben Haus. Pause. Unser Landsmann: Na ja. Wenn ich mir das so überlege, ist das alles gar nichts. Der Iwan und der Ami gucken ihn ungläubig an, und er: Bei uns fahren die Züge so schnell, dass ihr das zweite Gleis nicht mehr sehen könnt."

Onkel Männe lacht nicht, lächelt etwas gequält.

„Ach, Schwager. Was soll ich zu deinem Witz sagen? Du warst lange Jahre beim Hitler Soldat, bist dort erzogen worden. Du weißt vieles nicht. Aber eines müsstest du doch wissen. Hast du nicht gemerkt, was ihr in der Sowjetunion alles kaputt gemacht habt? Hast du nicht die zerstörten Fabriken gesehen? Habt ihr nicht, als die Rote Armee euch verjagte, dort alle Gleise zerstört?"

Betroffen guckt der Schwager zum gepflasterten Waschküchenboden. Hat er etwas gesagt, das ihn, wenn es ein anderer als Männe gehört hätte, in Gefahr bringen würde, abgeholt zu werden?

„Ihn haben sie auch abgeholt." Diesen Satz hört man ja häufig. Und wer wieder zurückkommt, hat in der Regel die Sprache verloren.

„Du kannst nicht alles wissen", setzt Schwager Männe seine Rede fort. „Aber so einfach ist das. Die deutschen Faschisten haben den Krieg vom Zaun gebrochen. Weiß der Teufel, wo sie überall alles kaputt gemacht haben. In der Sowjetunion haben sie jedenfalls ganz schlimm gehaust. Und es war schon immer in der Geschichte so: Wer verliert, der bezahlt. In Potsdam, du weißt, dass nach dem Krieg dort die Sieger eine Konferenz abhielten – du warst da noch in Gefangenschaft – wurde beschlossen, dass Deutschland für die angerichteten Schäden bezahlen muss. Die Sieger sollten jeweils aus ihrer Besatzungszone Industrie-Einrichtungen und alle möglichen brauchbaren Sachen abtransportieren können. Und da die schwersten Verwüstungen in der Sowjetunion waren, wurde beschlossen, dass auch aus der amerikanischen, der englischen und französischen Zone Entschädigungen, amtlich: Reparationsleistungen, dorthin gehen sollten. Das ist doch gerecht. Oder?"

Der Schwager guckt den Schwager an, der denkt: Reden ist Silber. Schweigen ist Gold.

„Leider haben sich die Amis an den Vertrag nicht gehalten. Seit Juni kriegt die Sowjetunion nichts mehr aus den anderen Zonen. Aber Ernst, wenn du mich fragst: Es war vorauszusehen, für uns Kommunisten bestimmt. Das größte Übel war das faschistische Deutschland. Da haben sie zusammengehalten. Nur, wir und die kapitalistischen Mächte haben keine gemeinsame Zukunft. Die Zukunft gehört uns!"

Männe schweigt, von sich selbst überzeugt und davon überzeugt, was er gesagt hatte. Darüber reden sie bei der Partei.

Bert hat zugehört. Einiges ist ihm bekannt. Auch in der Schule gibt es einen Lehrer, der wie Onkel Männe spricht. Sowjetunion und nicht Russland. Faschisten und nicht Nazis. Das wird er sich merken. Auch Schwager Ernst macht sich so seine Gedanken. Sich anzupassen und den Mund zu halten, würde ihm nicht schwerfallen. Das hatte er zwölf Jahre getan – mit Begeisterung und aus Überzeugung.

Über den Feldern schwebt blauer Rauch. Kartoffelfeuer. Die Luft ist klar. Warme Tage nach kühlen Nächten. Noch kein Frost. Pfarrer Horstmann dankt dem Herrn für die reiche Ernte. Erntedankgottesdienst auch in der großen evangelischen Kirche am Markt. Die Bauern liefern ihr Soll ab. Was die Kartoffelschleuder nicht herausgeschleudert hat, was die Augen der Erntenden übersehen haben, wird nachgestoppelt. Bert bringt manches Pfund Kartoffeln nach Hause.

Später Herbst. Früher Winter. „Der Schatz im Silbersee." Sie werden im Kopf zu Mescalero-Apachen. Günther und Bert entdecken immer mehr Karl May. Lesezeit. Winnetou und Old Shatterhand.
„Ich bin Winnetou. Du bist Old Shatterhand!"
Bert beschließt es. Günther ist einverstanden.

5

Die Hasenjagd / Frost und Winterkälte / Kopfrechnen und Pulloverbeulen / Imperialistische Kartoffelkäfer / Religionsunterricht und Messdienerprüfung / „Religion ist Opium des Volks" / Die Explosion und das Wunder / Der Apfeldieb und die Predigt

Er hat seine Truppen in Stellung gebracht. Der Feind ist verloren. Aus diesem Kessel gibt es für ihn kein Entkommen. Links Pfarrhaus, Schule und die Waschküche des Pfarrhauses. Rechts Küsterhaus, die Pumpe und der Zaun des Gartens. An der Rückseite des Kessels die unbezwingbare, hohe Wand der Kapelle. Nur die kleine Straße ist eine Schwachstelle. Das hat er aber klar erkannt und hier seine Truppen positioniert. Hier stehen fest und fest entschlossen, den Feind zu erlegen, Onkel Witteck mit seinem Krückstock, Tante Witteck mit einer sehr großen Suppenkelle, die Schwester und Frau des Strategen sowie Bert, beide bewaffnet mit einem langen Knüppel. Der Feind hatte es wohl auf die Küchenabfälle abgesehen. Jetzt sitzt er in der Falle und Ernst, jahrelange Fronterfahrung, geht zum Angriff über.

„Dass mir keiner den Hasen durchlaufen lässt!", ermahnt Ernst seine Truppe. Er stürmt, auch mit einem Knüppel bewaffnet, auf den Hasen zu. Ein Kreuz- und Quer-Gerenne beginnt. Der Hase hat überhaupt keine Lust, als Braten in die Pfanne zu wandern. Er macht Ausbruchsversuche. Schreckt zurück. „Was ist das für ein Gebrülle", mag er denken. Da entdeckt er die Lücke. Wenige weite Sprünge genügen. Freiheit! Ausgerechnet bei Berts Schwester gelingt ihm der Durchbruch. Der ehemalige Soldat ist stocksauer.

„Warum schlägst du nicht zu?"

Enttäuschung bei allen. Leb' wohl, gebratener Hase. Der nicht gebratene Hase sitzt vergnügt im Mondenschein, hell blicken seine Äugelein. Oder so ähnlich. Das geht dem Jungen durch den Kopf.

Später wird man ihn den Hungerwinter nennen. Es war sehr, sehr kalt. Wenn auch nicht gerade die Vögel zu Eis erstarrt vom Himmel fielen, so war es doch ungewöhnlich kalt. Die Pumpen bekamen ein Kleid aus Stroh. Mit Feuer mussten sie aufgetaut werden. Die Menschen suchten und sammelten Brennbares. Nur nicht frieren. Nur nicht erfrieren. Unter einer dicken Eisdecke murmelte der Limbach und wartete auf den Frühling. Wenn auch das Essen nicht knapp war hier auf dem Lande, so suchten die Flüchtlinge doch jede Möglichkeit, zusätzlich etwas auf den Tisch zu bekommen. Und ein Hasenbraten wäre schön gewesen.

Bert im Turmzimmer fror gar jämmerlich. Morgens hatte sein Atem die Bettdecke vereisen lassen. An den Wänden Eiskristalle.

„So geht das nicht weiter", sagt die Schwester. „Du schläfst ab sofort unten bei uns."

Zu spät. Das Fieber hat ihn gepackt. Fieberfantasien. Blutrote Blasen pulsieren. Sie platzen. Füllen sich wieder, pulsieren und platzen. Füllen sich wieder, pulsieren und platzen. Der Herd in dem kleinen Zimmer ist auch nachts an. Die Wärme setzt den erfrorenen Füßen zu. Weinend vor Schmerzen kratzt er mit den Füßen auf dem alten, verschlissenen Teppich.

„Ich will nicht sterben!"

„So schnell stirbt's sich nicht."

Seine Schwester weiß, wovon sie spricht. Das große Sterben hat sie erlebt.

Der Lehrer Hinrichs hatte seine besondere Art, den Mädchen und Jungen das Rechnen mit dem Kopf beizubringen. Die Frage, ob diese Art des Rechnens überhaupt notwendig und wichtig ist, stellte sich nicht. Man muss Kopfrechnen können! Punkt! Genauso wie man viele Gedichte auswendig lernen muss. Dieses Müssen ist Gesetz. Nicht nur ihr Lehrer hielt diese Art des Lernens für absolut wichtig und angebracht und richtig, die anderen natürlich auch.

Eigentlich freute sich Bert auf das Kopfrechnen. Nicht nur, weil er wusste, dass er nur von seinem Freund Norbert geschlagen werden konnte, sondern auch deshalb, weil es eine Schulstunde werden würde, in der man so allerhand andere Aufgaben und Pflichten erledigen konnte. Man konnte neue Pläne schmieden, wie der feindliche Stamm der Comanchen zu besiegen wäre. Man konnte schnell ein Briefchen an Old Shatterhand schreiben. Man konnte – vorsichtig, damit Herr Hinrichs es nicht merkte – ein Stück von der Wurststulle in den Mund schieben. Sigrid Hecht, die Tochter des Bauern Karl Hecht, hatte ihm die Stulle wieder einmal, ohne dass er es bemerkt hatte, dorthin gelegt, wo in der Bank Hefte und Bücher ihren Platz haben.

Bauer Karl Hecht hatte seinen Hof neben der Gärtnerei Wellmann.

Im Wohnhaus des Gärtners wohnten sie seit Kurzem. Eine Küche. Ein Zimmer für das junge Paar. Ein Zimmerchen für den todkranken

Vater, wenn er gerade einmal nicht in irgendeinem Krankenhaus lag, und den Jungen.

Sigrid hatte lange und blonde Zöpfe. Auch sie war eigentlich kein Kind mehr. Die Jungen merkten schon, dass die Mädchen langsam, aber unübersehbar, zwei Beulen im Pullover hatten und ihr Hinterteil nicht mehr so glatt war wie bei ihnen. Aber große Gedanken verschwendeten sie nicht bezüglich dieser Veränderungen bei den Klassenkameradinnen. Außerdem wehrte sich Bert dagegen. Vielleicht steckte ja etwas hinter diesen Veränderungen, was nicht mit dem sechsten Gebot zu vereinbaren war. Unkeusche Gedanken? Er konnte damit zwar noch nichts anfangen. Doch irgendwie ahnte er, dass in den Nichtmehrkindmädchen etwas war, das geheimnisvoll, schön, oder doch sündig, anziehend, vielleicht gefährlich erschien.

Herr Hinrichs lässt die fünfundfünfzig Schüler aufstehen. Die erste Frage. Wie viel ist ... und das mal genommen mit ... und geteilt durch ...? Wer wird drankommen? Wird er es richtig sagen können? Wann komme ich dran? Werde ich die richtige Lösung im Kopf gefunden haben?

Wenn nicht, muss ich weiter stehen bleiben, kann mich nicht für den Rest der Stunde mit angenehmeren Dingen beschäftigen. Und einer bleibt immer stehen. Und einer ist immer der Letzte. Dann fällt dem Lehrer immer, immer wieder das Gedicht ein, und er zitiert, leicht abgeändert:

Nur eine einz'ge Säule zeugt von verschwundener Pracht.
Auch diese, schon geborsten, kann stürzen über Nacht!

– Die einzige stehen gebliebene Säule durfte sich jetzt auch setzen. Ob sie dann gestürzt ist? Weil sie vorgeführt wurde? Weil ihre Dummheit gezeigt wurde? Ob die pädagogische Ausbildung des Lehrers, den Umständen geschuldet, zu oberflächlich, weil zu kurz, war?

Anschließend, also in der nächsten Schulstunde, glänzt die Säule. Es geht um die neuen Länder. Sie leben jetzt im Land Sachsen-Anhalt. So haben es die Freunde in Karlshorst gewollt. Und die wollen nur das Beste für uns. Und außerdem helfen sie uns, überall und mit allem. Die einzige Säule aus der Kopfrechenstunde weiß hier Bescheid. Schließlich ist sein Vater ein Genosse, trägt vielleicht das Parteiabzeichen mit den zwei sich gebenden Händen sogar am Schlafanzug. Ein Genosse weiß es:

„Die Sowjetunion gab dem deutschen Volk jede nur mögliche Hilfe, angefangen mit dem Brot ihrer Soldaten in den Maitagen 1945, bis zur Lieferung von Traktoren und Walzstraßen für den Aufbau unserer Wirtschaft und der Übermittlung der großen Erfahrungen ihres eigenen gigantischen Aufbaus."

– Ja, ja. Sie wussten es und viele glaubten es: Von der Sowjetunion lernen heißt siegen lernen. Im Westen jedoch wurden die Deutschen von den Angloamerikanern und den Franzosen unterdrückt und ausgebeutet. Nicht zu fassen, dass es so weit ging, dass diese Imperialisten nachts still und heimlich uns überflogen und Kartoffelkäfer abwarfen. Auch diese Schulklasse strömte zu den Kartoffeläckern. Die imperialistischen Käfer wurden gefangen genommen, in die Blechbüchsen eingesperrt und zum Tode durch Verbrennen verurteilt. Hinrichtungsstätte war der große Drehofen des Zementwerkes. Wie gerne hätten die Indianer, natürlich von Winnetou und Old Shatterhand angeführt, ihre weißen Kalksteinbrüche mit den heimlichen Wasserlöchern, verrosteten Loren, verbogenen Schienen besucht. Sie konnten es jetzt nicht. Schuld daran waren die bösen Imperialisten und die Kartoffelkäfer.

Die Schwester und der Schwager Ernst hörten es sich an. Was sollten sie sagen? Sie, die schon einmal erfahren und erlebt hatten, wie ein Diktator die Menschen verbiegt, konnten doch nichts dagegen sagen.
„Schnauze halten. Köpfchen senken. Immer an den Führer denken."
Ihnen dämmerte es nicht nur. Sie hatten begriffen, dass der Rote Stern das Kreuz mit den Haken abgelöst hatte, dass wieder nur eine Partei immer recht hatte, dass es doch vielleicht besser wäre, mit den Wölfen zu heulen – oder abzuhauen, was viele machten. Doch: schon wieder irgendwo neu anfangen? Keine drei Jahre war es her, dass sie die alte Heimat hatten verlassen müssen. Hier hatten sie nun einigermaßen Fuß gefasst. Im Grunde ging es ihnen ja nicht schlecht. Sie hatten ein Dach über den Kopf. Den Hunger kannten sie nicht und im Städtchen lebten auch die Verwandten. Nein. Zu einem zweiten Neuanfang fehlte ihnen der Mut. Oder die Notwendigkeit?
Man arrangierte sich. Ernst trat in den Dienst beim Bürgermeister. Das Verwalten war ihm geläufig. Schließlich wäre er ja in der Deutschen Wehrmacht verbeamtet worden. Um der Mindestanforderung für eine gesellschaftliche Aktivität gerecht zu werden, trat er in die „Gesellschaft für Deutsch-Sowjetische Freundschaft" ein. – Im Inneren blieben sie dem

Kreuz treu und versäumten nie die Heilige Messe an den Sonn- und Feiertagen. Wortkarg gingen sie auf das ein, was der Junge ihnen über die Imperialisten, deren Kartoffelkäfer und über die hilfreiche Sowjetunion sagte. Dachte Schwager Ernst an das zweite Gleis, das in der Sowjetischen Besatzungszone verschwunden war?

Er war beleidigt. Er hatte sich so viel Mühe gegeben. Er hatte sich angestrengt, besonders schön zu schreiben. Er hatte alles verstanden: dass der Papst die Bischöfe einsetzen und dass der Kaiser ihnen die weltliche Macht übertragen konnte. Sein Aufsatz über das „Wormscher Konkordat" hatte es nicht verdient. Doch der Herr Pfarrer Horstmann lachte und fragte:
„Wie kommst du auf Wormscher Konkordat? Das heißt doch Wormser Konkordat. Oder heißt die Stadt Worms neuerdings Wormsch?"

Worms kannte er sowieso nicht und er war sich ganz sicher, der Herr Pfarrer hatte „Wormscher Konkordat" gesagt. Streiten konnte er mit ihm aber schon gar nicht. Möglicherweise würde dann der Wunsch, Messdiener zu werden, nicht in Erfüllung gehen und außerdem machte der Religionsunterricht bei dem guten Hirten, für den sich der Herr Pfarrer hielt, sehr viel Spaß.

In der Schule hatte die deutsche Geschichte riesige Lücken. Kam es doch nicht darauf an, die Geschichte objektiv zu vermitteln. Vielmehr galt es, die Geschichte so zu lehren, dass die Kinder im Geiste des Marxismus-Leninismus-Stalinismus erzogen wurden. Da war dann kein Platz mehr für Kaiser und Papst, für berühmte Bürger des Mittelalters, für die Arbeit der Zisterzienser, für Gründer großer Firmen. Das waren alles Feudalisten und Kapitalisten und Imperialisten. Und die alle haben das Volk ausgebeutet. Erst die Revolution, mit Lenin und Stalin an der Spitze, hat das Volk befreit, ihm Wohlstand beschert und jede Ausbeutung beendet. Die neuen Lehrer hatten das drauf. In ihrer kurzen Ausbildung hatten sie es eingetrichtert bekommen. Ja, mein Gott! Welcher Geschichtslehrer aus der Zeit des Faschismus hätte auch schon die „Neue Zeit" so begriffen? Keiner. Die meisten waren ja sowieso Nazis.

Wenn der Pfarrer erwischt worden wäre, hätte der Religionsunterricht ein schnelles Ende gefunden. Alle Kinder hätten wohl schwören müssen, dass sie in den Stunden nur gebetet und fromme Lieder gesungen hätten. Sonst wäre es mit dem Religionsunterricht, der ja eigentlich ein Geschichtsunterricht war, und mit dem guten Hirten zu Ende gewesen. Aber dieser hatte den Mut, gegen die Gesetze und Befehle der neuen hohen Obrigkeit zu verstoßen. Schließlich wusste er, dass Obrigkeiten kommen und gehen. Seine Kirche aber war fast zweitausend Jahre alt und würde auch diese neue Obrigkeit vergehen sehen. Das glaubte er. Es gehört Mut dazu, sich zu bekennen. Es gehört Mut dazu, sich nicht hinter dem Kreuz zu verstecken, sondern vor das Kreuz zu treten und zu verkünden. Oder hatte er etwas anderes im Sinn? Könnte es sein, dass er sich so unbeliebt machen wollte, um von seinem Erzbischof in Paderborn in den Westen versetzt zu werden? Manche seiner Schäfchen meinten das, auch der Schwager Ernst.

„Da hat er wieder einen losgelassen!"

„Was meinst du? Von wem sprichst du denn?", fragt seine Frau zurück.

„Na, vom Pfarrer. Gestern hatten wir Kirchenvorstand. Da sagt er doch glattweg, der Rahmen wäre ja gleich geblieben. Nur das Bild haben sie ausgewechselt. Früher hatte der Mann einen Oberlippenbart und einen Scheitel. Jetzt hat der Mann einen Schnauzer und die Haare ohne Scheitel. Ein neuer Held im alten Rahmen. Oh, oh. Ob das man gut geht."

Wenn im Sommer das gleißende Sonnenlicht die Steinbrüche, die das Kalkgestein zur Herstellung des Zementes lieferten, die steilen Wände, die Spalten und Überhänge hell aufleuchten ließ – so hell, dass die Indianer mit zugekniffenen Augen, gebeugt und witternd, schleichen mussten –, dann war das ihre Traumwelt. Die Reihe der Bücher von Karl May, die die Jungen gelesen hatten, wurde immer länger. Viele Dachböden bargen diese Schätze. Nach der Schule und in den langen Sommerferien sah man sie: Winnetou mit seiner berühmten Silberbüchse. Old Shatterhand mit seinem nicht weniger berühmten Henrystutzen und dem Bärentöter. Die Schwester konnte sich nicht wehren. Steter Tropfen höhlt den Stein. Und Winnetou quengelte immer mehr und immer wieder:

„Wann nähst du nun endlich meinen Medizinbeutel?"

Den musste er haben, unbedingt. Denn die Glück und Erfolg bringende Medizin – das stinkende Stück eines Hamsterfelles, der skelettierte Kopf einer Maus, ein paar Perlen aus Glas – garantierte nicht nur das Überleben im Kampf gegen die Comanchen, sondern auch die Gesundheit des Häuptlings. Und das Kriegsbeilchen, genannt Tomahawk, bekam er vom geschickten Schwager Ernst gebastelt.

„Günther. Morgen müssen wir aufpassen."

Bert wollte etwas organisieren. Er hatte gehört, dass in der Buchhandlung eine neue Sendung angekommen war. Kurz nachdem die Buchhandlung geöffnet hatte, stürmten sie in den Laden. Wo waren die neuen

Reclamheftchen? Wo entdeckten sie die kleinen, beigefarbenen Büchlein? Wie viele Groschen hatten sie in der Hosentasche? Nur drei Groschen kostete ein Heftchen. Und ob „Die Judenbuche" oder „Mozarts Reise nach Prag" oder „Wilhelm Tell" oder „Die Braut von Messina" oder ... oder ... oder ..., sie nahmen alles mit. Schließlich gab es nicht nur den Karl May. Bert hatte bald seine kleine, eigene Bücherei. Eine Leseratte war er schon seit Langem.

Ein anderes Buch gab es. Ein Buch über das KZ Buchenwald. So war es also. Das hatten zumindest die Jungen nicht gewusst, und wenn die Alten es wussten, dann sprach man nicht darüber. Waren es Menschen, deren Bilder zu sehen waren, in gestreiften Jacken und gestreiften Hosen, in ihrer Knochigkeit eher Toten ähnlich als Lebenden? Die neuen Geschichtslehrer hatten also recht. Unter den Nazis sind viele Menschen gequält und ermordet worden. Allein sechs Millionen Juden.

Es ist so weit. Sie haben fleißig auswendig gelernt. Ohne es zu verstehen, plappern sie wie Papageien das Kirchenlatein herunter, der Gerhard, der Karl-Heinz, der Werner, der Bert, der Norbert. Messdienerprüfung – oder wie der Herr Pfarrer sagt: Ministrantenprüfung.

„Na, Bert. Suscipiat?"

Das gefürchtete Suscipiat! Warum fragt er danach nicht die anderen? Dominus vobiscum. Et cum spiritu tuo. Das ist das Leichteste. Dominus, wo bist du. So kann man es sich merken. Aber das Suscipiat ist das Schwerste. Tief Luft holen. Augen zu. Später auf den Knien vor dem Altar wird man ja wohl murmeln können und darauf hoffen, dass der zweite Messdiener deutlich dieses Gebet spricht. Jetzt aber gilt es.

Suscipiat Dominus sacrificium de manibus tuis,
ad laudem et gloriam nominis sui, ad utilitatem
quoque nostram, totiusque Ecclesiae suae sanctae.

„Das hast du gut gemacht. Ich will mal sehen. Nächsten Sonntag kannst du eingeteilt werden, mit Alfons."

Alfons ist schon einige Jahre Messdiener. Das gibt Sicherheit. Und dann die nächste Wallfahrt. Dabei werden so viele Messdiener gebraucht, dass alle neuen mitgehen werden, vor und hinter dem Baldachin.

Der den dialektischen Materialismus anerkennende Mensch glaubt nicht an einen Gott oder den einen Gott – und schon gar nicht an Wunder.

Also, gemeint ist der Mensch, der an den dialektischen Materialismus glaubt, dessen Propheten der Trierer Karl Marx und der aus Barmen stammende Friedrich Engels waren. Glauben ist mehr als Anerkennung, gewissermaßen qualitativ höherwertiger. Wunder gehören zu jeder Religion – ja, von Wundern leben sozusagen die Religionen. Eine Weltanschauung entsteht dadurch, dass es einen Menschen oder mehrere Menschen gab oder gibt, der oder die die Welt ganz anders sieht oder sehen, als die Menschen bisher die Welt sahen. Weltansehung. Weltanschauung. Wunderglaube besteht auch darin, dass die Frauen und Männer der „Neuen Zeit", die Anhänger von Marx, Engels, Lenin und Stalin an die klassenlose Gesellschaft, den „Neuen Menschen", den Weltfrieden, den Endsieg des Kommunismus glauben.

So hatten sie es gehört. Sowohl ihr Religionslehrer, der aber keiner war, sondern ihr Herr Pfarrer, als auch der neue Geschichtslehrer sprachen darüber. Jeder auf seine Weise – selbstverständlich. Die Wenigsten hatten es verstanden. Verstanden hatten sie aber den Satz des Neulehrers: „Religion ist Opium des Volks." Das hatte Karl Marx geschrieben. Was Opium ist, hatte ihnen ihr Lehrer in Biologie erklärt, als sie den Mohn durchnahmen. Opium macht schwindlig und betäubt. Opium kann süchtig machen. Opium macht dumm.

Für die Silberbüchse fehlte es an Kugeln. Kugeln sind aus Blei. Woher aber sollte Winnetou Blei bekommen? Ihm fiel etwas ein. Vor den Fenstern der guten Stube hingen weiße, schwere, teure Gardinen. Damit diese immer schön ordentlich hingen, waren sie im unteren Rand mit Bändern beschwert. Das Gewicht bekamen diese Bänder durch die in ihnen eingearbeiteten kleinen Bleikügelchen. Die aber waren für die Silberbüchse viel zu klein. Die Silberbüchse brauchte größere Kugeln. Winnetou hatte eine grandiose Idee. Tante Martha würde es gar nicht merken, wenn einige kleine Kügelchen fehlen würden. So meinte Winnetou.

Gibt es einen Dämon der Grude? Wer kann diese so unsinnige Frage schon beantworten? Gibt es denn überhaupt Dämonen?

Da baten die Dämonen: Wenn du uns austreibst, dann schick uns in die Schweineherde.

So steht es geschrieben im Evangelium des Matthäus. Gibt es also Dämonen? Ohne Zweifel gibt es Situationen im Leben, in denen wir etwas annehmen, vielleicht sogar glauben, was im Grunde völliger Unsinn und nicht mit dem Verstand zu erklären ist. Vielleicht gibt es ja aber auch eine Rationalität der Zukunft, die unser heutiges Wissen, mit dem wir gegenwärtig versuchen, unglaubliche Vorgänge zu erklären, noch nicht kennt. Deshalb werden wir uns jetzt daran halten müssen: Es gibt mehr Dinge zwischen Himmel und Erde, als unsere Schulweisheit sich träumen lässt.

Um für die Silberbüchse passende Kugeln herzustellen, nahm also Winnetou eine Hülse aus Blech, in der sich vorher Spalttabletten befunden hatten, und füllte sie mit den kleinen Kügelchen aus Blei. Dann kniff er sorgfältig mit der Kombizange die Hülse zu, hob den Grudendeckel hoch, legte die gefüllte Hülse in die rotglühende Glut und schloss die Grude mit dem Deckel.

Hatte er nicht gehört, wie der Dämon, der schon beim Ausbruch des Vesuvs vor mehr als zweitausend Jahren seine Hand im Spiel hatte, ein satanisches Gelächter anstimmte?

So, eigentlich müsste das Blei jetzt geschmolzen sein, fertig zur weiteren Bearbeitung. Das meinte der Apachenhäuptling. Er fasste den Deckel am Griff und hob ihn an. Urgewaltig, gleich einem Miniaturvulkan entlud sich mit einer Wolke aus roter Glut und heißer Asche die Grude. Winnetou schrie. Winnetou schlug die Hände vor die Augen. Winnetou war blind. Er tastete sich zu dem Becken mit dem in der Osternacht geweihten Wasser. Man wohnte ja neben der Kapelle. Er tauchte beide Hände ein, schöpfte das geweihte Wasser, wischte und rieb seine Augen – immer wieder, immer wieder. Es dauerte. Er konnte wieder klare Gedanken fassen. Er blinzelte. Er versuchte, die Augen größer zu machen. Es gelang ihm. Er war nicht blind!

Nach der Explosion hatte ein Ascheregen dafür gesorgt, dass feine Asche alles in der Stube überzog.

Das Weihwasser machte alles nur noch schlimmer, obwohl es Weihwasser war. Aus der Asche wurde Aschenschlamm, als er versuchte, die Spuren zu verwischen. Abends sorgte die Schwester für eine saubere Stube. Die Strafe blieb aus. Sie dankte Gott, dass nicht mehr passiert war.

Angesengte Wimpern. Angesengte Brauen. Schwarze Pünktchen im Gesicht. Es konnte nicht versteckt werden, nicht verheimlicht.

„Ja, Bert. Das nächste Mal überlege vorher, wenn du mal wieder so etwas Ähnliches machen willst. Wir haben das doch besprochen. Wenn ein Metall durch Erhitzung in den flüssigen Aggregatzustand übergeht, dann dehnt es sich aus. Du hast dem Blei diese Möglichkeit genommen, weil du das Tablettenröhrchen dicht zugeklemmt hast. Als du dann den

Grudendeckel hochgehoben hast, hat der Sauerstoffanteil in der Luft gewirkt wie der Zünder in einer Granate. Es musste einfach zur Explosion kommen. Zum Glück hast du vor Schreck die Augen zugekniffen und dann mit Wasser sofort ausgewaschen. Du hättest das Augenlicht verlieren können!"

So sprach der Herr Lehrer, ausgebildet in den Naturwissenschaften und in der Lage, rational alles, aber auch alles, zu erklären. Den dialektischen Materialismus kannte er auch.

„Danke deinem Schutzengel! Schicke ein Dankgebet an den lieben Gott, auch dafür, dass du gleich auf den Gedanken gekommen bist, dir mit Weihwasser die Augen auszuwaschen."

So sprach der Herr Pfarrer, schon berufsbedingt dem Mystischen und dem Wunderglauben zugeneigt. Nicht Glück gehabt hatte sein neuer Messdiener. An Glück oder Pech sollte der gute Christ nicht glauben, sondern an Gott, der die Fäden unseres Lebens in der Hand hält.

Im Pfarrgarten neben der Kapelle leuchten rot die Äpfel in der Herbstsonne. Bert hat mit großer Freude und gesteigerter Aufmerksamkeit das Reifen des Obstes verfolgt – von der Blüte bis heute. Heute will er ernten. Nicht viel und schon gar nicht alle Äpfel, nur ein paar für sich und den Vater. Eine Karte hatte der Postbote gebracht. Sie kam vom Vater aus Halle. Dieses Mal hatten die „Dokters" in Halle versucht, den kaputten Kehlkopf zu heilen. Vater wird sich freuen, wenn er da ist, ein paar rotbäckige Äpfelchen essen zu können.

„Liebe Gemeinde!"

Der Herr Pfarrer Werner Horstmann ist langsam und würdevoll die Treppe zur Kanzel emporgeschritten. Dort steht er, und hoch über seinen Schäflein thronend, beginnt er die Sonntagspredigt an diesem schönen Herbstsonntag.

„Liebe Gemeinde! Nun hat unser Herr Jesus Christus uns erhört. Unsere Gebete sind an sein Ohr gedrungen. Gar reichlich haben wir ernten dürfen. Gar großzügig hat er das Korn gedeihen lassen für unser täglich Brot."

Einige Köpfe nickten, nicht nur als Zeichen der Zustimmung zu den Worten der Predigt, sondern auch, weil einige Schäflein müde sind. Sie kennen die Predigten ihres Hochwürdigen Herren.

„... und so dürfen wir aber auch nicht vergessen, dass alle Gaben ein Geschenk des Herrn sind. Gott segnet die Erde, die er so wunderbar erschaffen hat. Er schickt den Regen, der die Früchte wachsen lässt. Er lässt die Sonne scheinen, die Äpfel und Birnen zum Reifen bringt."

Wie jeden Sonntag sitzen ganz vorn in den Kirchenbänken die Kinder. Links sind die Mädchen. Die Susi, das Ännchen, die Maria und alle anderen. Die Jungen, so geziemt es sich, haben auf den rechten Bänken ihre Plätze. Am Anfang hören Mädchen und Jungen andächtig zu. So wurde es ihnen im Religionsunterricht beigebracht. Daran musste man sich halten. Aber so ist es an jedem Sonntag.

„Wann ist der endlich fertig? Mann, ist das heute wieder langweilig!" Durch die Köpfe der meisten Kleinen gehen diese Gedanken, auch beim Bert. Nur der Norbert hat ein Gesicht, als ob er verklärt wäre. Ja, er ist fromm, sehr fromm. Er hört ehrfürchtig zu. Versteht er aber auch alles? Doch plötzlich schreckt der Bert auf. Warum wird denn der Pfarrer da oben so laut? Bert hat den Eindruck, als würde der da oben genau ihn angucken.

„... gerecht zu verteilen! Aber es scheint so, dass wohl einer meint, er könnte sich seinen Anteil an der reichen Ernte im Pfarrgarten selbst holen. Kennt er etwa nicht das siebente Gebot?"

Mehr Rot im Gesicht ist nicht möglich. Hoffentlich merken es nicht allzu viele. Da hat doch bestimmt die Magdalena, des Pfarrers Haushälterin, ihn verpetzt. Sie hat ihn erwischt, als er ein paar Äpfel im Pfarrgarten, hinter der Kapelle und neben der großen Linde, vom vollen Apfelbaum schüttelte. Sie hat doch schon genug dort am Apfelbaum geschimpft.

Aber so war eben der Herr Pfarrer. Auch wenn die Gemeindemitglieder gewusst hätten, wer gemeint war, sie hätten das nicht für besonders schlimm gefunden. Aber der kleine Hirte hier in der Kapelle hatte offenbar noch rein gar nichts von dem Kölner Kardinal, der ein großer Hirte war, gehört. Mundraub sah der Kardinal in diesen Zeiten nicht als Dieberei an. Er ließ es zu, dass die hungrigen und im Winter frierenden Menschen „fringsen" gingen.

„Wir leben in Zeiten, da in der Not auch der Einzelne das wird nehmen dürfen, was er zur Erhaltung seines Lebens und seiner Gesundheit notwendig hat, wenn er es auf andere Weise, durch seine Arbeit oder durch Bitten, nicht erlangen kann." Ein echter Oberhirte, dieser Joseph Frings.

Allerdings: Zur Erhaltung des Lebens und der Gesundheit brauchte Bert das Obst aus dem Pfarrgarten nun nicht unbedingt.

Der liebe Gott kannte sein Bodenpersonal. Er kannte auch sein Bodenpersonal, das in der Person des hochwürdigen Herrn Pfarrers Werner Horstmann am Sonntag gepredigt hatte. Und der liebe Gott ist gerecht. Er lässt die Hungrigen nicht im Stich.

So sah es Winnetou. Bei ihren Streifzügen durch die Prärie, für die sie Felder, Fluren, Gärten, Bauernhöfe und Baumgruppen, das Hölzchen und die weißen Kalksteinbrüche erklärt hatten, entdeckten Old Shatterhand und Winnetou einen Garten. In diesem Garten standen viele Apfelbäume. Der Garten war verwildert. Ein Zaun, verrottet und mit großen Lücken, umgab ihn. Unkraut wucherte. Farbenprächtig blühten zwischen dem Unkraut Herbstastern, Astilben und letzte Rosen. Auf die Frage, warum das so war, gab es drei plausible Antworten: erstens, die Besitzer waren gestorben – zweitens, sie waren in den Westen abgehauen – oder drittens, der Russe hatte sie eingesperrt.

Aber das interessierte die beiden gar nicht so sehr. Sie nahmen den Garten im Sinne einer ausgleichenden Gerechtigkeit in Besitz und ernteten. Als der kranke Vater sich über das rotbäckige Obst sehr freute, wusste der Sohn, dass er recht gehandelt hatte und diese Tat kein Thema für den Beichtstuhl war.

Noch einmal sind die Stoppelfelder, die abgeernteten Zuckerrüben- und die Kartoffeläcker das Angebot im Herbst, die Vorräte für den Winter zu mehren. Wenn auch nicht im Überfluss, so kann doch wieder beim Bäcker und im Kaufladen an der Ecke und beim Fleischer gegenüber der Post, das gekauft werden, was zum täglichen Leben nötig ist. Die Zeit des großen Hungers ist vorbei.

– Als ein Flüchtlingsmädchen im großen Hungerjahr einen Bauern fragte, ob es nicht das heruntergefallene Obst unter den Bäumen aufsammeln dürfe, antwortet dieser: „Lieber verfüttere ich das Zeug an meine Schweine, als dass ich es euch Flüchtlingspack gebe." Diese Zeiten waren vorbei.

Winnetou und Old Shatterhand halten das Stoppeln für ihrer nicht würdig. Das ist eine Arbeit für Squaws und nicht für Männer. Sie wollen nicht Ährenlesen. Sie wollen um die Weizenkörner kämpfen. Ihr Feind ist der Hamster. Wenn sie ihn besiegen, wird die Beute aus Weizen beträchtlich sein. Nicht mit Pfeil und Bogen, sondern mit dem Spaten bewaffnet, gehen sie auf den Kriegspfad. Bald sind die Spuren des Feindes entdeckt: eine Menge Löcher im fetten Bördeboden, kleine Erdhaufen, leere Ähren des Weizens, Ähren ohne Korn. Hier hat also dieses mausartige Nagetier, der Hamster – mit der wissenschaftlichen Bezeichnung *Cricetinae*, so Lehrer Hinrichs – seinen Bau. Hier muss also auch seine Vorratskammer sein. Sie gilt es zu finden.

Die Beute kann groß sein. Was hat der Lehrer Hinrichs im Biologieunterricht gesagt? Mehr als einen Zentner, also fünfzig Kilo, das sind hundert Pfund, sind schon gefunden worden. Sie fangen an zu graben. Diese Kammer ist leer. Es ist nicht die Vorratskammer. Auch die nächste enttäuscht. Aber jetzt. Und die Beute ist groß. Zu Hause wird der Weizen getrocknet. Der Müller, dessen Sohn Berts Klassenkamerad ist, tauscht Weizen gegen Mehl. Woher der Weizen kommt, muss er nicht wissen.

„Was stinkt hier denn so?"

Günthers Mutter ist entsetzt. Die Freunde gerben Hamsterfelle. Ja, sie sind aufmerksame Schüler. Sie haben gelernt, dass zum Gerben von Tierfellen Alaun verwendet wird. Der Stamm der Apachen braucht Felle. Der Winter naht. Außerdem sollen neue Medizinbeutel genäht werden. Also nageln sie die Felle an die Stalltür und bearbeiten sie. Das stinkt! Sorgfältig werden die Reste des Fettes und des Fleisches abgeschabt. Den Schaber haben sie aus einem Holzbrettchen geschnitzt. Vorsichtig gehen sie zu Werke. Die letzte, pergamentdünne Hautschicht darf nicht eingeschnitten werden. Alaun hilft auf einem Läppchen, immer wieder. Ganz vertieft sind sie in ihre Arbeit. Aber es stinkt!

6

Ist das eine Sünde? / Was ist „Volksdemokratie"? / Maiennacht / Der Küster und die Glocke / Eine Wallfahrt / Der Lieblingslehrer mit dem Rohrstock / Der Zauber der Musik

Old Shatterhand ist wieder Günther. Ein Jahr älter als Bert, steht für ihn eine Festlichkeit an. Und trotz der armen Zeiten wird an diesem Tag gefeiert werden. Natürlich ist der beste Freund auch eingeladen. Für den hat aber das Ereignis einen Haken. Günther wird konfirmiert. Pflichtgemäß hat er den Konfirmandenunterricht besucht.

Der große Tag ist gekommen. Festlich gekleidet, die Haare ordentlich gekämmt, mit dem Scheitel auf der richtigen Seite, die Jungen – oder sind es jetzt schon junge Männer? – im Anzug, die Mädchen in den besten Kleidern, das Gesangbuch in der Hand: So ziehen sie in die große Kirche am Markt, nehmen ihre Plätze ganz vorn ein. Streng getrennt. Auf der einen Seite die Konfirmanden, auf der anderen die Konfirmandinnen. Die Kirche wird sie nun als Erwachsene in die Schar der Gläubigen einreihen. Sie dürfen jetzt – und so lange sie leben – zum Tische des Herrn gehen, um das Abendmahl zu empfangen.

Ob er das beichten muss? Oben auf der Orgelempore hockt in der Bank der Bert. Zum ersten Mal ist er in einer Kirche, die ihm nicht vertraut ist. Er entdeckt kein „Ewiges Licht". Er sieht keinen Tabernakel. Hinter den großen Eingangstüren fehlen die Becken mit dem geweihten Wasser, mit dem er seine Finger nass machen und das Kreuz auf die Stirn zeichnen könnte, und die Bretter zum Knien fehlen auch in den Bänken. Alles ist ihm fremd. Der Pfarrer, hier wird er Pastor genannt, ist nicht bunt angezogen, nur schlicht schwarz ist sein Gewand. Wenn er nicht wüsste, dass sein bester Freund da unten in der Kirche säße, er würde geradewegs weglaufen.

Hat der Kugelblitz, sein Pfarrer, ihnen verboten, in eine evangelische Kirche zu gehen? Er kann sich nicht daran erinnern. Ist es eine Sünde, wenn man in eine evangelische Kirche geht? Der Beichtspiegel ist ja sonst sehr indiskret, umfangreich und genau. Er hilft, das Gewissen vor der Beichte zu erforschen und noch die letzte, kleinste Gehirnwindung nach allerlei großen und weniger großen Sünden abzusuchen. Hat er jemals gelesen: „Bin ich in einer evangelischen Kirche gewesen, und wenn ja, wie oft?" Das hat er nie gelesen. Also ist es keine Sünde. Also muss er nicht beichten, dass er in der Kirche war, in der sein bester Freund konfirmiert wurde.

Katholiken und Protestanten, und nicht nur sie, hatten keine Vorstellung davon, was auf sie zukam. Die Partei, die immer recht hatte, beschloss, dass die Sowjetische Besatzungszone eine Volksdemokratie werden sollte. In dieser Zeit hatten die meisten Menschen andere Sorgen, als sich darum zu kümmern, was diese Mitteilung in den Nachrichten und den Zeitungen zu bedeuten hatte. „Nun gut", dachten sie. „Haben wir Hitler ertragen, wird es jetzt auch nicht schlimmer werden." Die so dachten, hatten schon den Verdacht, dass sie wieder einen Führer bekommen würden. „Führer" würde er sich zwar nicht mehr nennen. Aber vielleicht „Genosse Generalsekretär"?

Demokratie bedeutet ja die Herrschaft des Volkes. Volksdemokratie müsste dann bedeuten: Volksvolksherrschaft? Das hat keinen Sinn. Was steckt hinter dieser Wortschöpfung? Nur ganz wenige ahnten es. Oder wussten sie es und wurden sie und ihr Wissen „totgeschwiegen"?

Herrscht in der Demokratie das Volk durch gewählte Abgeordnete aus gleichberechtigten Parteien im Parlament, so herrscht in der Volksdemokratie eine Partei. Punkt!

Falls es noch weitere Parteien gibt, haben sie nicht die geringste Bedeutung. Punkt!

Sie „dürfen" keine andere Meinung vertreten als die der herrschenden Partei, und ein Parlament, die Volksvertretung, stimmt mit immer fast hundert Prozent dem zu, was die immer recht habende Partei will. Volksvolksherrschaft!

In ihrer Besatzungszone war alles noch zu bürgerlich, gab es noch Privateigentum, besaßen Bauern noch eigenes Land, hatte die Kirchen noch Einfluss im Leben der Menschen. Das musste geändert werden. So würde ihr Satellit es nie schaffen, den Weg zu einer sozialistischen Volksdemokratie zu vollenden. Das wollte der Vater und Führer aller Werktätigen geändert sehen: Erstkommunion, Konfirmation, Firmung. Was soll dieser Unsinn? Volksverdummung! Boykott des Prozesses der Schaffung des „Neuen Menschen"! Es kann zwar nicht direkt verboten werden. Aber wir werden schon einen Weg finden, um das Volk einer Entziehungskur zu unterwerfen.

„Religion ist Opium des Volks!"

Gedankenschwer stützte der Pfarrer seinen Kopf auf. Vor ihm lag der Brief des Bischofs auf dem Schreibtisch. Er war der Anlass, sich diese Gedanken über die Zukunft zu machen.

Wenn die Sonne untergegangen ist und die Dämmerung als Vorbote einer milden Maiennacht hereinbricht, fangen die alten Linden in der Kapellenstraße an zu summen, zu knistern, zu schwirren. Millionen der braunen Krabbeltiere fliegen um die Köpfe der Kinder. Mädchen und Jungen, bewaffnet mit schmalen Holzbrettchen, jagen Maikäfer. Pure Lust in den Augen. Klack, klack, klack. Der Spuk dauert nicht lange. Wenn es dunkler wird, kehrt Ruhe in den Bäumen ein. Der Hahn und die Hühner picken die Käferreste. Im gekochten Ei zum Frühstück findet Herr Pfarrer ein Maikäferbeinchen.

Bert ist bei der Jagd mit Schusters Ursel zusammengestoßen. Ohne Absicht. Er wundert sich. Was hat die für eine weiche Brust. Na ja, sie ist ein Mädchen. Sie kann gar keine harte Indianerbrust haben. Er denkt gar nicht weiter nach.

Außerdem: Vielleicht hätte er den Zusammenstoß ja beichten müssen, wenn er weiter nachgedacht hätte. Im Beichtspiegel hätte er unter der Aufzählung der kleinen und großen Sünden sicherlich nicht gefunden: Wie oft habe ich die weiche Brust eines Mädchen berührt?
Er fand auch nicht: Wie oft habe ich den Küster geärgert?

Alfons kann sich schon als altgedienter Messdiener bezeichnen. Bert noch nicht. Beide haben eine Idee. Nach dem Kampf mit den Maikäfern hocken sie auf der runden Feldsteinmauer des Brunnens im Kapellenhof. Es ist nicht lange her, dass Onkel Witteck den abendlichen dritten „Engel des Herrn" geläutet hat. Wie immer hat er gekonnt und im richtigen Rhythmus das Glockenseil gezogen. Er erzeugt keine Misstöne. Nie stolpert die kleine Glocke.
„Was meinst du?", fragt der Altgediente.
„Was soll ich meinen?", antwortet Bert.
„Na ja. Was würde passieren, wenn Onkel Witteck zieht und es läutet nicht?"
Ziemlich dumm guckt der Bert.
„Hat dann einer unsere Glocke geklaut?"
Alfons lacht laut.
„Quatsch! Dann ist der Strick abgeschnitten!"

Jetzt geht dem Jüngeren ein Licht auf. Er findet Gefallen an der Vorstellung: Onkel Witteck humpelt am Stock in die Kapelle, geht nach hinten unter die Orgelempore, packt das Glockenseil, zieht und ... Nichts! Der Schreck! Sein dummes Gesicht! Der Ausdruck des Erschreckens. Ob er sich bekreuzigen würde?

Pure Rücksichtslosigkeit. Keine Ehrfurcht vor dem Alter. So können sie sein, die Heranwachsenden in dieser Zeit. Bert hat lange genug im Turmzimmer gewohnt. Er weiß, wie man unbemerkt ganz nach oben zur Glocke kommt – dorthin, wo das Seil mit der Glocke verbunden ist. Die Verbindung wird sorgfältig unterbrochen und das Ende am Turmgebälk verknotet.

Unvermeidliches am nächsten Morgen: Onkel Witteck zieht und ... Nichts! Anders als erwartet reagiert allerdings der alte, sturmerprobte Haudegen. Nach einem kleinen Schreck, eher einer Verwunderung, erfasst er die Situation. Ganz unchristlich fängt er an zu fluchen. Er verflucht diese Bengels. Nur sie, die Halbstarken aus der Jugendgruppe, vielleicht sogar aus der Schar der Messdiener, können es gewesen sein. Da ist er sich sicher. Und, beim Heiligen Bonifatius – wie kommt er jetzt gerade auf diesen? –, er wird sie schon noch erwischen. Doch diesen Wunsch erfüllt Bonifatius ihm nicht. Die Täter werden nie entdeckt.

Tantum ergo
sacramentum veneremur cernui,
et antiquum documentum
novo cedat ritui.
Praestet fides supplementum
sensuum defectui.

Lautstark erschallt das Lied in der Kapelle. Weit klingt es. Man glaubt, die alten Mauern der Kirche würden in Schwingungen geraten. Es steigt empor. Dort oben, ganz oben, soll es auch gehört werden, dieser hunderte von Jahren alte Preisgesang an das Allerheiligste Sakrament des Altares.

Höhepunkt und Abschluss der Maiwallfahrt. Die goldene Monstranz – in ihrem Mittelpunkt das geweihte Brot, die Hostie – steht hoch auf dem Altar, bereit, den Segen zu spenden. Die niedere Geistlichkeit, die Messdiener und das gemeine Volk – auch Gläubige genannt – singen aus voller Brust. Das Fräulein am Harmonium oben auf der Orgelempore, auf der noch nie eine Orgel gestanden hat, greift gewaltig in die Tasten. Die Luft pfeift etwas asthmatisch durch das Instrument. Es ist wieder einmal eine schöne, eine sehr schöne Wallfahrt zur alten Linde geworden.

Die Vorbereitungen haben eine Menge Leute beschäftigt: Magdalena, des Pfarrers Hausdrachen, brachte das Pfarrhaus auf Hochglanz. Schließlich wurden Mitbrüder in nicht geringer Anzahl erwartet: aus der großen Stadt, aus den Dörfern rings um das kleine Städtchen, und vielleicht käme sogar ein Mitbruder aus dem Westen. Da musste einfach alles passen. Da durfte kein Stäubchen liegen bleiben. Tante Witteck und Onkel Witteck schmückten den Altar. Viele bunte Blumen, viel frisches Maiengrün. Onkel Witteck las den Zettel durch, den der Kugelblitz ihm gegeben hatte. Auf dem stand, wann und wie oft und wie lange die kleine, aber weithin tönende Glocke zu läuten war. Onkel Witteck war sich sicher. Die Bengels würden es nicht wagen, den Streich mit dem Glockenseil zu wiederholen. Er hatte ja den Verdacht, dass ein paar von den Messdienern sich das ausgedacht hatten. Aber auch für die Messdiener war die Wallfahrt ein Höhepunkt in ihrem Dienst am Altar. Unfug verbot sich da von selbst. Und ihre Gedanken drehten sich um ihren Dienst. Täglich hatten sie geübt.

Der Altar an der alten Linde war klein. Die Abläufe dort waren ganz anders als vor dem großen Altar in der Kapelle. Außerdem wurde die Messe, natürlich als Hochamt, nicht nur von einem Priester zelebriert. Es waren mindestens drei. Man musste schon aufpassen, dass man sich nicht gegenseitig auf die Füße trat. Es musste geprobt und viel geübt werden.

Alle sind zufrieden. Es hat geklappt. Heller Sonnenschein am Morgen. Die Schar der Messdiener hinter den Erstkommunionkindern. Die Mädchen im weißen Kleid, ein weißes Blütenkränzchen im Haar. Den kostbaren Baldachin aus Brokat mit goldenen Stickereien tragen wie immer vier kräftige Männer, die vom Herrn Pfarrer persönlich dafür für würdig erachtet wurden. Eine besondere Ehre für die Baldachinträger. Unter dem Baldachin schreitet Hochwürden mit erhobener Monstranz. Das Volk kniet nieder, schlägt das Kreuzzeichen, wenn die Monstranz sich nähert und erhebt sich, wenn sie vorbeigetragen wurde. Alles traditionsgemäß, wie es seit langer Zeit üblich und gewohnt ist. Gerhard und Bert wurden berufen, den Dienst am Altar auszuüben. Fehlerlos, mit fester Stimme antworten sie in der alten lateinischen Sprache der Kirche dem Pfarrer.

Dominus vobiscum.
Et cum spiritu tuo.
Der Herr sei mit euch.
Und mit deinem Geiste.

Wenn sie auch meistens nicht alles verstehen, was sie da sagen und beten. Zumindest haben sie gelernt, in welchem Gebetbuch diese Texte der Messfeier ins Deutsche übersetzt sind.

Sie reichen das Weihrauchfass, bringen dem Priester das Kännchen mit Wasser und läuten ihre Glöckchen pünktlich und lautstark an den richtigen Stellen des feierlichen Hochamtes.

Alles hat geklappt. Die vielen Fahnen und Banner, die vorher rings um den Altar gehalten wurden, liegen auf dem Rasen hinter der Kapelle, sind eingerollt oder zusammengefaltet.

Der Kartoffelsalat und die Würstchen werden ausgepackt. Familien finden sich. Bekannte und alte Freunde sitzen zusammen. Eine Schnapsflasche macht die Runde. Ausgelassen, aber friedvoll ist die Stimmung. Alle sind sich einig: Es ist wieder einmal eine schöne, eine sehr schöne Wallfahrt zur alten Linde gewesen.

Wie die Henne unentwegt ihre Eier legt, so musste wohl der Karl May seine Bücher geschrieben haben. Ständig waren die Freunde auf der Jagd nach neuen Büchern. Kaum zu glauben, wie viele noch zu entdecken waren.

„Wann hast du endlich ‚Old Surehand' ausgelesen?"

„Das dauert noch ein bisschen. Kannst aber gleich ‚Trapper Geierschnabel' bekommen."

„Aber nur, wenn dort auch Winnetou und Old Shatterhand drin sind."

„Is gut. Wir sollten sehen, wo wir ‚Winnetous Erben' und ‚Halbblut' herkriegen. Die sollen auch gut sein."

„Ich frag mal den Pastor. Vielleicht weiß der, wer die hat."

Ganze Stämme gründeten sich, und wie es sich gehört, waren sie sich spinnefeind und beschritten den Kriegspfad.

Was faszinierte sie so? War es der immer wieder herausgestellte Gegensatz zwischen den Guten und den Bösen? War es das Edelmütige, das Karl May seinen Helden andichtete? Oder war es einfach nur so, dass die beschriebenen Abenteuer so voller unwirklicher Fantasie waren? Suchten die Jungen irgendeine verschworene Gemeinschaft? Das Jungvolk, das eine verschworenen Gemeinschaft hatte sein wollen, war seit mehr als drei Jahren Vergangenheit und die neue hohe Obrigkeit hatte diese Halbwüchsigen noch nicht so fest im Griff. Das sollte sich aber bald ändern. Noch wechselte ihre Identität mehrmals in der Woche zwischen dem Schuljungen und der Rothaut oder dem Westmann.

Kurz bevor das Schuljahr zu Ende war, gab es neues Geld. An allem waren die bösen Kapitalisten im Westen Schuld. Korrekter drückte es die „Volksstimme" aus:

„Der Klassenfeind, also die angloamerikanischen Imperialisten und ihre Bonner Vasallen, wollen einen dritten Weltkrieg vom Zaun brechen und die friedliebenden sozialistischen Länder überfallen."
Und was hat das mit dem neuen Geld zu tun? Ist doch klar! Die im Westen haben zuerst neues Geld gedruckt. Jetzt brauchen wir auch neues Geld. Wir werden ihnen schon zeigen, wer bei uns das Sagen hat. Und außerdem: Mitten in unserer Zone wollen wir keine Kriegstreiber. Was suchen die überhaupt in Berlin? Unsere sowjetischen Freunde machen es richtig. Die Westsektoren der Stadt, in denen doch tatsächlich amerikanische, englische und französische Soldaten sind, riegeln sie ab.

Da Bert, Günther und die anderen viel wichtigere Dinge im Kopf hatten, nahmen sie diese Ereignisse nur am Rande wahr. Von den Großen hörten sie auch nicht viel. Die Großen erzählten nur, dass es in Westberlin, also dort, wo der Klassenfeind seine Soldaten hatte, alles zu kaufen gäbe, was man sich wünschte. Sollten sie das wirklich glauben?

Bert war ein bisschen traurig. Wie würde es weitergehen? Lehrer Hinrichs musste die Klasse abgeben. Wie es die Regel war, übernahm der Rektor die letzte Klasse.

„Viel Gutes kann mir das nicht bringen", dachte Bert.
Es war wieder dieses unbestimmte Gefühl. Wie viel Vertrauen konnte er dem neuen Klassenlehrer entgegenbringen?

Er blickt zurück.

Einen Klassenausflug in den Harz zu machen – das war der Höhepunkt im Ablauf des Schuljahres. Nein, viel weiter ging es nie. Und in ferne Länder? Sie träumten nicht einmal davon. Mit der Deutschen Reichsbahn fuhren sie in das Waldgebirge. Die Fahrt schon ein kleines Abenteuer. Nach Schwefel stinkender grau-schwarzer Qualm pufte die Lokomotive in den Sommerhimmel. Bewaldete Berge, Fichten, Kiefern und die großen, fein- und grobkörnigen Felsen aus Granit. „Feldspat, Quarz und Glimmer", sprach Jürgen Hinrichs, „das ist der Granit."

Unmengen dieser großen und runden Granitfelsen bildeten den Wasserfall aus Stein in der Steinernen Renne. Um auf den Brocken zu kommen, gab es sicherlich einfachere Wege, doch sicher nicht abenteuerlichere. Das hatte der Lehrer schon gut gemacht. Die Mädchen und Jungen entglitten der Lehrerhand – weniger die Mädchen, mehr die Jungen. Bert zeigte Ehrgeiz. Er wollte als Erster oben sein, sprang hurtig von Stein zu Stein, war mit wenigen anderen weit vorn.

„Anhalten! Alles hierher! Zurück! Wir machen Pause!"

Das ist aber richtig doof! Muss der Hinrichs ausgerechnet jetzt die Pause machen. Bert verweigert sich. Er setzt sich auf einen Stein. Weit unten packen sie die Wurstbrote aus, schrauben die Thermoskannen auf. Er will nicht! Wurstbrote hat er sowieso nicht mit. Wer hätte sie ihm auch mitgeben können?

„Du sollst runterkommen!", schallt es laut zu ihm.

„Nein! Ich komme nicht."

„Du musst aber!", antwortet es vielstimmig.

„Ich muss gar nichts!"

„Bert! Du kommst jetzt aber sofort hierher!"

Die Stimme des Lehrers klingt unmutig streng.

Soll er sich mit ihm anlegen? Lieber nicht. Er kennt ja nicht die Folgen, wenn er sich weiter weigern würde. Also klettert er mit einem Gesicht wie drei Tage Regenwetter zurück.

„Hier ist deine Marschverpflegung. Nimm und setze dich."

Sein Lehrer reicht ihm ein dick belegtes Wurstbrot.

Er blickt zurück.

Fast meint er, den Rohrstock jetzt noch zu spüren. So hat ihn der Hinrichs einmal verprügelt. Warum eigentlich? Wirklich deshalb, weil er im Kartenzimmer Unfug gemacht hat?

So schlimm war es doch gar nicht gewesen. Im Kartenzimmer befanden sich die vielen Landkarten, die im Erdkundeunterricht gebraucht wurden. Es war eine besondere Auszeichnung für den Schüler, wenn er die Landkarte holen durfte. Er bekam den Schlüssel für das Kartenzimmer, das nicht nur die Landkarten beherbergte. Allerlei Gläser, getrocknete Pflanzen, ausgestopfte Tiere – der Fuchs, das Eichhörnchen, der Feldhase, das Wildkaninchen – staubten auch hier still vor sich hin. Bert jedenfalls konnte sich nicht daran erinnern, in Bio jemals eines von diesen Dingen gesehen zu haben.

Die Gläser interessierten Bert ganz besonders. In Alkohol, wegen seines Alters bräunlich geworden, konserviert, waren Eidechsen, Frösche und andere Viecher. Ein besonders großes Glas stach ihm in die Augen. Was ist das doch für eine prächtige, bunte Schlange! Mit einiger Mühe öffnete er das Glas. Mit spitzen Fingern befreite er das Reptil aus seinem

Gefängnis. Er legte es auf den Fußboden vor die Tür. Er stieg über das Tier. Er verließ das Kartenzimmer. Er schloss die Tür sorgfältig ab. Er gab den Schlüssel seinem Lehrer.

Ein schriller Schrei hallte durch die Schule. Fräulein Schubert wollte ihre Biologiestunde vorbereiten und hatte vor, aus dem Kartenzimmer den Glaskasten zu holen, in dem die Zapfen der verschiedenen Koniferen zu sehen waren. Es brauchte nun keinen besonderen kriminalistischen Scharfsinn, um herauszufinden, wer vor ihr als Letzter im Kartenzimmer gewesen war. Lehrer Hinrichs wartete den Schulschluss ab. Dann waren sie nur zu zweit im Lehrerzimmer. Keine Zeugen.

Bert hatte einen Verdacht. Fräulein Gastner war seine Englischlehrerin. Fräulein Gastner sah man in letzter Zeit sehr oft mit Herrn Hinrichs zusammen. Susi wollte die beiden sogar schon mal abends gesehen haben, als sie sich küssten. Gestern hatte sich Fräulein Gastner sehr, sehr über Bert geärgert. Sie hatte immer das Gefühl, dieser Dreizehnjährige würde sie nicht ernst nehmen. Er war richtig frech zu ihr, meinte sie. Sie wird wohl das alles dem Klassenlehrer erzählt haben, wird sich bitter beklagt haben. Dabei irrte sie sich. Bert war fast verliebt in sie. Und was sich liebt, das neckt sich. Zwar wusste er noch nicht, wie das ist, wenn man liebt. Doch er mochte sie, dieses kleine, energiegeladene, zerbrechlich wirkende, aber nicht zu zerbrechende Persönchen, das ihm und den anderen den Englischunterricht und den Musikunterricht erteilte.

Er blickt zurück.

Im Baumgarten 4 ist „Schlachtefest". Bauer Sievers, immer noch Herr auf seinem großen Bauernhof, darf ein Schwein schlachten. Die schriftliche Genehmigung hat ihm der Bürgermeister erteilt. In der großen Villa des Bauern wohnt auch der Lehrer. Des Lehrers Eltern leben in Dedeleben. Sie sind mit den Sievers befreundet.

„Bert. Du kannst heute Nachmittag, so gegen vier Uhr vorbeikommen. Bring eine ordentlich große Milchkanne mit", hat der Lehrer zu ihm gesagt.

– Es war so üblich: Wenn irgendwo im Ort ein Schwein geschlachtet wurde, dann holte man sich eine Kanne Wurstsuppe. In großen Kesseln, in denen sonst die Wäsche gekocht wurde, köchelten beim „Schlachtefest" die verschiedenen Sorten der Würste. Diese Brühe war zum Weggießen viel zu schade. Freigiebig verteilte der Bauer die fette Suppe. Es war nicht ungewöhnlich, dass Bert, auch wenn er nicht ausdrücklich dazu aufgefordert wurde, mit der Milchkanne loszog, um Wurstsuppe zu

holen. Ungewöhnlich ist nun, dass er dieses Mal nicht nur die Kanne gefüllt bekommt, sondern dass ihm sein Lehrer ein großes Stück Wellfleisch auf einen Teller legt.
„Lass es dir schmecken!"
Und der Junge beißt in das weiße, fette, warme Stück vom Schwein.

Er blickt zurück. Das letzte Zeugnis, das Jürgen Hinrichs als sein Klassenlehrer ihm schrieb, war so wie erwartet. Die Eins stand sechsmal auf dem Papier. Was er nicht ahnte: Der Vater unterschrieb zum letzten Mal. Auf seinen Sohn war er stolz. Mit Recht. Selbstverständlich gab es auch die Eins in Musik – wie in den Zeugnissen zuvor.

Musik ist Begabung. Schon früh merkte der Lehrer, dass dem Bert eine gewisse Musikalität eigen war. Sicher sang er im Chor mit. Sicher war er im Quartett. Allein, als Solist, trat er nie auf die Bühne. Der Solopart war ohnehin der blauäugigen Rosi vorbehalten. „Röslein, Röslein, Röslein rot. Röslein auf der Hei-hei-den."

Ja, die Rosi mit ihren blauen Augen und den blonden Zöpfen. Sie war wirklich nicht mehr ein Kind. Musik lag in Berts Familie. Nicht nur sein Vater war ein gewaltiger Sänger vor dem Herrn – erprobt im Kirchenchor, im Männergesangsverein und ein Liebhaber der Marschmusik. Der älteste Bruder seiner Mutter, so wurde in der Familie berichtet, konnte jedes Instrument, das er in die Hand bekam, spielen, ohne vorher viel probiert zu haben.

Nach dem großen Krieg hatte die Kunst, ganz gleich, ob Musik, Theater oder Malerei, sich den anderen, elementaren Bedürfnissen unterzuordnen. Das Dach über dem Kopf, die Stricksocken für den Winter, das Brot und die Kartoffeln waren wichtiger. Umso erstaunlicher, dass sich in das kleine Städtchen ein Klavierspieler, vielleicht sogar ein Konzertpianist, verirrte.

Draußen ist es schon kalt. Die Zeit vor Weihnachten. Auch in Uppenkamps großem Saal, gegenüber der Post, frösteln die Zuhörer. Der alte, schwarze Flügel beherrscht die Bühne. Das Licht im Saal geht aus. Der Pianist kommt. Er spielt eine Sonate von Ludwig van Beethoven. „Appassionata" ist ihr Name. Bert hört. Sein Mund ist offen. Will er die Musik in sich aufsaugen? Er vergisst alles: dass der Magen knurrt, dass seine Schuhe kaputt sind, dass er keine Mutter hat, dass der Vater sterbenskrank ist. Er wünscht sich, auch einmal so spielen zu können.

Dabei war der Anfang doch schon gemacht. Seit gut einem Jahr lernte er Klavier spielen. Auch dafür hatte Lehrer Hinrichs gesorgt. Es gab den Kulturbund, „Kulturbund zur demokratischen Erneuerung Deutschlands". Sein großes Ziel, eine sozialistische Kultur zu schaffen, hat er erst viel später erreicht, wenn überhaupt. Aber beim Kulturbund gab es auch die Möglichkeit, begabte Kinder zu fördern. So hatte der Lehrer für Bert erreicht, dass dieser Kulturbund ihm den Klavierunterricht bezahlte, wenn auch nur für zwei Jahre. Die Absicht war lobenswert. Die Durchführung war schwierig. Das Geld wäre wohl besser angelegt gewesen, wenn Bert ein Klavier gehabt hätte. Ein irrsinniger Gedanke. Flüchtlingsfamilie mit einem Klavier. So übte der junge Musikant mal auf dem völlig verstimmten Klavier einer Kneipe, mal geduldet beim Pastor, im Winter in einem kalten Tanzsaal – den Wollhandschuh immer auf der nicht beschäftigten Hand – und manchmal auch bei Schusters, den Eltern der Ursel mit der weichen Brust.

Dort war es schön und angenehm. Nicht nur wegen der Ursel. Ihre Mutter stellte die Weihnachtsplätzchen auf den Tisch. Die Wohnung zeigte gutbürgerlichen Wohlstand. Hier lebten keine Flüchtlinge in bescheidenen Räumen. Aber so richtig wohlfühlen konnte er sich hier nicht. Gehörte er denn überhaupt in diese Umgebung? Warum hatte er weit hinten im Kopf ein Gefühl der Minderwertigkeit? Warum war er hier so wenig selbstbewusst? Warum kam er sich wie ein Bittsteller vor? Lag es daran, dass er immer das Gefühl hatte, hier nur geduldet zu sein? Ursels Mutter machte stets ihr Migränegesicht, wenn er die Wohnung betrat. Er wurde eben nur geduldet.

Die Behauptung, dass unter diesen Umständen der Welt ein großer Pianist verloren ging, ist sicherlich zu hoch angesiedelt. Doch wäre aus Bert ganz bestimmt ein guter, zumindest mittelmäßig guter Klavierspieler geworden.

So dachte auch Lehrer Hinrichs, der nicht mehr sein Klassenlehrer im nächsten Schuljahr sein konnte, weil eben das letzte Jahr in dieser Einheitsschule dem Schulleiter vorbehalten war.

7

Knaben treiben „Knäbliches" / Briefe aus dem Wilden Westen / Freundschaften

Große Ferien. Old Shatterhand blieb zu Hause. Winnetou wurde in andere Jagdgründe geschickt. Sein Vater hatte in den vielen Kliniken und Krankenhäuser, in die er sich begeben musste, einen neuen Freund gefunden. Der lebte in Thüringen, war kein Flüchtling, bot an, den Jungen in den Schulferien durchzufüttern, satt zu machen. Er hatte ein bisschen Landwirtschaft, eierlegende Hühner, schwarzen Kaffee mit Zucker, in dem Brot eingetunkt werden konnte. Also wurde Winnetou in einen Wagen gesetzt, der mit vielen anderen Wagen vom Dampfross gezogen wurde.

Sunt pueri pueri, pueri puerilia tractant!

Das sagten schon die alten Römer.
Aus den fernen Jagdgründen adressierte Winnetou seinen Brief an

Old Shatterhand
New York
Empire Staate
High Street 5
Avenue

und schrieb:

My white friend!
Your letter to get. Many thanks. I am me feeling well. My Wigwam is good and my Apachen wait of you. Come to me. Old Firehand is in his Wigwam. The others white mans are Grennhorns. If you come to me, we go and get us the Sioux-skalps. The Sioux are dogs and their wifes are cows, the childrens are monkeys. They leave in holes. The horses Iltisch and Hatitlas are feeling well. We go in the Heys in our Summer tents. Hans Warren and Tom Shark come with. If you come, my Apachen are glad. How is your Wigwam in the town? In the town is not good leave. In the Prarie are good.
Come soon – Howgh.
I am ready.
Your red brother Winnetou!

Erstaunlich ist es schon, wie gut diese Rothaut gelernt hatte, sich in der Schrift der Weißen auszudrücken. Es ist nicht bekannt, wie Old Shatterhands Antwort ausgefallen ist.

Old Shatterhand bekam jedoch diesen Brief von Tom Shark. Er wurde in Washington auf den Postreiterweg geschickt und sollte ins Apachenlager in der Nord-Prärie, U.S.A.:

Geehrter Old Shatterhand

Ich habe ihren Brief dankent erhalten, habe mich schon sehr auf ihre Post gewartet. Pitt geht es soweit ganz gut, bloß der Schulterschuss ist noch nicht ganz geheilt. Augenblicklich haben wir sehr viel zu tun, die Leute laufen uns die Häuser ein. Ich höre aus ihrem Brief, daß auch sie zum Kriegszug eingeladen sind. Ich habe mein Erscheinen auch zu gesagt, um mal wieder an einem Kriegszug teil nehmen zu können. Der Sioux Häuptling hat von mir nichts gutes zu erwarten, denn er wollte mir vergiften. Ich werde am 10ten um 8.09 mit dem Zug Washington verlassen um zu euch zu gelangen. Pitt werde ich wahrscheinlich nicht mitbringen. Ich werde dir jetzt ein Erlebnis erzählen, was wir vor 2 Monaten erlebten.

Wir befanden uns auf der Straße Hamburg-Berlin. Ich saß am Steuer und Pitt neben mir. Als wir so ungefähr 25 Km aus Hamburg heraus waren, sah wir vor uns eine Lastzug quer über die Straße stehn. Ich stopte den Wagen ab und sprang heraus. Wir sahen, daß die Ladung verbrannt war. Der Wagenführer erzählte uns, das es mit einemmal geknackt hätte und der ganze Wagen fing an zu brennen. Wir ließen uns die Adresse geben die Krause & Co Altena Fuhrunternehmen (hieß). Als wir dort ankamen sahen wir noch Licht in einem Zimmer.

Wir dachten zuerst, sie hatten es vergessen auszumachen, denn es war bereits 12 Uhr Mitternacht. Da das Tor verschlosen war kletterte ich hinüber, um es zu öffnen. Pitt fuhr den Wagen hinein, und versuchte die Bewohner heraus zu klopfen. Als es mir niemand aufmachte versuchte ich mit einem Dietrich den ich immer bei mir hatte. Die Tür sprang auch bald auf und wir gingen zusammen in das erleuchtete Arbeitszimmer. Als wir die Tür aufmachten, sahen wir Her Krause in seinem Blut schwimmen.

Um ihn herum lagen Geldscheine, die der Mörder, auf seiner Flucht verloren hatte. Auf einem hundert Markschein sahen wir die frische Spur des Mörders, daraus konnten wir auch lesen, das der Mörder durch irgend jemand aufgescheucht worden ist. Wir riefen sofort die Hausbewohner zusammen. Außer der Frau Krause war nur noch der Bücherfritze zu Hause. Als die Frau ihren Mann sah fiel sie sofort in Ohnmacht und Pitt mußte sie aufs Sofa legen. Der Bücherfritze dagegen bekam einen scheinlich Schreck, an dem ich sofort sah, das was mit ihm nicht stimmte.

Die Polizei kam auch bald mit einer Komission um das Haus zu undersuchen. Als wir die Leiche unter suchten stellten wir fest, das Herr Krause durch einen spitzen Gegenstand getötet worden ist. Am anderen Morgen wurde der Bücherfritze zum Gericht geladen und aufgefordert zu sagen wer er war. Der Bücherfritze gab nachher die Schuld auch zu. Als man ihn fragte, warum er es tat, sagte er: „Um sich dann darein setzten zu können." Gegen Mittag fuhren wir wieder mit unserem Auto zurück nach Hamburg um den Bücherfritzen auf dem Staatsgerichtshof abzuliefern.

Nun lieber Old Shatterhand will ich schließen.
Deine Freunde Tom Shark und Pitt Strong.

Sie haben also nicht nur Karl May gelesen. Über Tom Shark und Pitt Strong wussten sie auch Bescheid. Des Müllers Sohn, der Weizenkörner gegen Mehl tauschte, schlüpfte in die Rolle des edlen Detektivs Shark, sein Freund Werner – des Kaufmanns Sohn – wurde zum Detektiv Pitt. So verdrehte nicht nur der Herr May aus Radebeul die Köpfe der Heranwachsenden, auch die Groschenheftchen, in denen die Detektive ihr Unwesen trieben, trugen dazu bei. Wie schon die alten Römer wussten:

Kinder sind (nun einmal) Kinder (und) Kinder treiben (Kindliches) Kindereien.

Winnetou konnte aber auch anders. Er schrieb als Bert seinem besten Freund Günther:

Lieber Günther.

Deinen lieben Brief gestern erhalten. Habe mich sehr gefreut. Erstaunt war ich darüber, daß Dr. Rössing gestorben sei. Er war ja sonst immer noch so lebenslustig. Aber das Schicksal ist unberechenbar. Daß mein Vater jetzt nach Dr. Görlitz gehen muß, ist ja auch nicht so schön. Heute in einer Woche bin ich ja schon vielleicht zu Hause. Mit dem Ährenlesen ist es jetzt hier schon lange vorbei. Meine Calumetteile sind alle schon fertig. Mein erster Kopf war geplatzt. Schnell habe ich mir aber einen zweiten gemacht. An Blasen an den Händen hat es dabei auch nicht gefehlt.

An dem selben Tag als ich Dein Brief bekam, hatte ich auch Post von Tom Shark. Zum tot lachen. Vernünftiges stand ja nicht drin, aber gefreut habe ich mich doch. ... Wenn ich zu Hause bin, werde ich Dir mein Tagebuch geben. Ich schreibe jetzt jeden Tag auf. Nun will ich schließen. Herzliche Grüße an alle. Auf ein glückliches und gesundes Wiedersehen.

Dein Freund Bert.

Und als Bert wieder in Schwanebeck weilte, war es eine Selbstverständlichkeit, das Calumet einzuweihen. Nicht überliefert ist, ob Tom Shark und Pitt Strong diese Friedenspfeife mitrauchten.

Glaubhaft überliefert ist aber, dass das trockene Eichenlaub einen starken Hustenreiz auslöste.

8

*Das Zementwerk wird Volkseigentum und Männe belehrt
seine Frau / Lehrer Hinrichs und „Die Brücke am Tay" /
Werner, der Künstler / Die Skala des Lebens*

Im Westen des kleinen Landstädtchens stand das große Zementwerk. Ungefähr vierzig Jahre lang stand es schon dort. In schlechten Zeiten wurde die Zementproduktion eingestellt. Im großen Krieg und vor allem danach war Zement gefragt. Zement, gemischt mit körnigem Sand – eine Sieblinie bestimmt die korrekte Körnung – und Wasser in einer bestimmten Menge, macht den Beton. Aus Beton bestand der Westwall, der nicht verhindern konnte, dass Amis und Tommys durchbrachen und in das Reich – in das selbst ernannte „Tausendjährige Reich"– eindrangen. Nach dem großen Krieg war nun Zement erst recht wichtig. So produzierte das Zementwerk große Mengen für den Wiederaufbau der durch Amis und Tommys zerstörten Städte. Bei der Zerstörung war der Russe natürlich auch nicht unbeteiligt gewesen.

Das Zementwerk lag also westlich. Und, daran war und ist nichts zu ändern: Der Westwind bläst hier am häufigsten. Er bläst über die waldlosen Äcker der Bördelandschaft. Vom Huy und schon gar nicht vom Schwanebecker Holz ist er zu bremsen. Er bläst und bläst und bläst.

Das Zementwerk produzierte Zementstaub in großen Mengen. Aus seinen Schornsteinen stieg weißer, weißgrauer, hellgrauer Qualm in den Bördehimmel. Den packte der Westwind. Den trug der Westwind gen Osten. Er fiel östlich runter. Ein feiner, grauer Schleier lagerte sich ab. Feiner Zementstaub. Sie hatten sich daran gewöhnt, die Bürgerinnen und Bürger.

Männe meinte dazu, dass es nun einmal so wäre. Daran könne man nichts ändern. Außerdem gäbe ihm ja das Werk seit vielen Jahren Brot und Arbeit. Sie lebten davon nicht schlecht.

Männe kommt von der Schicht.
„Martha! Du glaubst es nicht!"
„Was soll ich nicht glauben?"
Wie immer ist sie nicht besonders freundlich zu ihrem Männe. Er ist daran gewöhnt. Die Liebe ist kalt geworden. Gefühlsregungen hat sie nicht mit den Genen geerbt.

„Martha! Das Zementwerk gehört jetzt mir!"

„Warst du beim Schulze? Hast wieder gesoffen?"

Marthas Reaktion ist durchaus normal. Männe – immerhin ein Altkommunist, ein Mann auf dem Weg zum „Neuen Menschen", Ratsmitglied im Rat der Stadt – setzte aber sein offizielles Gesicht auf.

„Wir sind jetzt ein Volkseigener Betrieb! Ein VEB! Kein Kapitalist steckt sich mehr das Geld in seine Tasche. Alles gehört uns, dem Volk. Und keiner wird mehr arbeitslos."

„Na, hoffentlich verlernt ihr nicht das Arbeiten", ist die trockene Antwort der Frau.

„Red doch nicht so. Bei der letzten Schulung habe ich gelernt: Die Produktionsmittel müssen gesellschaftliches Eigentum werden. Das alles ist zum Wohle des Volkes. Glaub mir. Wir werden alles zu Volkseigentum machen. Jetzt haben wir erst mal den Faschisten und Kriegsverbrechern ihre Fabriken weggenommen. Das ist aber erst der Anfang."

„Und wer bestimmt, wer ein Faschist oder ein Kriegsverbrecher ist?", fragt die Frau.

„Na, na. Das ist doch wohl klar. Bist du so blöd oder willst du mich für dumm verkaufen?"

„Nun reg dich bloß nicht auf! Erklär mir doch mal, warum der Krebs mit der ganzen Familie abgehauen ist. Der ist weder ein Faschist noch ein Kriegsverbrecher. Dem gehörte einfach nur das Werk. War ein Kapitalist, ein Ausbeuter in euren Augen. Den habt ihr vergrault, damit das Werk Volkseigentum werden konnte. Ist es euch denn in den letzten Jahren und auch vor dem Krieg bei ihm schlecht gegangen? Und du mit deinem Volkseigentum! Wer bestimmt denn jetzt?"

Das hat Männe seiner Frau Martha nicht zugetraut. Redet so die Frau eines alten Kommunisten, der auf dem Weg zum „Neuen Menschen" ist? Ist der Pfaffe schuld? Jeden Sonntag rennt sie ja in die Kirche. Er muss aber antworten. Ruhig bleiben. Die Beherrschung nicht verlieren. Sich nicht provozieren lassen.

„Es bestimmt mit allen Arbeitern zusammen der neue Direktor. Den hat die Leitung der Partei bestimmt. Aus unseren Reihen kommt er, gehört zu uns."

Nur wer Männe sehr genau kennt, vernimmt in seiner Stimme eine kleine, gewisse Unsicherheit. Und Martha kennt ihren Männe lange genug.

„Aha. Jetzt habe ich verstanden. Eure Partei bestimmt bei uns alles. Sie bestimmt in unserem ganzen Land. Sie ist also das Volk und auch die Regierung. Und da das Werk nun Volkseigentum ist, gehört es der Partei."

Männe resigniert, sagt nichts mehr und denkt: Sie versteht nur Bahnhof.

Oder wollte sie nicht verstehen? Hatte sie gar hellseherische Fähigkeiten? Wurden ihre Gedanken in der Zukunft nicht zur Wirklichkeit? Wählten nicht bald fast einhundert Prozent, also fast das ganze Volk, die Kandidaten, die die Partei ausgesucht hatte? Ein Volk, ein Reich, ein Führer! Das kannte man aus der Vergangenheit. Ein Volk, eine sozialistische Welt, eine Partei! War das die Zukunft?

Schwester Martha erzählte dem Bruder Ernst von diesem Gespräch. Bruder Ernst – geprägt und erzogen fast zwölf Jahre in der Großdeutschen Wehrmacht, erfahren durch Krieg und Gefangenschaft – hielt sich bedeckt:

„Schwester. Er ist zwar dein Mann. Aber sei vorsichtig. Verbrenn dir nicht die Schnauze."

Winnetou, Old Shatterhand, Tom Shark und Pitt Strong saßen wieder in der Schulbank. Das letzte Jahr hatte mit der achten Klasse angefangen. Der Herr Rektor Dettmann war ihr Klassenlehrer. Am Kragen seines Jacketts steckte das Abzeichen mit den sich gebenden zwei Händen. Er war also Mitglied der Sozialistischen Einheitspartei Deutschlands. Bert hatte was gegen ihn. Was hatte Bert gegen ihn? Er konnte es nicht in Worten ausdrücken. Vielleicht mochte er ihn nur deshalb nicht, weil nun Herr Dettmann und nicht Herr Hinrichs der alles regelnde Lehrer für ihn war.

Vielleicht mochte er ihn auch deshalb nicht, weil der neue Klassenkamerad Lothar der Sohn des Rektors war. Würde er, der Vater, den Lothar nicht zum Besten in der Klasse machen? Diesen angepassten, immer artigen Lothar, der so gut auf der Geige spielen konnte, der nicht zum Stamme irgendwelcher Rothäute gehörte? Und hatte der Herr Rektor nicht immer noch diese starren, eingefrorenen Gesichtszüge? Bert konnte nicht anders. Deutlich zeigte er seine Ablehnung. Zu deutlich.

Also. Herr Dettmann ist ihr Klassenlehrer. Aber Herr Hinrichs bleibt ihr Deutschlehrer. Und der lässt sie Gedichte und nochmal Gedichte und noch ein Gedicht lernen. Was heißt hier lernen? Auswendig lernen und aufsagen müssen sie. Kaum fassen können sie es, wie viele deutsche Dichter es gibt.

„Ja", sagt Herr Hinrichs. „Nicht umsonst nennt man uns das Volk der Dichter und Denker!"

So lernen sie die Dichter kennen: den Ferdinand Freiligrath, den Giesebrecht, den Theodor Storm, den Theodor Fontane, den Uhland und viele andere. Natürlich auch die zwei großen Dichterfürsten, den Goethe und den Schiller. Über vierzig Gedichte werden es sein, wenn diese Schulzeit zu Ende ist. Ein Gedicht scheint es dem Lehrer besonders angetan zu haben, gedichtet von Theodor Fontane.

„Wann treffen wir drei wieder zusamm?"
„Um die siebente Stund', am Brückendamm."
„Am Mittelpfeiler."
„Ich lösche die Flamm'."
„Ich mit."
„Ich komme vom Norden her."
„Und ich von Süden."
„Und ich vom Meer."

„Hei, das gibt ein Ringelreih'n,
Und die Brücke muss in den Grund hinein."

„Und der Zug, der in die Brücke tritt
Um die siebente Stund?"
„Ei, der muss mit."
„Muss mit."
„Tand, Tand
Ist das Gebilde aus Menschenhand!"

„Wann treffen wir drei wieder zusamm?"
„Um Mitternacht am Bergeskamm."
„Auf dem hohen Moor, am Erlenstamm."
„Ich komme."
„Ich mit."
„Ich nenn euch die Zahl."
„Und ich die Namen."
„Und ich die Qual."
„Hei!
Wie Splitter brach das Gebälk entzwei."

„Tand, Tand
Ist das Gebilde von Menschenhand."

„Ja", so spricht der Lehrer. „Hier hat der Dichter über eine wahre Begebenheit in gereimter Form berichtet. Heute entspricht das einer Reportage. Die Zeitungen würden darüber schreiben, dass eine Brücke über den Fluss Tay, die in Schottland die Städte Dundee und Edinburgh verbindet, in einer starken Sturmnacht – gerade als ein Zug drüber fuhr – zusammengebrochen ist. Ursache dafür war natürlich ein Fehler der Brückenkonstruktion. Theodor Fontane erfindet aber drei Hexen für sein Gedicht. Und die lassen die Brücke zusammenbrechen. ‚Denn wütender wurde der Winde Spiel, und jetzt, als ob Feuer vom Himmel fiel, erglüht es in niederschießender Pracht überm Wasser unten ... Und wieder ist Nacht.'"

Herr Hinrichs legt die Stirn in Falten. Ihm kommt ein Gedanke. Ihr Zeichenlehrer ist er zwar nicht. Doch was hindert ihn dran – sozusagen halb als Lehrer, halb als väterlicher Freund – eine Aufgabe zu stellen. Natürlich nur für die, die wollen.

„Wer hat von euch hat Lust, über dieses Gedicht ein Bild zu zeichnen oder zu malen?"

Wer hat Lust! Wer hat Lust? Da können die meisten nur den Kopf schütteln. Bert hätte schon Lust. Er meint zwar, einigermaßen malen zu können. Aber würde sein mehr als bescheidenes Können ausreichen? Immerhin: die Brücke, das vom Sturm gepeitschte Wasser, Feuer, das vom Himmel fällt, drei Hexen.

Und da war ja noch der Werner. Das Talent überhaupt, wenn es um Zeichnen, Malen und Basteln geht. Mit ihm konnte keiner aus der Klasse mithalten, wahrscheinlich keiner aus der ganzen Schule. Werner Kupfer. Mit Bert stand er als Messdiener vor dem Altar. Sie unternahmen zusammen eine ganze Menge. Sie waren Freunde, der kleiner Werner und der große Bert. Ein ganz Großer war der Werner aber, wenn es ums Gestalten ging, ganz gleich, ob mit dem Schnitzmesser oder dem Buntstift oder dem Pinsel. Bert traf eine Entscheidung: Er würde nicht den Versuch unternehmen, das Gedicht zu malen. Werner aber malte das Gedicht.

An einem Nachmittag lud der Lehrer einige seiner Schüler zu sich ein, in die Villa des Großbauern Sievers im Baumgarten 4. Das Bild war fertig. Ungläubig starrten sie auf das Werk. Hatte das wirklich ihr Klassenkamerad gemalt? Hatte er so die Reime des Dichters auf diese große Malpappe verewigt? Nur so kann es gewesen sein: Die Brücke bricht. Der Zug stürzt. Feuerstrahlen zucken aus der Lokomotive. Das Wasser wird von einem fürchterlichen Sturm gepeitscht. Das wütende Spiel der Winde. Am Himmel dunkle, drohende Wolken. Aber wo sind die drei Hexen?

„Na, Bert. Siehst du die Hexen?", fragte Herr Hinrichs. Nein. Er sah sie nicht. Lag es daran, dass er überwältigt war? Er schämte sich. Er war unsicher. Er war verwirrt. Und doch hatte Werner die Hexen nicht vergessen. Schemenhaft, mit unscharfen Konturen, in matt-dunklen Farbtönen schwebten sie in den Wolken, kaum von den Wolken sich abhebend, am düsteren Himmel. Bert traf eine weitere Entscheidung. Nie wieder in seinem ganzen Leben will er malen oder zeichnen. Erstens war er völlig ohne Talent. Zweitens könnte er das auch nicht lernen und drittens wurmte es ihn, einmal nicht der Beste zu sein.

Die Skala des Lebens fängt nicht mit der Null an, wenn der Mensch aus seiner Mutter kommt. Sie endet nicht mit der Hundert, wenn der letzte Atemzug getan wurde. Auch bei der Geburt, bedingt durch glückliche Umstände und Zustände, geboren mit dem sprichwörtlichen goldenen Löffel im Mund, kann die Zahl auf der Skala schon eine beachtliche Größe haben. Andererseits kann sie beim Abschied von dieser vielleicht dann schnöden Welt klein sein, wenn das Leben nicht das gegeben hat, was man landläufig ein erfülltes Leben nennt. Als Bert vor wenigen Jahren alles, fast alles verloren hatte, rutschte der Wert auf der Skala nach unten. Einiges wurde ganz zur Null – seine Mutter zum Beispiel und sein Zuhause mit den alten Freunden.

Wie das Wetter durch Wärme und Kälte die Anzeige der Skala des Thermometers auf und nieder tanzen lässt, so können auch schon kleinste Ereignisse im Leben, selbstverständlich auch große Weichenstellungen und Menschen, denen man begegnet, die Skala des Lebens beeinflussen – rauf oder runter.

Die Sache mit dem Malen nach einem Gedicht gehörte sicherlich zu den kleineren Ereignissen im Leben des Bert. Trotzdem hat er dieses sehr, sehr kleine Ereignis nie vergessen. Was er wirklich konnte, wusste er nicht. Obwohl seine Zeugnisse sich nicht nur sehen lassen konnten, sondern fast immer sehr gut, jedenfalls besser als gut waren, war er von seinen Fähigkeiten nie so richtig überzeugt. Ihm fehlte einfach eine gesunde Portion Selbstbewusstsein. In seinen Augen waren andere viel besser als er. So hätte damals seine Lebensskala bessere Werte anzeigen können. Vielleicht lag es aber auch daran, dass seine Leistungen kaum Anerkennung fanden. Vater krank. Mutter tot. Schwester und Schwager damit beschäftigt, das Lebensnotwendige zu beschaffen. Ihm hätte ab und zu ein kleines Lob gutgetan.

9

Parteischulung in der Skatrunde / Die Norm und ihre Übererfüllung / Wer die Jugend hat, hat die Zukunft / Die Skala des Lebens erreicht einen Tiefpunkt

Herbst des Jahres. Die zweite Wallfahrt hatten die Messdiener auch überstanden, mit Andacht und in der Hoffnung, von den auswärtigen Pfarrern ein paar Groschen zu ergattern. Vor der Adventszeit trat zumindest für die Gläubigen eine Zeit der Ruhe ein. Die Ungläubigen, wie die Schwester sie manchmal nannte, waren mit anderen Fragen beschäftigt. Ruhe war für sie ein Fremdwort. Schließlich musste der „Neue Mensch" geschaffen werden. Und die sozialistische Zukunft gab es nur mit ihm.

Honecker lebte zwar schon und gehörte ohne Zweifel zu den „Neuen Menschen", hatte jedoch noch nicht die nahezu prophetischen Worte gesprochen:

„Den Sozialismus in seinem Lauf halten weder Ochs noch Esel auf."

Oder hatte er das doch schon gesagt, in vertraulicher Runde, unter Gleichgesinnten, nicht in einer großen, öffentlichen Rede? Möglich wäre es. Dem Honecker wäre es zuzutrauen. Das jedenfalls meinte auch die große Schwester.

Die Skatrunde hat sich wieder pünktlich bei Lehmanns am Marktplatz versammelt. Das Bier, frisch gezapft, steht auf dem blank gescheuerten Holztisch.

„Achtzehn, zwanzig, zwei, drei."

„Weg."

„Ich passe auch."

„Mein Spiel. Kreuz. Schneider angesagt."

Sie, die in dem Städtchen zu bestimmen haben, der Oskar Wohlleben, der Fips Wahner, Männe und Schwager Ernst – dieser erst vor Kurzem in die Skatrunde aufgenommen – kloppen ihren wöchentlichen Skat. Den Oskar hat die Partei zum Bürgermeister gemacht. Fips gehört der Parteikreisleitung an. Männe hat im Zementwerk etwas zu sagen und Schwager Ernst arbeitet jetzt in der Stadtverwaltung. Als Einziger in dieser Runde ist er kein Genosse. Er wird es auch nie werden.

Sie bestellen eine neue Lage Bier. Lehmann ist wie immer ziemlich langsam.

„Mach schon hin", tönt Männe. „Nimm dir mal den Hennecke zum Beispiel."

So ganz passend ist diese Bemerkung nicht. Denn Henneckes Aufgabe besteht nicht darin, Bier zu zapfen, sondern Steinkohle zu fördern. Obwohl aber bekanntlich Vergleiche hinken, verstehen die Männer schon den tieferen Sinn von Männes Worten. Es geht ja um die Erfüllung von Normen. Zwar ist die Norm unbekannt, deren Inhalt die Geschwindigkeit und die Zeit sein müsste, mit der ein Gastwirt eine Lage Bier – gerechnet von der mündlichen Bestellung bis zum Abstellen der Gläser auf die Bierdeckel – zu produzieren hat.

Und wenn es um Normen geht, weiß der Männe Bescheid. Hatten doch einige Arbeiter im Zementwerk, unter ihnen sogar einige Genossen, tatsächlich gemeint, sie könnten nun eine ruhige Kugel schieben in ihrem eigenen Betrieb, dem volkseigenen Betrieb. Kein Kapitalistenknecht als Antreiber steht ja jetzt hinter ihnen. So geht das aber nicht. So kann man nicht den Sozialismus aufbauen. Das sagen auch unsere sowjetischen Freunde. Ein Glück, solche Freunde zu haben! Es stimmt schon:

„Von der Sowjetunion lernen, heißt siegen lernen."

Dort gab es die Vorbilder und heute gibt es sie immer noch.

„Nehmt euch als Vorbild unseren Alexei Grigorjewitsch Stachanow", haben sie gesagt, als wieder einmal darüber diskutiert wurde, wie die Produktion erhöht werden könnte. Diese Erhöhung der Produktion ist dringend notwendig – nicht nur im Interesse der Bürgerinnen und Bürger in der Sowjetischen Besatzungszone. Nein, nein! Auch die Genossen in Moskau sind daran brennend interessiert. Immerhin beziehen sie ja aus ihrer Zone beträchtliche Mengen an Rohstoffen und fertigen Produkten – und alles umsonst!

Die Männer haben die letzte Karte gespielt. Schwager Ernst sieht mit einer Frage in den Augen seinen Schwager Männe an.

„Was is?"

„Sagt mal. Dieser Hennecke. Es stand ja einiges in der ‚Volksstimme', in der Zeitung. Aber viel war's nicht. Was war genau?"

„Fips. Du als Parteisekretär im Kreis kannst das doch am besten erklären", spricht Männe zum Fips.

Fips – seiner Wichtigkeit sich voll bewusst – rückt den Stuhl etwas nach hinten, schlägt die Beine übereinander, sieht die Männer ernst an und beginnt seine eigene kleine Schulung, wie er es gelernt hatte in den großen Schulungen der Partei, aus denen er sein Wissen und seine Weltsicht schöpft.

„Für den Aufbau des Sozialismus in unserem Land, der gleichzeitig ein Beitrag für den Frieden in der Welt und ein Garant für ein gutes Leben für die Menschen ist, ist es wichtig, gerade die Produktion in unseren Grundindustrien, also zum Beispiel im Maschinenbau in Magdeburg oder in der Steinkohle oder auch im Zementwerk bei uns, zu erhöhen. Leider ist es eine Tatsache, dass noch nicht alle Arbeiter das so einsehen. Viele meinen, dass sie gar nicht mehr leisten könnten, schon am Ende ihrer Möglichkeiten wären. Da hat nun der Adolf Hennecke, ein Bergmann aus dem Lugau-Oelsnitzer Steinkohlenrevier – übrigens auch ein Genosse von uns – allen gezeigt, dass es doch möglich ist. Dort, bei der Steinkohle, war die Schichtleistung mit ungefähr sechs Kubikmeter als Norm. Der Genosse Hennecke hat aber ungefähr vierundzwanzig Kubikmeter in einer Schicht geschafft, hat also die Norm mit sag' und schreibe um die vierhundert Prozent erfüllt. Eine vorbildliche Leistung. Für alle unsere Werktätigen ist das eine Herausforderung und ein Ansporn.

Auch Adolf Hennecke hatte ein Vorbild: Es ist der sowjetische Genosse Stachanow, der Ähnliches bereits vor dreizehn Jahren schaffte. Er erfüllte, auch in der Steinkohle, die geltende Norm um das Dreizehnfache."

Fips hat seine Pflicht erfüllt und gönnt sich ein weiteres Bier. Die Männer nicken mit den Köpfen. Was sie denken, sieht man ihnen nicht an. Auch Berts Schwager Ernst macht sich seine Gedanken.

Was der Iwan, er nennt für sich und im Kreise der noch nicht ganz Überzeugten das sowjetische Brudervolk noch immer so, unter Norm versteht, weiß er. In der Gefangenschaft, weit hinter Moskau, hat er erfahren, wie die Norm beim Baumfällen und bei der Verarbeitung des Holzes immer weiter erhöht wurde. Dazu brauchte es keine Vorbilder.

„Dawei, dawei!", schrien die Wachen. „Raboti, raboti!"

Das genügte, um noch schneller zu sägen. Dabei hatte sich Ernst zwei Finger der linken Hand abgesägt.

Wenn sie das gewusst hätten. Aber sie wussten es nicht. Genossen hören nicht den RIAS – den Rundfunk im Amerikanischen Sektor –, den Rundfunk, den die Amis in ihrem Sektor in Berlin eingerichtet haben. Ernst, noch nicht so ganz bereit, ein „Neuer Mensch" zu werden, hörte ihn manchmal, mit langsam aufkeimendem, schlechten Gewissen. Natürlich wusste – verdammt nochmal, woher eigentlich? – dieser feindliche Sender alles andere über den Genossen Adolf Hennecke. Unglaublich, was dort berichtet wurde. Henneckes Kollege Franz Franik – jung und stark, mutmaßlich kein Genosse – hätte es abgelehnt, eine Hochleistungsschicht zu fahren, weil er Angst hatte, seine Kollegen Bergleute könnten es ihm übelnehmen, wenn er sie so zu einer höheren Leistung antreiben würde.

Darauf erklärte sich der Genosse Adolf Hennecke, nach Rücksprache mit der Partei und seinem Genossen Revierdirektor dazu bereit, nach dem Vorbild des sowjetischen Bergmannes und Genossen Stachanow, die Norm weit zu übertreffen. Alles sei gut vorbereitet gewesen. Die Abbaustelle durfte der Genosse Hennecke sich selbst aussuchen. Seine Kollegen hätten ihn als „Normbrecher" bezeichnet. Einskommafünf Kilogramm Fettzulage und drei Schachteln Zigaretten und eine Flasche Branntwein und fünfzig Mark sowie einen Blumenstrauß hätte er nach Beendigung der Schicht bekommen. Ob das alles so stimmte, was der RIAS berichtete? Ernst konnte es nicht beurteilen, weil ihm nähere Kenntnisse fehlten. Aber er hörte es und speicherte es in seinem Kopf.

Das große Vorbild der Sowjetunion gilt für alle Bereiche und alle Ebenen und alle Bürger – selbstverständlich auch für die Schuljugend. Aber wir wollen ganz vorsichtig mit allem anfangen. Schließlich ist es noch nicht vier Jahre her, seit die Faschisten verjagt oder liquidiert wurden. Ganz vorsichtig. Anfangen müssen wir jedoch. Nicht nur, weil unser großer Bruder in Moskau es wünscht. Und anfangen müssen wir schon bei den Kindern.

So kommt an einem Morgen vor Weihnachten Herr Dettmann in das Klassenzimmer und berichtet, dass nun für die Schulkinder eine „Organisation" – er sagte wirklich „Organisation", was die Hälfte der Klasse nicht verstand – gegründet worden sei. Sie würde sich „Junge Pioniere" nennen.

„Natürlich muss keiner Mitglied werden. Aber da viele Arbeitsgemeinschaften und Beschäftigungen, die nichts mit dem Lernen in der Schule zu tun haben, vorgesehen sind und angeboten werden, kann ich nur empfehlen, mitzumachen."

Und weiter:

„Es ist geplant, eine einheitliche Kleidung für die ‚Jungen Pioniere' einzuführen. Schon jetzt bekommt jedes Mitglied ein blaues Halstuch."

Bert wird hellhörig. Einheitliche Kleidung? Vielleicht sogar so etwas wie eine Uniform? Zu genau erinnert er sich an die große Enttäuschung: Mit zehn Jahren wäre er ein Pimpf geworden, hätte die Uniform tragen dürfen, die schwarze Hose, das braune Hemd, das schwarze Halstuch mit dem Lederknoten, das Koppel mit dem Schulterriemen. Dann hätte er zum Jungvolk, zum Deutschen Jungvolk, gehört. Wäre, wäre, hätte,

hätte ... Aber immerhin. Als „Junger Pionier" hätte er zumindest so etwas Ähnliches.

Als Herr Dettmann einige Tage später die Aufnahmeanträge verteilt, gehört Bert zu denen, die den Antrag abgeben.

Sie sitzen am Tisch in der Küche. Schwester, Schwager Ernst, Bert. Seppel, der Hund, in Erwartung, dass ein Brocken Wurst für ihn abfällt. Er versucht, sein menschliches Rudel zu hypnotisieren. So scheint es. Starrer Blick. Bert erzählt aus der Schule. „Junger Pionier" wäre er jetzt. Was das solle, fragt Ernst. Bert erklärt.

„... und außerdem: Wir bauen ja eine neue, bessere Welt auf, in der alle Menschen in Frieden und gut leben könnten. So wie das jetzt schon in der Sowjetunion ist. Das hat Herr Dettmann gesagt."

Sehr hellhörig wird der Schwager, bekommt seinen besonderen Blick, denkt an seine Vergangenheit.

„Kommt mir bekannt vor. Hatten wir schon mal. Wie war das doch?"

Was murmelst du denn? Kannst nicht bisschen lauter sprechen?", fragt die Schwester.

Ernst ist abwesend, hört die Frau gar nicht.

„Ja, wer die Jugend hat, hat die Zukunft." So hat er es noch im Gedächtnis. „Und das geht schon wieder so los."

Was er nicht vor sich hin murmelt, was er aber denkt, ist, dass es die FDJ schon seit fast drei Jahren gibt und nun auch die Mädchen und Jungen unter vierzehn Jahren ihre „Organisation" haben. Hieß das früher nicht Hitlerjugend und Jungvolk? Nein, nein, nein! Diese Gedanken verbietet er sich. Sie sind falsch und eigentlich für ihn, dem gläubigen Katholiken, eine Sünde, eine Sünde in Gedanken, hoffentlich nie in Worten, mit Sicherheit nicht in Taten.

Er kann es nicht wissen, und ob der Herr Rektor Dettmann es weiß, ist nicht bekannt:

Das große Vorbild! Dort gibt es die „Pionierorganisation Wladimir Iljitsch Lenin". Das Halstuch ist nicht blau, sondern rot, und der Pioniergruß lautet:

„Seid bereit!"

„Immer bereit zum Kampf für die Sache der Kommunistischen Partei der Sowjetunion!"

Die kleinen deutschen Pioniere sagen aber bisher nur:

„Seid bereit!"

„Immer bereit!", ist die Antwort.

Bisher! In wenigen Jahren wird diese Antwort ergänzt werden mit:
„... für Frieden und Völkerfreundschaft!"
Und noch ein wenig später:
„... für Frieden und Sozialismus!"

Die Skala des Lebens. Rauer Putz ist grobkörnig. Mit Rauputz sind viele Außenwände der Häuser im Ort verputzt. Rauputz kann wehtun, kann die Haut bluten lassen. Die Haut soll bluten. Er will sich Schmerzen zufügen. Aus manchen Häusern ist Weihnachtsmusik zu hören. Durch viele Fensterscheiben schimmert der Schein von Kerzenlicht. Er rennt durch die Straßen. Tränen verschleiern den Blick. Seelenleid. Verlassenheit. Einsamkeit. Seine rechte Hand scheuert am rauen Putz entlang. Auf der Lebensskala ist ein neuer Tiefpunkt erreicht. Der Vater ist gestorben.

10

*Das schlechte Zeugnis / Selbstzucht, Selbstzweifel, Selbstbewusstsein /
Die Mädchen als unbekannte Wesen / Oberschüler oder Malerlehrling?*

Er hatte es geahnt. Warum konnte der Rektor Dettmann ihn nicht leiden? Beruhte dieses Empfinden etwa auf Gegenseitigkeit? Er hatte es kommen gesehen. Das erste Zeugnis in der Zeit, in der Herr Hinrichs nicht mehr sein Klassenlehrer war, das von Herrn Dettmann ausgestellt war, brachte für Bert eine einzige Enttäuschung.

War er wirklich in der kurzen Zeit eines halben Jahres so schlecht geworden? Dass in Musik nicht mehr die Eins stand, hatte er erwartet. Im Musikunterricht glänzte Lothar, des Rektors Sohn. Er wusste immer alles, spielte die Geige – konnte aber nicht so gut singen wie der Bert. Trotzdem genügte diese Fähigkeit offenbar nicht für ein „Sehr gut". Gut – das wäre nicht weiter schlimm gewesen. Aber dass selbst in den anderen Fächern, in denen er bisher immer sehr gut war, jetzt keine Eins stand, kränkte ihn. Hatte er wirklich so nachgelassen? Oder hatte es damit zu tun, dass die Lebensskala weiter im unteren Bereich verharren sollte?

Unerträglich und fast körperliche Schmerzen bereitend war jedoch der Satz im Zeugnis unter „Bemerkungen":

B. stört oft den Unterricht. Ihm fehlt straffe Selbstzucht.

Was sollte das nun heißen? Nun ja, sicher hatte er oft seine Klappe nicht halten können, hatte ungeduldig dazwischengerufen, wenn ihm etwas nicht passte, war nicht so angepasst und sittsam gewesen wie der Lothar. Doch war dies ein Grund, so etwas in ein Zeugnis zu schreiben, das nun nicht mehr der Vater, sondern der Schwager Ernst als sein behördlich bestellter Vormund und derzeitiger Erziehungsberechtigter unterschreiben musste? Und der sagte zu seiner Frau:

„Siehst du. Ich sage es ja immer. Dein Bruder ist nicht richtig erzogen!"

Man muss zugeben, dass Berts Bewunderung mehr einer nüchternen Betrachtung gewichen war, wenn es um seinen Schwager ging. Von ihm wollte er sich nun partout nicht erziehen lassen. Und ihr Verhältnis ging vollends in die Brüche, als Bert einmal gegenüber dem Horst, der der Neffe von Schwager Ernst war, bemerkte:

„Dein Onkel Ernst hat mir gar nichts zu sagen. Der kann mich mal!"
Dummerweise hatte Ernst diesen Satz gehört. Zwischen ihm und seinem Mündel Bert herrschte dann über Jahre das große Schweigen. Zwar lief man sich zwangsläufig jeden Tag mehrere Male über den Weg. Doch Bert sagte nie „Guten Morgen" oder „Gute Nacht".

Und die Skala des Lebens verharrte weiter im unteren Bereich.

Geradezu empört jedoch war er über die Bemerkung, ihm würde „straffe Selbstzucht" fehlen.

Was meinte denn der Dettmann damit? Selbstzucht! Sich selbst züchtigen? Nein. Das konnte nicht der Sinn sein. Sich selbst erziehen? Das würde der Sache schon näherkommen, vielleicht. Er verstand aber immer noch nicht.

Irgendwelche Schulstunden verpasst? Nein!

Irgendwelche Hausaufgaben nicht gemacht? Nein!

Bei den „Jungen Pionieren" in der Arbeitsgemeinschaft nicht eifrig und ernst mitgemacht? Nein! Am Sonntag nicht mindestens einmal in der Heiligen Messe gewesen? Nein!

Den Altardienst nicht voller Andacht und Aufmerksamkeit verrichtet? Nein!

In der Jungschar – so nannten sich die Jungen – der katholischen Jugend nicht ganz aktiv gesungen, Theater gespielt, gebetet? Nein!

Bert meinte, eine genügend große Selbstdisziplin zu besitzen. Natürlich war er eigenwillig, kritisch und gehorchte nicht blind. Wen sollte er auch fragen, wenn er mit irgendwelchen Problemen kämpfte? Der Vater war unter der Erde. Herr Hinrichs war nicht mehr sein Klassenlehrer. Zwischen ihm und seinem Vormund Ernst herrschte eisiges Schweigen, Funkstille. Wenn sie miteinander gesprochen hätten – was sie aber nicht taten –, hätten sie sich auch nicht verstanden. Es schien nämlich, als ob sie zwei verschiedene Sprachen hätten. Ein Austausch, wenn er denn notwendig wurde, was sehr, sehr selten war, erfolgte durch die Schwester. Sie übte quasi die Funktion der Dolmetscherin aus.

Diese Frage konnte er sich noch nicht stellen: Wer und was bin ich? Alle Antworten aber, die in dieser Frage stecken, hätten geholfen, ihm zu zeigen, wie er und was er und wer er wirklich ist. Seine bisherige Vergangenheit, seine frühen Erfahrungen, seine Lebensumstände verdunkelten sein eigentliches Ich. So konnte er seine Fähigkeiten nicht erkennen und zweifelte an sich. Selbstsicher war er nicht in dieser Zeit. Auf eine gewisse Art hatte er aber doch sein Selbstbewusstsein – zumindest in seiner eigenen Vorstellung. Seine enge Verbindung zu den himmlischen

Mächten nahm ihm Ängste, ließ ihn Sorgen vergessen und ziemlich unbekümmert in die Zukunft blicken.

Nun wollte er natürlich die Schulzeit nicht mit einem für seine Begriffe miserablen Abschlusszeugnis beenden. Schließlich würde dieses Stück Papier in die Hände eines Handwerksmeisters gelangen, wenn es um eine Lehrstelle ging. Und Lehrling wurden die meisten, wenn die Schulzeit zu Ende war. So fasste er den guten Vorsatz, sich im letzten halben Jahr in Selbstzucht zu üben.

Susi und Rosi waren Klassenkameradinnen und auch Freundinnen. Susi hatte lange, blonde Zöpfe und blaue Augen. Rosi hatte lange, schwarze Zöpfe und rehbraune Augen. Beide, jetzt im letzten Schuljahr, hatten natürlich einen Grad fraulicher Reife erreicht, dem die meisten Jungen in der Klasse den entsprechenden Grad männlicher Reife nicht entgegensetzen konnten.

Dazu kam, dass sie auch etwas älter waren als der Bert. Und dieser hatte zwar noch nicht sein freudiges Erschrecken vergessen, als er am späten Maienabend nach der Jagd auf die Maikäfer die weiche Brust von Schusters Ursel in seinen Händen fühlte, konnte jedoch immer noch nicht so richtig einordnen, was es nun mit den Mädchen so auf sich hatte. An den Klapperstorch glaubte er natürlich nicht mehr.

Aber er war sich nicht ganz sicher, ob die Babys vielleicht nicht doch durch das Küssen auf die Welt kommen. Wahrscheinlich traute er sich deshalb nicht, der Susi einen zarten Kuss zu geben. Beide hatten sich gefunden. Nach der Maiandacht, die jeden Tag in den Abendstunden vom Pfarrer Horstmann gehalten wurde, gingen sie bald Hand in Hand durch den schmalen Weg, der von der Kapelle durch die Gärten bis fast auf den Marktplatz führte. Von dort war es nicht mehr weit bis zum früheren Gut. Hier wohnte Susi mit ihren Eltern. Eine ziemlich hohe Mauer aus unregelmäßigen Feldsteinen umgab das Gut. Auch sonst versuchten die beiden, möglichst viel zusammen zu sein.

Susi gehörte wie Bert und fast alle aus ihrer Klasse zu den „Jungen Pionieren". Deren Aktivitäten beschränkten sich vorerst darauf, die Kinder mit interessanten Dingen zu beschäftigen und nicht so sehr mit der Formung der Kinder zum „Neuen Menschen". Diese hehre Aufgabe kam erst später dazu. So wurden Arbeitsgemeinschaften ins Leben gerufen. Sport und Musizieren und Biologie. Sie wählten die Bio-Arbeitsgemeinschaft, sicherlich nicht, um herauszubekommen, warum nun wirklich die Babys auf die Welt kommen. Das wusste die Susi bestimmt. Ihre beste

Freundin Rosi hatte ihr schon über gewisse, eigene Erfahrungen einiges – ganz im Vertrauen – erzählt.

Die Exkursionen der Arbeitsgemeinschaft hatten oft den großen Buchenwald des Huys zum Ziel. Hier suchten sie den Türkenbund. Diese Lilienblume, auch in manchen Gegenden Goldwurz genannt – weil einige mittelalterliche Alchimisten meinten, mit ihrer Hilfe aus einfachen Metallen Gold machen zu können –, ist eine Seltenheit. Da ihr schwerer, süßer Duft nur in der Dunkelheit zu riechen ist, konnte er sie nicht verführen, irgendwelchen noch fremden, aber doch geheimnisvollen Gefühlen nachzugehen. Meistens suchten sie zu dritt. Die Rosi ließ die beiden selten allein. Bert hatte mitunter den Eindruck, dass auch sie ihn nur allzu gerne als Freund gehabt hätte. Warum eigentlich? Das Denken dieser Mädchen, die nicht mehr Kinder waren, begriff er nicht – schon gar nicht ihr Innenleben.

Schnell verging das letzte Halbjahr ihrer Schulzeit. Für die meisten war es klar, was sie einmal werden wollten. Achim ging zu seinem Vater, dem Müller Peltau, in die Lehre. Werner sollte später den Kaufladen übernehmen. Also sollte er den Beruf eines Kaufmannes erlernen. Berts Freund Günther, der Old Shatterhand aus der Kinderzeit, hatte eine Lehrstelle beim Tischler Fricke gefunden. Und der künstlerisch so begabte Werner Kupfer würde die nächsten drei Jahre in der Werkstatt am Friedhof zunächst lernen, wie ein Steinmetz Grabsteine produziert.

Nur wenige wagten den Schritt auf die Oberschule. Viele mehr hätten diesen Schritt gehen können. Sicher – wer einen Vater hatte, der Lehrer oder Zahnarzt oder Menschendoktor ist, für den war das Gymnasium oder das Lyzeum quasi selbstverständlich. Oft waren noch nicht einmal gute Leistungen in der Volksschule, die jetzt Einheitsschule genannt wurde, notwendig. Aber die Kinder aus den Bauernfamilien, aus den Handwerkerfamilien und aus sonstigen Familien, deren Eltern durch die Arbeit ihrer Hände den Lebensunterhalt erwarben, gingen nicht auf eine „Höhere Schule". Sie gehörten dort nicht hin. Punkt.

Dabei sollte es doch jetzt, nachdem die Arbeiter und Bauern die Macht errungen hatten, ganz anders sein. Dieses reaktionäre, bürgerliche Denken schien sich jedoch bisher der Liquidation entzogen zu haben. Die neue Macht gab sich doch wirklich jede Mühe, allen eine gute Schulbildung, ja sogar eine gute Hochschulausbildung zu geben. Besonders die Kinder der Arbeiterklasse waren bevorzugt zu fördern. Aber das hatte sich offenbar noch nicht überall herumgesprochen. Wie wäre es dann sonst zu erklären, dass aus ihrer Klasse mit fünfundfünfzig Mädchen und Jungen nur sieben demnächst nach Halberstadt fahren würden? In dieser, für die Kinder vom Lande großen Stadt, waren die zwei Oberschulen – vormals Gymnasium und Lyzeum genannt. Genau genommen waren es drei. Aber die zwei Gymnasien für Knaben und Jünglinge hatten sich vereinigt. Aus dem Domgymnasium, dem „Stephaneum", und dem „Martineum" wurde die „Dom- und Ratsschule", mit dem Zusatz im Namen „Vereinigte Oberschule für Jungen".

„Und? Was soll er nun lernen?"

Die Schwester und der Schwager Ernst sitzen am Küchentisch. Der ehemalige Berufssoldat der Großdeutschen Wehrmacht, überzeugter Katholik und sich in Anpassung befindender Bürger des neuen, volksdemokratischen, auf dem Wege zum Sozialismus sich entwickelnden Staatsgebildes schweigt.

„Ernst", spricht ihn seine Frau wieder an. „So geht das doch nicht. Schließlich bist du doch auch für ihn verantwortlich. Oder?"

Seine Gedanken: Wenn der Bengel doch bloß nicht so störrisch wäre! Wenn er doch wenigstens auf ihn hören würde. Ich will ja nur sein Bestes, will ihm doch nur Zucht und Ordnung beibringen. Ich habe ja auch Zucht und Ordnung lernen müssen, hatte dafür beim Barras zwölf Jahre Gelegenheit.

Eigentlich mag ich ja diesen kleinen Schwager.

„Ach. Was sollen wir mit ihm denn machen, wenn er jetzt bald aus der Schule ist?", beginnt er seine Antwort.

„Überlegt habe ich schon. Euer Vater und du, ihr wart ja bei der Post, bei der guten alten Reichspost. Vielleicht kriegen wir ihn auch bei der Post unter. Telegrafenamt oder so ähnlich."

„Und was hältst du davon, wenn er weiter zur Schule geht?", fragt da die Schwester, „nach Halberstadt aufs Gymnasium?"

„Davon halte ich gar nichts. Aus deiner Familie, aus meiner Familie. Kennst du einen, der das Abitur gemacht hat? Nein. Und außerdem können wir uns das nicht leisten. Das ist zu teuer. Und sein letztes Zeugnis war ja auch nicht besonders doll."

Er sagte nicht „toll", sondern „doll".

„Ja, schon. Aber dafür die Zeugnisse vorher", wendet die Schwester ein. „Und nun?"

„Ach, weißt du. Das Beste und Billigste wird sein, wenn wir ihn zum Malermeister Dahme in die Lehre schicken. Mit einem Pinsel in der Hand und einer Blechbüchse mit Farbe kommt er auch durchs Leben. Ist auch nicht zu teuer. Ich werde morgen mit Heinrich Dahme mal reden."

Am Ende der Geschichtsstunde fragte Herr Hinrichs, wer schon wüsste, was er nach dem Ende der Schulzeit machen und wer wohl auf die Oberschule in Halberstadt wolle. Die meisten hatten schon klare Vorstellungen. Bert versuchte, sich kleinzumachen. Aber Herr Hinrichs kannte ihn lange genug, um zu merken, dass hier etwas nicht stimmte. Bert wunderte sich in den nächsten Wochen darüber, dass bei Schwester und Schwager das Thema, was nach den Sommerferien mit ihm passieren solle, gar nicht mehr angesprochen wurde und dass er in der Schule irgendwelche Formulare auszufüllen hatte, die zum Beispiel danach fragten, ob er Englisch oder Latein wählen würde und ob er in einen neusprachlichen oder mathematisch-naturwissenschaftlichen Zweig wolle.

Viele Jahre später verriet die Schwester ihm, was sich ereignet hatte.
Bert war wie immer am Dienstagabend in der Gruppenstunde. In der früheren Schule am großen Platz vor der Kapelle sangen sie die Lieder, die nicht mehr in die neue Zeit passten, keine frommen Kirchengesänge. Es waren die Lieder, die schon einmal verpönt waren – in der Zeit der braunen Diktatur, der Nazis.

Wir lieben die Stürme, die brausenden Wogen,
der eiskalten Winde raues Gesicht.

und

Wilde Gesellen, vom Sturmwind durchweht,
Fürsten in Lumpen und Loden.

und

Wildgänse rauschen durch die Nacht,
mit schrillem Schrei nach Norden.
Unstete Fahrt! Habt acht, habt acht!
Die Welt ist voller Morden.

An diesem Abend hatte sich der Herr Lehrer Jürgen Hinrichs angesagt. Er wolle mit Berts Vormund und seiner Frau, also Berts Schwester, über die Zukunft des Jungen reden, hatte er angekündigt.

Des Vormunds Plan gefiel ihm überhaupt nicht. Es wäre eine Schande, wenn der Junge nicht aufs Gymnasium gehen würde – hätte er gesagt –, berichtete sie. Und über das Geld müssten sie sich nun überhaupt keine Sorge machen. Der Junge als Vollwaise würde ganz sicherlich ein Stipendium bekommen.

Man weiß nicht, ob der Vormund durch Argumente überzeugt wurde. Vielleicht schwanden die schweren, inneren Widerstände auch deshalb, weil hier ein ehemaliger Oberleutnant zu einem ehemaligen Oberfeldwebel sprach. Es erging gewissermaßen ein Befehl. Und der Vormund hatte ja gelernt, dass man Befehle eines Offiziers nicht verweigern darf. Aber das ist nur eine Vermutung.

Es war so weit. Aufbruchstimmung. Lautes Lachen. Nervöses Kichern heller Stimmen. Das waren die Klassenkameradinnen – manche noch kindhafte Mädchen, manche schon mädchenhafte Frauen.

Dann gespannte Ruhe. Die Abschlusszeugnisse der achtstufigen Zentralschule Schwanebeck, Grundschule der Deutschen Einheitsschule, werden verteilt.

Man mag mutmaßen:

Entweder

hatte Bert sich nach dem letzten Zeugnis stark verbessert, hatte gute Vorsätze verwirklicht, hatte sich sozusagen am Riemen gerissen, hatte sich in Selbstzucht geübt,

oder

in der Zeugniskonferenz hatte sich unter der Führung des Lehrers Hinrichs eine starke Partei für Bert stark gemacht, mit den Hinweisen auf seine guten bis sehr guten Leistungen in den letzten Jahren, auf seine Lebensumstände, auf seine ihn womöglich traumatisiert habende kindliche Vergangenheit,

oder

der Herr Rektor Dettmann war ein wirklich guter Pädagoge, der es verstanden hatte, Berts Ehrgeiz zu wecken, ihn gewissermaßen wachzurütteln, der ihn im Grunde genommen doch mochte.

Jedenfalls konnte der angehende Gymnasiast mit diesem Zeugnis zwischen sehr gut und gut – keine „Drei", nicht einmal in „Betragen" – gelassen den Weg zum Abitur beschreiten.

11

Warum ausgerechnet Latein? / Die Oberschule, das Martineum / Neue Klassenkameraden und der Selbstwert / Mehrfach „stigmatisiert" / Bert wird Mitglied der FDJ

Sein Spitzname ist „Spucker". Wer vorn sitzt, braucht nicht gerade einen Regenschirm. Aber die feuchte Aussprache wird auf Heft und Buch sichtbar, wenn er dort vor der ersten Bankreihe steht. Der Herr Oberstudienrat Barni ist der Lateinlehrer. Warum Bert gerade als zweite Fremdsprache Latein gewählt hat? Sicher nicht deshalb, weil er Priester werden will. Das trifft schon eher – noch – auf den Norbert zu, mit dem Bert weiter den Dienst am Altar verrichtet. Der jedoch ist in einer anderen Klasse, in einer neusprachlichen. Sie setzt sich fast nur aus Jungen zusammen, die aus der achten Klasse in der Grundschule in die neunte Klasse der Oberschule kamen. In der Neusprachlichen haben sie Latein, Englisch und natürlich Russisch. Bert ist in die mathematisch-naturwissenschaftliche Klasse gegangen. Hier sind es nur einige, die bis zur achten Klasse Grundschüler waren. Die meisten sind schon vier Jahre auf der Oberschule. Für sie heißt es Gymnasium, und sie sind nicht in der neunten Klasse, sondern in der Obertertia. Sie kennen die Herren Studiendirektoren, die Herren Oberstudienräte und die Herren Studienräte. Und diese kennen ihre Obertertianer schon von der Sexta an. Junge Damen gibt es hier nicht – noch nicht. Die höheren Töchter gehören hier nicht hin. Die gehen auf das Lyzeum.

– Ja, warum hat er Latein gewählt? Vielleicht, weil diese alte Sprache mit ihren vielen Regeln der Mathematik ähnelt? Vielleicht, weil Latein der Schlüssel für einige Sprachen unserer Zeit ist?

Vielleicht, weil Latein für das Studium der Medizin vorausgesetzt wurde? Oder meinte er gar, dass er als Messdiener schon eine Menge lateinischer Wörter im Kopf hätte? Alles kann zutreffen.

Es kann auch ganz einfach sein. Mit Latein fingen jetzt alle in seiner Klasse an. Und die zwei Jahre Englisch in der Volksschule hätten sicher nicht ausgereicht, um auf der neuen Schule und in einer neuen Klasse den Anschluss zu finden – obwohl in Englisch im Abschlusszeugnis eine Eins stand.

Also Latein: Auf die Plätze, fertig, los! Die erste Stunde Latein!
„Spucker" Barni fragt:

„Wer kennt denn schon einige Worte aus dem Lateinischen?"
Allen Mut zusammennehmend, streckt Bert seinen Arm.
„Nun? Was kennst du?"
„Mater heißt Mutter. Pater heißt Vater. Filius heißt Sohn. Spiritus heißt Geist. Nomen heißt Namen. Ecclesia ist die Kirche. Ora et labora heißt bete und arbeite."
Bert blickt verstohlen zu den neuen Klassenkameraden und sieht in erstaunte, ja auch in erschrockene Gesichter. Hatte er etwas falsch gemacht? Hätte er sich nicht melden sollen?
„Na", sagt der Lehrer. „Du bist bestimmt Messdiener. Da kennst du ja schon eine ganze Menge Vokabeln, die ihr anderen erst noch lernen müsst."
Wenn auch wahrscheinlich nicht alle wussten, was ein Messdiener ist, einige wussten es schon und so dauerte es nur eine kurze Zeit, bis es alle wussten: Wir haben noch einen Katholiken in der Klasse – jetzt sind es vier.

Fast jeden Morgen zog schnaufend, zischend die Lokomotive – eine „Neununddreißiger" in der Regel – den Personenzug in den Bahnhof von Schwanebeck. Er kam von der Zonengrenze her, die die Gleise dort zwar noch nicht aufhören ließ, die jedoch eine Weiterfahrt in die westliche Richtung unterbrach. Da die Zonengrenze im Jahre der Gründung der Deutschen Demokratischen Republik noch nicht zum „Antifaschistischen Schutzwall" erklärt und entsprechend gesichert wurde – dann war sie auch nicht mehr die Zonengrenze, sondern die Staatsgrenze –, konnte mit List und Tücke, zwar nicht mit der Eisenbahn, jedoch zu Fuß, diese Grenze überquert werden. So saßen häufig im Morgenzug, der in Halberstadt endete, nicht nur Schüler und Arbeiter – jetzt Werktätige genannt –, sondern auch Gestalten, denen man ansah, dass sie wohl nachts nicht geschlafen hatten.
In den Gepäcknetzen lagen alte, blaue, von Flecken überhäufte Fliegerrucksäcke der früheren Reichsdeutschen Luftwaffe und knitterige, oft gebrauchte Schuhkartons. Manchmal verbreitete sich ein aufdringlicher Geruch nach Fisch und aus einem Karton, oder aus einem Rucksack tropfte stinkende Heringsbrühe. Deshalb nannten manche diesen Zug auch den „Heringsexpress". Und die Kinder sangen: „Hia, hia, hia ho. Käse gibt es im HO. Hering gibt es an der Grenze, doch du kriegst alleine nur die Schwänze."
Stahl kreischte auf Stahl und der Zug hielt. Bevor in Halberstadt die Wege sich trennten – Susi ging in die Mädchenoberschule, Bert in die

Oberschule für Jungen –, rückte man in den alten Abteilen mit den hölzernen Bänken während der Fahrt eng zusammen. Nicht nur die beiden. Im Winter war das auch deshalb praktisch, weil man sich gegenseitig wärmte.

Vom Halberstädter Bahnhof schweifte der Blick, ungehindert durch Häuser, bis zum Dom, bis zur Martinikirche. Für diesen ungehinderten Blick hatten genau einen Monat vor dem Ende des Krieges diejenigen gesorgt, die den Krieg sowieso schon gewonnen hatten. Wie durch ein Wunder hatte das Gymnasium keinen Volltreffer durch Bomben oder durch eine Luftmine abbekommen. Bert bewunderte dieses Ehrfurcht gebietende Bauwerk. Für ihn war es alt, sehr alt, uralt. Seinen Eindruck schienen die steilen Steinstufen der großen Eingangstreppe zu bestätigen. Sicherlich hatten auf ihr schon vor hunderten von Jahren Scholaren und Magister, Schüler und Lehrer den Weg in die weiten Flure genommen und waren zum Unterricht gegangen.

Zumindest, so dachte er, stammte der Bau aus der Zeit, in der auch der stolze Dom errichtet wurde. Dafür sprach die hohe vorgesetzte Fassade des Eingangs. Drei gewaltige Bögen, oben spitz zulaufend, auf Säulen. Darüber drei große Fenster, oben spitz zulaufend, mit Sprossenwerk. Darüber, dreifach abgesetzt, der obere Abschluss mit der großen Uhr – fast wie oben an den Domtürmen. Zweifellos ein Werk der Gotik.

Er irrte sich gewaltig. Er konnte es jedoch nicht besser wissen. Denn in der nun angefangenen „Neuen Zeit" interessierte die eigene Vergangenheit gar nicht. So jedenfalls die von der Partei vorgegebene Doktrin. Die eigene Vergangenheit galt als überwunden, zumindest strengte man sich an, sie zu überwinden. Feudalismus und Kapitalismus. Vergessen. Ausgetilgt. Und schließlich wurden sowohl der Dom als auch die Schule mit dem Namen „Martineum", die den Platz – genannt „Johannesbrunnen" – prägte, in diesen, jetzt überwundenen Zeiten gebaut.

Deshalb konnte er nicht wissen, dass das Martineum gut sechshundert Jahre jünger war als der stolze gotische Dom. Keiner der Studiendirektoren oder der Oberstudienräte oder der Studienräte sagte ihm und allen anderen Nichtwissenden, dass das Gebäude selbst erst neunzig Jahre alt war, die Schule jedoch ihre Ursprünge vor vierhundert Jahren hatte. Damals bekam sie ihren Namen durch den Heiligen Martin. Dann allerdings, als sich diese Lande mit ganzem Herzen der Reformation ergaben, erwählte sich die Gelehrtenschule einen anderen Martin zum Namenspatron: Martin Luther. Sie wurde die Scola martiniana. Da Bert in diesem Fall nicht wissend war, blieb ihm die Enttäuschung erspart, zu Kenntnis nehmen zu müssen, dass nicht der katholische Heilige, sondern der evangelische Martin eigentlicher Namensgeber ist.

Was würde wohl werden? Würde er es überhaupt schaffen? Würden die neuen Lehrer irgendwann seine Bemühungen, seine Leistungen richtig anerkennen? Nach einem halben Jahr kam schon eine Stunde der Wahrheit: das erste Zeugnis auf der Oberschule.

Ja, die neuen Lehrer. Er wunderte sich nicht darüber, dass es hier keine Frau Lehrerin, kein Fräulein Lehrerin gab. Schließlich gingen hier nur junge Männer oder doch solche, die es werden wollten, morgens durch das hohe Tor. Und die Herren Oberstudienräte und Studienräte? Ihm fiel zuerst einmal auf, dass sie älter waren als seine Lehrer in Schwanebeck. Klar. Wo sollten auch Lehrer für die Oberschule herkommen, jetzt vier Jahre nach dem Krieg? So wurden alle gebraucht: die ganz Alten, die zu Krüppeln Zerschossenen, die, die nicht hochgradige Nationalsozialisten gewesen waren. Bert lernte Mathe bei „Vati" Neumann. Dieser war schon einundsiebzig Jahre alt. Sport hatte die Klasse bei Hans Dietz. Dieser war einer der Jüngsten. Gerade mal fünfundzwanzig Jahre alt. Sein Glasauge erinnert daran, dass er „im Krieg" gewesen war. Die nicht hochgradigen Nationalsozialisten gaben sich als solche natürlich nicht zu erkennen. Das hätte für sie aber auch fatale Folgen gehabt.

Und die neuen Klassenkameraden, die die nun Hinzugekommenen teils neugierig, teils abschätzig, teils arrogant – sich ihrer Überlegenheit bewusst – wahrnahmen? Sie waren Halberstädter Bürgersöhne! Und die Neuen? Sie kamen vom Dorf!

Ihre Väter sind der Kinderarzt, der Prokurist, der Diplomingenieur, der frühere Offizier, der Architekt, der Lehrer, der Großbauer, der Pastor!

Was haben die Neuen aufzuweisen? Wenn sie überhaupt noch einen Vater haben? Ist er gar ein Arbeiter oder ein Kleinstbauer?

Sie waren nun schon vier Jahre auf dem Gymnasium!

Die Neuen kommen von dörflichen Volksschulen! Waren die Neuen also von vornherein „abgestempelt"?

Und die Lehrer der Oberschule? Gewisse Vorurteile hatten sie bestimmt, würden sie diese so einfach überwinden können? Oder nie? Und in dieser neuen Gemeinschaft konnte sich keiner verstecken, konnte keiner untertauchen. Sie hatte nicht mehr die Größe der Volksschulklasse. Nur etwas mehr als zwanzig Jungen sitzen in den Bänken – nicht mehr knapp sechzig Mädchen und Jungen, wie in Schwanebeck.

Bert stellte sich in Gedanken in der neuen Gemeinschaft ganz hinten an. Irgendwie gärte die Frage in seinem Unterbewusstsein: Was ist mein Wert? Wie kann ich diesen Wert erkennen? Natürlich dadurch, dass ich merke, wie ich „wertgeschätzt" werde. Von wem? Von den Lehrern? Von den Klassenkameraden? Zu Hause, das war ihm klar, hatte er bisher wenig Anerkennung bekommen. Schon gar nicht von seinem Vormund Ernst. Und die Zeiten, in denen Jürgen Hinrichs ihn hatte merken lassen, dass er einfach „gut" war, waren endgültig vorbei. Konnte er überhaupt erkennen, welche Fähigkeiten in ihm ruhten? Wenn auch nicht ganz sorglos und unbekümmert, so doch ohne Ängste und mit Optimismus sah er der Zukunft entgegen. Er wollte es schaffen. Er wollte beweisen, dass er doch genügend Selbstzucht hatte. Dieses im vorletzten Zeugnis der Volksschule dokumentierte Urteil – obgleich es möglicherweise vom Rektor Dettmann nur gut gemeint war – hatte er immer noch im Kopf. Und schließlich: Sein Vertrauen auf die himmlischen Mächte blieb unerschütterlich – noch.

Als junger Mann, verwurzelt in seiner Kirche, wusste er, was Stigmatisierung ist, wusste er, was ein Stigma ist. Das wusste er auch von „Spucker" Barni. Denn im Lateinunterricht hatte er gehört, dass im alten Rom, so respektlos bezeichneten sie das Römische Imperium, die Sklaven ein Zeichen in die Haut eingebrannt bekamen. Damit waren sie „abgestempelt" und immer „auffällig". Die alten Römer hatten diese Methode von den alten Griechen übernommen.

„Bin ich denn auch auffällig?", fragt er sich. „Habe ich denn besondere Merkmale, die die anderen nicht haben?"

In Gedanken geht er die Reihe seiner neuen Mitschüler durch. Und er entdeckt schnell seine eigenen, besonderen Merkmale:

Er ist ein Flüchtlingskind, das hier noch nicht so richtig eine neue Heimat gefunden hat.

Er kommt von einer Volksschule auf dem platten Land.

Er gehört zu den wenigen Fahrschülern in dieser Klasse. Fahrschüler müssen früh aus dem Bett und kommen erst ziemlich spät wieder nach Hause.

Er hat keine Eltern.

Und er ist nicht, wie hier fast alle, evangelisch.

Werden die Lehrer und die Klassenkameraden ihn ohne Vorurteile annehmen?

Bert lernt sie kennen. Anerkannt und zweifelsfrei ist Wolfgang der Beste. Der liebe Gott, so meint Bert, hat in diesem Jungen etwas Vollendetes geschaffen. Wolfgang, mit dem leicht welligen, schwarzen Haar, mit seinen vom Geräteturnen gestählten Muskelpaketen, hätte glatt für eine Statue des Apolls Modell stehen können. Kaum, dass er mal eine „Zwei" erhielt. Die „Drei" oder gar noch schlechter standen überhaupt nicht zur Diskussion. Er scheint den Neuen gegenüber keine Vorurteile zu haben.

Beim Kurt scheint es sich anders zu verhalten. Kurt, immer sehr ernsthaft, immer etwas zurückhaltend, fällt dadurch auf, dass er nach der Frage eines Lehrers seinen ersten Antwortsatz immer so beginnt: „Zunächst einmal müssen wir ..."

Sehr ernsthaft, sehr reif, sehr überlegen – staunt der Neue.

Mit Didi, dem Bauernsohn, mit Tomm, dessen Vater – ein Kinderdoktor – dem Bert früher einmal eine Medizin verschrieben hat, mit dem mageren Gerdchen und mit Bodo, für sein Alter bereits sehr männlich aussehend und seinen zukünftigen Beruf – ach, was heißt hier Beruf? Berufung! – bereits glasklar vor Augen, wird er gut auskommen. Das sagt ihm sein Gefühl. Bodo will Schauspieler werden – und er wurde es.

„Ringer" ist sein Spitzname, obwohl seine Statur eher das Gegenteil vermuten lässt. Er und Bert sind sich gleich sympathisch, und „Ringer" wird einen nicht unwesentlichen Beitrag zur Stärkung seines Selbstbewusstseins beitragen.

Bald versteht sich der Neue auch gut mit Achim, der ungefähr drei Jahre später eine Einteilung der Klasse vornahm: die Wanzen-Kategorien.

Jürgen, Horst und Markus bilden offensichtlich eine Einheit. So sieht es Bert. Nicht nur, dass die drei in der Klasse nebeneinandersitzen. Stets sehen sie sehr ordentlich aus. Stets zeigen sie eine gewisse Freundlichkeit. Er kennt diesen Gesichtsausdruck von manchen der vielen Heiligenbilder in den katholischen Kirchen. Am Revers des Jacketts tragen sie ein silbernes Abzeichen. Es ist ein Kreuz auf einem Kreis.

Walter hingegen, genannt der „Knappe" – also „Knappe Walter" – würde nie ein Kreuz am Jackett tragen. Sein Vater ist ein alter Kommunist, genauso wie Fips Wahner, Onkel Männe und Oskar Wohlleben. Walter trägt natürlich (und das fast jeden Tag) das Blauhemd mit der aufgehenden Sonne am Hemdsärmel. So selbstverständlich wie die Söhne der christlichen Großbürger Mitglieder der Jungen Gemeinde waren – das Kreuz auf dem die Weltkugel symbolisierenden Kreis macht es sichtbar –, so selbstverständlich war Knappe, kaum vierzehn Jahre alt, Mitglied der „Freien Deutschen Jugend" geworden. Er trägt das Blauhemd der FDJ.

Wie kann es anders sein? Von Effdejottlern aus den oberen Klassen tatkräftig unterstützt und wohlwollend von den neuen Lehrern ermuntert, die das nun schon sehr bekannte Parteiabzeichen am Kragenaufschlag des Jacketts tragen, verteilt er die Aufnahmeanträge. Keiner wird gedrängt, Mitglied zu werden. Keiner wird gar gezwungen.

Knappe hatte es vorausgesehen: Horst, Jürgen und Markus geben ihm die Formulare gleich wieder zurück.

Er denkt: „Habe ich nicht anders erwartet! Ihr Bourgeois-Söhne! Ihr werdet es noch bereuen!"

Bert braucht nicht lange zu überlegen. Schon vorher hat er mit Norbert und Susi gesprochen. Beide hatten gemeint, es könnte doch nur Vorteile bringen, man müsste ja nicht unbedingt den Pfarrer Horstmann vorher fragen, die Älteren sollten sich selbst an die Nase fassen – sie wären ja alle, wirklich alle, auch in der HJ gewesen. Ihm kommt auch überhaupt nicht der Gedanke, dass er in eine Zwickmühle geraten könnte – dort Kirchenjugend, hier FDJ. Deshalb kann er mit gutem Gewissen in seinem Antrag für ein Stipendium „ja" ankreuzen bei der Frage: Bist du Mitglied der Freien Deutschen Jugend? Jürgen Hinrichs hat recht behalten. Eine Vollwaise zählt offensichtlich zu denen, deren Eltern Arbeiter oder Bauern sind. Unbeeinflusst von reaktionärem, bürgerlichem Gedankengut, ist er sicherlich leicht zu einem „Neuen Menschen" zu formen. Und das Stipendium kann er gut gebrauchen. Schon lange kreisen seine Gedanken um die Frage: Wie komme ich an ein Fahrrad?

„Der redet sich nochmal um Kopf und Kragen!"
Ziemlich aufgeregt kommt Ernst zurück. Der Kirchenvorstand hatte getagt.
„Was ist denn jetzt schon wieder los", fragt seine Frau. „Hat der Kugelblitz wieder einmal über unsere DDR hergezogen?"
Das „unsere DDR" klingt etwas – nicht nur etwas, sondern richtig – spöttisch. Ernst meint, einen zynischen Unterton herauszuhören. Er hat recht.
„So kann man es auch nennen."
„Ja und? Was hat er euch gesagt? Worüber habt ihr geredet?"
„Wir kamen auf eine Reihe Kinder aus der Volksschule zu sprechen, die vor der Wahl stehen, entweder einen Beruf zu erlernen oder auf die Oberschule zugehen."
Er sagt Kinder, meint aber die Vierzehnjährigen.
„Der Pfarrer hätte gehört, dass die nun alle in die FDJ müssten, und das wäre ja genauso wie beim Hitler. Aber du weißt ja."
„Was soll ich wissen?", fragt sie.

„Stell dich nicht an und tu nicht so. Du warst doch auch im BDM. Und ich war, bevor ich zum Militär ging, in der HJ."
Natürlich war sie im Bund Deutscher Mädchen gewesen, sogar eine Führerin, wenn auch eine sehr kleine, von der Bedeutung und dem Rang her. Alle, so denkt sie, waren doch in der Hitlerjugend.
„Na klar. Aber das war doch normal."
„Na ja. Wir beide haben ja schon vor Kurzem darüber gesprochen. Und ob der Pfarrer recht hat, weiß ich nicht. Er muss ja nicht immer recht haben, unser Kugelblitz. Ich weiß auch nicht, ob man das so vergleichen kann."
„Das weiß ich auch nicht. Ich weiß noch nicht einmal, was an solchen ‚Vereinen' schlecht sein soll."
Ernst meint es zu wissen. Was die Hitlerdiktatur für die Deutschen bedeutet hat, weiß er aus den Schulungen der Partei, an denen er als Angestellter im Rathaus teilnimmt, obwohl er kein Mitglied ist. Und beim Iwan in der Gefangenschaft hat er auch einiges gehört.
„Pass auf. Ich glaub, das ist so: So ein Staat wie das sogenannte ‚Dritte Reich' musste versuchen, die Jugend zu gewinnen. Denn nur dann kann solch ein Staat auf Dauer bestehen bleiben. Der Adolf hat das erkannt."
„Das leuchtet mir ein – klar! Hat das der Adolf denn irgendwann einmal so gesagt?"
Die Stirn in Falten gelegt, die ein angestrengtes Nachdenken verraten, erinnert sich Ernst.
„Du. Ich glaube, dass wir mal beim Militär von einer Führerrede sprachen. Ich war schon vier Jahre dabei. Da muss er so ungefähr gesagt haben, dass die Zehnjährigen ins Jungvolk gehen, mit vierzehn in die Hitlerjugend. Dann sollen sie in die Partei und in alle anderen Organisationen, Arbeitsfront, SA, SS. Dann kämen sie zum Arbeitsdienst und danach zur Wehrmacht. Sie würden in ihrem ganzen Leben nicht mehr frei werden und nie zurückfallen in die Hände der alten Klassenerzeuger. Damit meinte er wohl das Bürgertum."
„Aber, aber", sagt die Frau. „So schlimm wird es doch wohl jetzt nicht werden. Der Kugelblitz muss ja die DDR nun überhaupt nicht leiden können. Du hast schon recht. Das geht mit ihm nicht gut. Übrigens – Bert kam heute aus der Schule und hat gesagt, er ist jetzt Mitglied der Freien Deutschen Jugend, der FDJ."

Ernst verschlug es die Sprache. Dieser Bengel. Im Prinzip hatte er ja nichts dagegen. Wenn er auch nicht gerade in der Partei war, die immer recht hatte, so war er doch Mitglied in der CDU und in der Gewerkschaft und in der Gesellschaft für Deutsch-Sowjetische Freundschaft. Man musste ja nicht gleich aus der Kirche austreten oder gar an Karl Marx glauben, wenn man sich gesellschaftlich – so nannte man das jetzt – betätigte. Das war es nicht. Aber der Bengel hätte wenigstens vorher mit ihm reden können. Nur, wann und wie? Nach wie vor herrschte eisiges Schweigen zwischen ihnen.

Er hatte einen Quergedanken: Schwager Männe hatte gesagt, wir müssten uns alle ändern, wenn wir eine gerechte Gesellschaft wollten. Und wer wollte das nicht? Oskar Wohlleben hatte ergänzt. Ja, eigentlich müssten sie alle „Neue Menschen" werden. Was er darunter verstehen würde, hatte Ernst gefragt. Na ja, wir sollten uns alle bemühen, immer dazuzulernen, also uns durch die Schulungen der Partei oder der Gewerkschaft Wissen und Können anzueignen, zum Wohle unserer jungen Republik zu arbeiten, die Freundschaft mit unseren sowjetischen Freunden zu pflegen. Das müsste schon in der Schule anfangen und sich eigentlich im ganzen Leben fortsetzen. Er hatte dann noch hinzugefügt, dass gerade die FDJ dafür sorgen müsse, dass die jungen Menschen, die Jugend also, zu „Neuen Menschen" würden. Sie würden dann ganz sicher die alte Gesellschaftsordnung überwinden und die sozialistische Gesellschaft der Zukunft aufbauen. Ernst hatte es zur Kenntnis genommen, hatte nicht – oder nur unsichtbar in Gedanken – mit dem Kopf geschüttelt. Vielleicht war ja was dran, und vielleicht konnte er noch miterleben, wie aus seinem Mündel Bert ein „Neuer Mensch" würde.

12

In den Westen abhauen? / Maiandacht und Frühlingsgefühle / „Gibt es Tallöwen, Herr Doktor?" / Die „Neue Zeit" im Klassenzimmer / Junge Gemeinde und Pfarrjugend / Bert wird „Helfer"

Bert dachte an den Wonnemonat des vorletzten Jahres. Die Maikäfer summten und schwirrten und brummten in und unter den alten Kastanienbäumen, die die Kapellenstraße säumten. Er dachte daran, wie weich sich die Brust von Schusters Ursula angefühlt hatte. Wie kam er gerade jetzt auf diesen Gedanken? Ihm fiel ein, dass die Schwester ihm gesagt hatte:

„Nun sind Schusters auch abgehauen!"

Sie hatten überhaupt keine Lust, in dieser Republik der Arbeiter und Bauern zu leben. Sie zogen aber nicht ins Ungewisse. Ihr Anfang im Westen musste kein neuer Anfang sein. Sie kamen ja aus dem Westen. Ursels Vater hatte in Schwanebeck irgendwann vor dem Krieg eine neue Stellung in der großen Molkerei angetreten. Im Grund genommen gingen sie wieder dorthin zurück, woher sie hergekommen waren – nach Bad Godesberg am Rhein.

Hatten nicht die Schwester und Ernst auch die Absicht gehabt, abzuhauen? Bert hatte sie nie darüber reden gehört. Es sprachen auch viele Gründe dagegen.

Zum einen lebte die Familie hier – die Schwestern Martha und Lisbeth – und das blaue Wunder und damit die verheerenden Auswirkungen auf das Zusammenleben der Familie hatte sich noch nicht gezeigt. Wunder treten ja bekanntlich ganz plötzlich ein, kaum vorhersehbar. Sonst wären es ja auch keine Wunder. Obgleich: Die Vorzeichen für das blaue Wunder deuteten sich an. Martha wollte immer alles besser wissen, redete „hintenherum" mit dem jüngeren Bruder Ernst über Angelegenheiten, die sie überhaupt und gar nichts angingen, die eigentlich nur Ernst mit seiner Frau zu bereden hatte.

Zum anderen war da das Mündel Bert. Hier ging er auf die Oberschule, bekam sogar ein Stipendium. Fraglich, ob das im Westen auch so wäre.

Und schließlich und drittens: Sollten sie schon wieder ganz von vorn anfangen? Gerade mal fünf Jahre war es her, dass sie bei null angefangen hatten. Nein. Die Ungewissheit, auch die Unsicherheit waren zu groß.

Zu den regelmäßigen und jährlichen Ritualen der Katholiken gehören die Maiandachten und das Rosenkranzgebet im Oktober. Beide Andachten finden also in den Monaten des Jahres statt, in denen die Dämmerung den Tag ziemlich zeitig in die Nacht übergehen lässt. Aber nicht nur das ist der Grund dafür, dass besonders die Halberwachsenen – Susi und Rosi und Bert und Norbert und Ilse zählen zu ihnen – diese abendlichen Gebetsstunden mögen. Nein. Sie haben auch etwas sehr Eigenständiges. Nicht der Sohn Gottes ist hier die Hauptperson, sondern seine Mutter. Diese abendlichen Stunden, in denen das Licht des Tages weicht, sind irgendwie mystisch. In den Fenstern der Kapelle leuchten die letzten Strahlen der Sonne. Nach und nach verfärbt sich der Himmel. Schwärze löst das Blau ab. Die Marienlieder sind weich, innig, kitschig – na und?

Meerstern ich dich grüße,
oh – oh – oh, Ma – a – ri – i – a – a hilf.
Gottesmutter süße,
oh – oh – oh, Ma – a – ri – i – a – a hilf.
Ma – aria hi – ilf u – uns allen
aus u – un – serer tiefen Not.

Die dicken Kerzen flackern. Heißes Wachs formt bizarre Stalaktiten. Das Murmeln der Gläubigen. Die immerwährende Wiederholung der alten Gebete.

Dann gehen sie hinaus in das abnehmende Licht. Ein schmaler Weg durch Gemüse- und Obstgärten führt ins Städtchen. Irgendwann verlässt sie die Rosi. Susi und Bert sind allein. Schüchtern legt er seinen Arm um sie. Sie nimmt seine Hand und zieht sie tiefer an ihrer rechten Seite – dorthin, wo der Bauch fast aufhört und das Bein noch nicht anfängt. Vor dem Rittergut sagt er schnell:

„Mach's gut. Bis morgen." Dann läuft er und läuft und läuft. Sonderbar sind diese Mädchen schon.

– Was er nicht wissen konnte und was ihm Susi auch nicht gesagt hatte: Ihre beste Freundin Rosi hatte sie gefragt, wie das denn so mit dem Bert wäre und ihr erzählt, dass ihr neuer Freund – den Namen wollte sie nicht verraten – ganz toll wäre. Und was die Rosi noch alles erzählt hatte, konnte sie dem Bert nun schon gar nicht sagen.

„Ach, die Rosi", sagte Alfons – ein paar Jahre älter und entsprechend erfahrener, wenn es um Frauen ging –, er sprach nicht mehr von Mädchen, er sprach von Frauen.

„Die hat ja einen nervösen Unterleib."

Bert verstand den Alfons überhaupt nicht und wagte nicht nachzufragen. Man musste ja nicht zugeben, dass man dumm ist – in gewissen Dingen.

„Herr Doktor, gibt es auch Tallöwen?"

Der Herr Doktor tut so, als hätte er diese Frage nicht gehört. Hinter dem langen Tisch – groß genug für alle möglichen Experimente in Biologie und Chemie – schaut der halbe Oberkörper, der Hals und der Kopf des Herrn Doktor hervor. Nicht der Tisch ist zu hoch. Der Herr Doktor ist zu kurz geraten. Dafür hat er breite Schultern und das Bemerkenswerteste an ihm ist ohne Zweifel sein großer, runder Kopf ohne Haare. Dass er so klein ist, hat ihm schon vor Zeiten den Spitznamen „Napoleon" eingebracht.

Vielleicht wird er aber auch deshalb so genannt, weil er die Macht des Lehrers in absolutistischer Manier auszuüben pflegt. Seine Herkunft aus dem Osten kann er nicht verleugnen. An seiner Ausdrucksweise erkennen sie es.

Die Tierwelt Südamerikas war dran, und Napoleon hat die größte Raubkatze besprochen – den Puma.

„Man nennt ihn auch Berglöwe", hat er gesagt.

Achim gibt keine Ruhe. Den rechten Arm kerzengerade gen Himmel gestreckt, schnippt er mit Daumen und Mittelfinger der rechten Hand.

„Keeerl, was willst du denn?" Unwirsch klingt die Stimme des Lehrers.

Als wenn er kein Wässerchen trüben könnte und nur Eifer und Wissbegierde ihn antriebe, wiederholt Achim.

„Gibt es auch Tallöwen, Herr Doktor?"

„Ach setz dich und stell nicht so dussliche Fragen. Wenn du meinst, du kenntest mich ärjern, werde ich dir schon zee-i-jen, was du für ein klee-in-es Würstchen bist."

Die Jungen können nur schwer ein boshaftes Gelächter unterdrücken. Natürlich merkt Napoleon das, er, ein erfahrener Pädagoge, nie ungerecht, immer bemüht, den Unterricht spannend zu machen. Schon sechsundsechzig Jahre ist er alt. Weil ein Bein – bestimmt schon im Ersten Weltkrieg – kaputtgeschossen wurde, geht er am Stock. Er gehört also zu den alten Lehren. Nicht nur, weil sie an Jahren alt sind, sondern auch aus der alten Zeit kommen.

Dass diese Lehrer solide Kenntnisse vermitteln, frei von jeder ideologischen Färbung, ist selbstverständlich. Dass sie aber auch als gute Pädagogen, geprägt durch eigene Erfahrungen, in der Lage und bereit sind, diesen Schülern, die ja eigentlich nur den Krieg und die Hitlerzeit kennen, sittliche Werte und den geistigen Maßstab für ihre Zukunft zu übermitteln, ist der eigentliche Verdienst der Alten.

Es liegt in der Natur der Entwicklung, dass es bald um andere Werte und Maßstäbe gehen wird. Die neuen Lehrer tragen in der Regel das Parteiabzeichen. Die „Neue Zeit" zieht auch in ihr Klassenzimmer ein. Über dem Tisch, an dem der Lehrer sitzt – wenn er nicht gerade im Stehen lehrt oder in den Reihen umherwandert oder mit der Kreide etwas Wichtiges an die Tafel schreibt –, schmückt ein Bild von Karl Marx die weißgetünchte Wand. Zwei geraffte rote Fahnen umfassen es. Ein langes und breites Spruchband verläuft unter den roten Bannern der Arbeiterklasse. Es wird regelmäßig gewechselt. Mal ist zu lesen:

Die Theorie wird zur materiellen Gewalt, sobald sie die Massen ergreift.

Ein anderes Mal:

Die Sowjetunion – unser Vorbild und Lehrmeister.

Jede Klasse hat ihre eigene Wandzeitung und jeder Schüler ist einmal dran, dieses Schwarze Brett zu gestalten. Bert ist dabei äußerst effektiv und routiniert. Wichtige Zeitungsartikel schneidet er aus der „Volksstimme" aus. Dazu malt er eigenhändig eine oder auch mehrere rote Fahnen. Die Fahnen, ein überdimensionales Emblem der FDJ und die Zeitungsausschnitte klebt er auf die weiße Rückseite einer bunten Blümchentapete und befestigt sein Produkt mit Reißzwecken an das Brett. Fertig war die neue Wandzeitung. Pflichtgemäß ist die geforderte „gesellschaftliche Betätigung" für ein paar Wochen erfüllt. Dann muss er sich etwas Neues einfallen lassen.

Nach der Wallfahrt blieb Theo Schmidt noch für ein paar Stunden beim Amtsbruder in Schwanebeck. Der Dekanatsjugendseelsorger war in vielem das Gegenteil von Werner Horstmann. Stattlich und groß. Ein gewaltiger Prediger vor dem Herrn. Ehemaliger Soldat der besiegten Deutschen Wehrmacht. Mit der Fähigkeit, die Menschen und besonders die Jugend zu begeistern und den Glauben fröhlich zu verkünden. Nur wenige Kilometer von Schwanebeck entfernt lag seine Gemeinde – in Gröningen.

Im Dekanat Halberstadt hatte er die Verantwortung für die Jugendarbeit übernommen – eine in diesen Zeiten heikle Aufgabe. Nur eine Jugendorganisation durfte es im Arbeiter- und Bauernstaat geben: die FDJ. Die Evangelischen hatten die „Junge Gemeinde", die relativ offen auftrat. Noch wurde sie geduldet. Viele Jugendliche trugen sichtbar das Kreuz mit der Weltkugel. Es wurde auch als „Kugelkreuz" bezeichnet.

Die Katholischen hatten keine organisierte Jugendarbeit und wollten wohl auch keine. Aber jede Pfarrei hatte ihre Pfarrjugend. Und Pfarrer Schmidt sollte dafür sorgen, dass diese Pfarrjugend auch ordentlich geführt würde. Darüber hatte er mit seinem Amtsbruder gesprochen, bei einem guten Glas Rotwein und einer Havanna. Diese feinen Sachen, wie konnte es auch anders sein, schickten ihnen die Amtsbrüder aus dem Westen. Nun hatten sie also über die Arbeit mit der Jugend in der Gemeinde des Kugelblitzes geredet, die bisher allein auf dessen Schultern ruhte.

Die Türglocke schellt.

„Das wird der Bert sein, von dem ich dir berichtet habe", sagt der Hausherr.

Er ist es. Wie immer betritt der Junge, eigentlich schon ein junger Mann, das Pfarrhaus mit Scheu. Alles ist hier anders als bei Ernst und der Schwester. Weiche Teppiche. Schwere, dunkle Möbel aus edlen Hölzern. Kostbare Vorhänge vor den filigranen Gardinen. Die von Künstlerhand gemalten Bilder an den Wänden. Die kleinen Statuen irgendwelcher katholischen Heiligen. Das große Kreuz. Ja, die Herren Pfarrer lassen es sich offenbar gut gehen. Oder ist das einfach so, muss so sein? Das fragt sich Bert gar nicht. Es ist so! Punkt!

Magdalena bringt Kekse – aus dem Westen. Magdalena bringt ein kaltes braunes Getränk – auch aus dem Westen. Bert kennt es nicht. Es schmeckt ihm. Ob es nun besser schmeckt als die Brause – dat Brusewaater, wie die Schwanebecker sie nennen –, kann er nicht sagen. Die schmeckt auch.

„Das nennt man Coca Cola", sagt Magdalena, die ihn etwas freundlicher als gewöhnlich ansieht.

„Pfarrer Schmidt kennst du ja schon ganz gut", beginnt der Kugelblitz das Gespräch.

„Du hast ihm als Ministrant schon häufig bei der Heiligen Messe gedient."
Bert nickt.

„Heute haben wir dich zu uns gebeten, um über eine bestimmte Angelegenheit zu reden. Aber das möchte dir Pfarrer Schmidt am besten jetzt selbst sagen."

Ein leichtes Misstrauen kann der junge Mann nicht unterdrücken. Zu uns gebetet? Pfarrer Schmidt möchte mit dir reden? Da ihm der Gröninger Pfarrer aber immer schon gefiel, glaubt er, dass dieses Gespräch nicht weiter schlimm werden könnte.

Theo Schmidt erklärte ihm, worum es ging.

Die Kirche muss sich auch um die Kinder und um die Jugend kümmern.

Die Kirche muss erklären, dass es auch noch etwas anderes gibt als das, was die FDJ zu Kindern und Jugendlichen sagt. Dabei soll die FDJ aber durchaus nicht als Gegner oder gar als Feind angesehen werden. Im Gegenteil. Auch katholische Kinder könnten „Junge Pioniere" und katholische Jugendliche könnten FDJ-Mitglied sein.

Die evangelische Kirche hätte die Junge Gemeinde. Wir müssen versuchen, unsere Pfarrjugend stark zu machen. Wir brauchen dazu junge Menschen, die bereit sind, dabei zu helfen.

„Du – Bert, und das wollte ich mit dir besprechen. Bist du bereit, bei euch hier in der Pfarrei Verantwortung zu übernehmen und dich um die Kinder und vielleicht später auch um die Größeren zu kümmern?"

„Ja", antwortet der Junge. „Eigentlich schon. Nur, was soll ich machen? Welche Aufgaben müsste ich übernehmen?"

„Gruppenstunden, in denen Lieder gesungen werden. Gemeinsame Ausflüge, zum Beispiel in den Harz. Vielleicht auch mal ein Theaterstück einüben. Vorlesen aus guten Büchern. Das fällt mir gerade so ein. Und dafür bekommst du natürlich Materialien, Liederbücher und anderes, was du brauchst. Ich habe auch vor, alle Helfer in regelmäßigen Abständen zur Huysburg zu holen, um sie dort weiter ..., na ja, sagen wir mal, zu schulen."

So wurde Bert zum „Führer". Aber genauso wie in der FDJ gab es auch in der Pfarrjugend keine Führer. Hießen sie in der staatlichen Jugend „Leiter", so nannten sie sich in der kirchlichen Jugend „Helfer".

Susi sagte gar nichts dazu. Allzu oft kam sie sowieso nicht mehr zur Kapelle, und bei den Gruppenstunden ließ sie sich erst selten, dann nie mehr blicken. Auch Norbert – Bert hätte es gern gesehen, wenn der Freund auch „Helfer" geworden wäre – trennte sich langsam von der Kapelle. Den Eindruck hatte jedenfalls nicht nur Bert, auch Gerhard und Alfons und Karl-Heinz und das Ännchen. Norbert interessierte sich zunehmend mehr für die „Neue Zeit". Er hatte es sich auch schon angewöhnt, nicht mehr zu sagen, er gehöre zu einer Flüchtlingsfamilie. Er käme aus einer

Umsiedlerfamilie. So passte er sich an. Schließlich gab es ja keine Flüchtlinge. Das ist doch wohl klar: Wir sind von der glorreichen Roten Armee befreit worden. Flieht man etwa vor Befreiern? Und dabei hatten viele gedacht, dass er Priester werden wollte. So fromm und eifrig war er in der Kapelle als Messdiener vor dem Altar und beim verbotenen Geschichtsunterricht des Kugelblitzes gewesen. Er wusste auch besser als sein Freund, wer Walter Ulbricht war.

Dieser war plötzlich allgegenwärtig, nicht nur in der Zeitung. Er war überhaupt ein wichtiger Mann geworden und schien mehr zu sagen haben als der Präsident oder der Ministerpräsident. Er nannte sich jetzt Generalsekretär, musste also so etwas wie der Chef der Sekretäre sein. Wer glaubte, dass er der damit der oberste Sekretär des Präsidenten oder des Ministerpräsidenten wäre, irrte sich ganz gewaltig. Er war vielmehr der oberste Chef der Partei, die immer recht hat, und damit hatte auch er immer recht. Vor fünf Jahren, als Bert den Lehrer Hinrichs gefragt hatte, wer der Mann auf dem Foto sei – der mit dem spitzen Bart im Gesicht und mit wenig Haaren auf dem Kopf –, kannte Herr Hinrichs noch nicht einmal den richtigen Namen. Ullrich oder Ulberich oder Ulbricht.

Tempora mutantur – die Zeiten ändern sich.

Der frisch ernannte Helfer aber freute sich darüber, dass er ab jetzt eine neue Aufgabe hatte. Die Freude war auch verbunden mit ein klein wenig Stolz. Man vertraute ihm. Man traute ihm wohl mehr zu, als er sich selbst zutraute. Die Anzeige auf der Skala des Lebens kletterte ein paar Teilstriche höher.

13

Zeugnis und wieder Selbstzweifel / Ein Traum, das Fahrrad und das böse Erwachen / Ist der Schwager pervers?

Als er das erste Zeugnis in der Hand hielt, schienen seine Befürchtungen und Zweifel, die er von Anfang an gehegt hatte, Wirklichkeit geworden zu sein. Aber: So schlecht konnte er gar nicht geworden sein! So schnell konnte man gar nicht so schlecht werden. Hatte er denn plötzlich Stroh im Kopf? Er hatte sich angestrengt, hatte – nach seiner Meinung – fleißig mitgearbeitet, hatte seine Schularbeiten zu Hause vollständig und ordentlich gemacht.

Er fing wieder einmal an, an sich selbst zu zweifeln. Die Idee des Vormunds, ihm einen Pinsel und einen Eimer Farbe zu geben, war vielleicht gar nicht so verkehrt gewesen. Oder war sein Gefühl richtig gewesen? Die Lehrer hätten Vorurteile gegen die Neuen in der Klasse. War das nicht tatsächlich so? Immer kamen die Alten dran. Da konnte er noch so sehr den rechten Arm gegen die Decke strecken und mit Daumen und Mittelfinger der rechten Hand schnippen. Die „Drei" in Musik und Leibeserziehung hatte er erwartet. Die in Musik war unberechtigt – meinte er. Da sollte er recht behalten, denn der Musiklehrer hatte mit Sicherheit ein großes Vorurteil gegen die Neuen.

Die in Leibeserziehung war berechtigt – das sah er ein. Er war nun mal in keinem Turnverein wie die meisten Jungen aus Halberstadt. In Schwanebeck hatten sie nicht geturnt, und am Reck hing er nun mal wie ein „nasser Sack". Als Hans Dietz ihn so bezeichnet hatte, nachdem er wieder vergeblich mit dem Aufschwung gekämpft hatte, war er richtig gekränkt gewesen. Eigentlich hätte er aber überhaupt keinen Grund haben müssen, wieder an sich selbst zu zweifeln und zu glauben, die Anzeige der Skala seines Lebens gehe rasant abwärts.

Aber wer sollte ihm sagen: Die Anforderungen an dieser Schule sind logischerweise höher als in der Schule, auf der du in Schwanebeck die Bank gedrückt hast ... Jürgen Hinrichs hat dich bestimmt richtig eingeschätzt, als er mit deinem Vormund darum gekämpft hat, dass du zur Oberschule gehst ... Und wer außer dir hat von Napoleon zwei Zweien auf dem Zeugnis? Schwager Ernst bestimmt nicht. Der unterschrieb nur rechts unten das Zeugnis an der Stelle, an der die Unterschrift des Vaters oder Vormundes gefordert wurde.

– Selbstzweifel verdunkeln den Blick für die Möglichkeiten, den eigenen Weg zu finden, wieder kleine oder gar große Erfolge zu erleben. Sie sind echte Saboteure. Sie legen sich quer über den Erfolgsweg, gleich den Gerölllawinen im Sommer in den Bergen und den Schneelawinen im Winter, die die Pfade verschütten. Sie verhindern jedes Glücksgefühl. Sie sind wie die Geier, die sich auf das Aas stürzen. Sie warten auf den Misserfolg – auch wenn es nur ein vermeintlicher ist. Sie wirken lähmend. Sie sind die Bremsklötze auf dem Weg zum Glück. Nun gut. Er dachte daran, was er sich vorgenommen hatte: Ohne Angst und mit Optimismus wollte er es schaffen.

Jetzt, vor den großen Ferien hält er sein zweites Zeugnis in der Hand. Viel mehr Zweier als Dreier. Dabei hat er nicht das Gefühl, im letzten halben Jahr nun besonders hart für die Schule gearbeitet zu haben. Die Dreier in Musik und Leibeserziehung hat er erwartet.

Träume können in Erfüllung gehen. Träume können zur Wirklichkeit werden, wenn der Traum überhaupt erfüllbar ist und kein Hirngespinst, und wenn gezielt an der Erfüllung gearbeitet wird. Fast ein Jahr lang hatte er jeden Monat eine kleine Summe von seinem Stipendium in den braunen, alten, zerknitterten Briefumschlag gesteckt, auf dem noch Briefmarken mit dem Kopf Adolf Hitlers klebten. Dazu kam das Geld, das er sich verdient hatte. Er hatte Kirschen gepflückt, bei der Ernte geholfen und von hier und dort ein paar Groschen bekommen. Sein Traum war ein Fahrrad.

In Gröningen wohnte Paul. Den Paul hatte er bei der Arbeit mit der Pfarrjugend kennengelernt. Paul hatte ein Fahrrad, das er nicht mehr brauchte, weil er sich ein neues angeschafft hatte. Paul war bereit, ihm sein altes Fahrrad zu verkaufen. Achtzig Mark sollte es kosten. Sicher – es hatte schon einige Jahre auf dem Buckel, war sicher ein Vorkriegsmodell, also mindestens zehn Jahre alt. Doch es war fahrbereit und besaß keine sichtbaren Mängel. So war die Zeit: Fahrräder als Haupttransportmittel wurden gehegt und gepflegt, geölt und geputzt. Man konnte mit ihnen ja nicht nur von A nach B radeln. Der Gepäckträger trug den Einkaufskorb oder die Schultasche, und auf der Querstange – in Fachkreisen Oberrohr genannt – konnte die Freundin gefahren werden, nicht gerade bequem, aber mit Körperkontakt. Er war glücklich und war zu Fuß acht Kilometer nach Gröningen gelaufen, um dann mit dem Rad, mit seinem eigenen Rad zurückzufahren.

Schwager Ernst hat Feierabend. Er sieht etwas Unbekanntes hinter dem Haus.

„Wem gehört das Fahrrad?"

„Stell dir vor. Bert hat sich das zusammengespart und es dem Paul aus Gröningen abgekauft. Ist das nicht doll?"

Die Frau sagt wirklich „doll" und nicht „toll".

„Wer ist das?"

„Na, ich glaube, du kennst ihn auch. Er trägt bei der Wallfahrt immer das Gröninger Banner."

„Ich kenne keinen Paul aus Gröningen!"

Er sagt kein Wort mehr.

Er kramt in seiner Schublade, die allerlei Werkzeug und andere nützliche oder unnütze Dinge enthält.

Er nimmt ein ziemlich großes Vorhängeschloss und eine Gliederkette aus Schmiedeeisen aus der Schublade.

Er geht zum Fahrrad.

Er zieht die schmiedeeiserne Gliederkette durch die Speichen des Vorderrades und weiter über die Radgabel.

Er verbindet die zwei Enden der Kette mit dem großen Vorhängeschloss.

Er schließt das Vorhängeschloss ab.

Er hängt den Schlüssel des Vorhängeschlosses an das Schlüsselbrett, das an der Küchenwand seinen Platz hat.

Er geht wortlos aus der Küche.

Entsetzen! Unbändige Wut! Angst! Angst? Wovor könnte Bert Angst haben? War es Angst oder war es ein übergroßer Respekt? Warum geht er nicht einfach hin, nimmt den Schlüssel, den er ja immer vor Augen hat, wenn er in der Küche ist, schließt das Schloss auf und fährt mit seinem eigenen, nur ihm gehörenden Fahrrad einfach los? Er weiß es nicht. Steht er gar ob dieser nicht zu erklärenden Handlungsweise seines Vormundes unter einem partiellen Schock?

Die Schwester versucht ihm zu erklären, warum ihr Mann das getan hat.

„Du hättest ihn vorher fragen müssen!"

Aber bitte? Seit Monaten reden sie nicht mehr miteinander – sie, die unter einem Dach wohnen. Beide sind stur, sind starrsinnig, und mit Recht erwartet wohl der Ältere, dass der Jüngere den Anfang macht, auf ihn zugeht, sozusagen die Friedensfühler ausstreckt. Doch der Jüngere denkt gar nicht daran.

Ihm fällt Spucker Barni ein. Der hatte in Latein über Begriffe gesprochen, die vom Lateinischen voll in die Begriffswelt der deutschen Sprache übernommen worden sind. Er hat das am Beispiel des Wortes „Perversion" erklärt, was von „perversus" kommt. Man könnte es nicht direkt in ein einziges deutsches Wort übersetzen. Es würde so viel bedeuten wie verdreht oder verkehrt oder widersinnig oder abartig. Man verstände darunter eine Verkehrung ins Krankhafte, eine Abweichung vom normalen Verhalten. So wäre zum Beispiel die Rassenlehre der Nazis pervers gewesen. Also meint Bert, sein Vormund hätte sich pervers verhalten. Er versucht in seiner unbändigen Wut der Schwester diese, seine Meinung zu erklären.

„Ach, nun halt aber die Luft an und quatsch nicht so ein dummes Zeug!", reagiert sie.

„Sieh das doch mal so. Dein Schwager sagt ja immer: Alles muss seine Ordnung haben! Natürlich hat er das beim Barras gelernt. Wenn du zwölf Jahre alles so machst, wie es vorgeschrieben ist, wie es die Dienstanweisungen vorschreiben, dann kanns'te nicht mehr anders. Anforderungsformular, Genehmigung oder Ablehnung, wenn genehmigt – Ausgabe. Das war seine Welt. Von dir hat er sich überrumpelt gefühlt. Das war für ihn nicht in Ordnung. Aber wart mal ab. Die Lage wird sich wieder beruhigen."

Zunächst jedoch beruhigte sich die Lage überhaupt nicht. Und als Bert mal verschlafen hatte und nur noch die Rücklichter seines Zuges sah, der ihn nach Halberstadt bringen sollte, lief er – immerhin elf Kilometer – auf dem Sommerweg, der neben der mit Apfelbäumen gesäumten und mit Katzenköpfen gepflasterten Landstraße von den Bauern mit Pferd und Wagen benutzt wurde, zu Fuß zur Schule.

Die Zeit heilt Wunden. Schwester und Bruder verhielten sich konspirativ. Es kam ja manchmal vor, dass der Ernst dienstlich längere Zeit unterwegs sein musste. Dann sah man den Schlüssel des Vorhängeschlosses nicht am Schlüsselbrett, das an der Küchenwand hing.

14

Ein Lehrer erschrickt / Ist Rosi eine Nymphomanin? / Ein Pfarrer provoziert mit Erfolg und ein anderer begeistert / Gruppenstunde

Bert durfte die Susi also nicht auf der Querstange, dem „Oberrohr" des Herrenrades transportieren. An den Schultagen sahen sie sich morgens und mittags auf den Bahnhöfen wieder. Am Morgen in Schwanebeck, am Mittag – eigentlich war es schon der frühe Nachmittag – in Halberstadt. Ein weiterer Herbst erinnerte mit Regenschauern und stürmischen Tagen daran, dass das Jahr zu Ende ging. Die Helligkeit des Tages nahm sich Zeit. Morgens lag der Beginn der ersten Unterrichtsstunde noch in einer müden Dämmerung, die dem Tageslicht weichen musste, aber nicht weichen wollte. Diese Dämmerung verweilte mit Vorliebe im Treppenhaus und in den Fluren des Martineums, in denen der Architekt rechts und links des Treppenaustritts Nischen gesetzt hatte, die ein runder Bogen nach oben zur Decke abschloss.

Diese Nischen waren jetzt verwaist. Sie waren leer. Nur das Podest an der Rückwand der Nische ließ erahnen, dass hier einmal irgendwelche Büsten von irgendwelchen Kaisern oder Präsidenten gestanden haben mussten. Es kann vermutet werden: Zuerst war es der König von Preußen, Wilhelm I., der dann zum Deutschen Kaiser ausgerufen wurde. Für seinen Nachfolger, Friedrich III., wird mit an Sicherheit grenzender Wahrscheinlichkeit die Zeit nicht gereicht haben, um seine Büste anzufertigen.

Er regierte nur neunundneunzig Tage. Dann war er tot. Ganz lange jedoch muss der zwirbelbärtige Kaiser Wilhelm II. hier Magister und Schüler jeden Morgen begrüßt haben. Ob hier auch die Präsidenten der Ersten Republik standen, ist ungewiss. Aber zum Schluss hat hier – da gibt es keinen Zweifel – ein Hitlerkopf gestanden. Scheitel rechts. Zahnbürstenförmiges Schnurrbärtchen unter der Nase. Da es überhaupt keinen Grund mehr gab, diese Nischen anzustrahlen oder auszuleuchten, war es in ihnen noch dunkler als im ohnehin sehr dunklen Treppenflur vor den Klassenzimmern. Nur wenige, funzelige Glühbirnen hingen an der Decke.

Doktor Franz gehörte zu den erfahrenen alten Lehrern. „Rampa Mord" war sein Spitzname. Warum wusste keiner. Er war der Deutschlehrer der Klasse und zeichnete sich durch eine seltsame Furchtsamkeit aus. Er hatte Angst. Leicht, allzu leicht fiel er in Panik.

In der morgendlichen Dämmerung eilte er zu seiner Deutschstunde die Treppe herauf – überhaupt die erste Unterrichtsstunde an diesem Tag –, verloren in Gedanken. Da schießt aus der dunklen Nische blitzschnell und geräuschlos eine große weiße Hand hervor. Fast die Treppe hinunterstürzend, flieht der Lehrer. Minuten später hat er die Fassung wiedergefunden. Im Klassenzimmer verschwindet der weiße, große Handschuh unter der Bank.

Dieses erzählte der Junge seiner Freundin im Zug auf der Rückfahrt von der Schule.

„Na und? Was sollte das?"

Manchmal verstand er die Susi gar nicht. Nicht nur, weil sie nicht verstehen wollte, wie sie den Deutschlehrer in Angst und Schrecken versetzt hatten. – Beneidete sie etwa ihre Freundin, die erfahrene Rosi?

Rosi hatte schon wieder einen neuen Freund. Auch äußerlich hatte sie sich verändert. Die schönen, dichten, langen, pechschwarzen Zöpfe, immer akkurat geflochten und am Ende mit einer Spange aus falschem Perlmutt zusammengehalten, hatte sie sich abschneiden lassen. Jetzt sah sie ein paar Jahre älter aus, als sie wirklich war – siebzehn. Alfons, der auch schon wusste, was Männlein und Weiblein so miteinander treiben konnten, hatte über die Rosi etwas erfahren. Aber nichts Genaues weiß man nicht. Ihm hatte nämlich der Kaufmannssohn, der große Werner, erzählt, er hätte gesehen, wie die Rosi in der Dämmerung im Limbach unter der kleinen Brücke ihre Schlüpfer ausgewaschen hätte.

Darauf reimte Alfons und trug es dem Bert vor:

Röschen wäscht ihr Höschen
schnell im Limbach aus.
Küsst dem Bertchen schnell das Näschen
und geht froh nach Haus.

Es war peinlich, einfach peinlich, sehr peinlich. Bert war über Alfons sehr enttäuscht, maßlos enttäuscht. Und dann sagte dieser auch noch:

„Ich glaube, die Rosi ist nymphoman."

Nun gut. Er stand kurz vor dem Abitur. Logischerweise war deshalb sein Wortschatz größer, und er konnte mit Begriffen um sich werfen, die Bert vollkommen fremd waren. Sollte er fragen, was „nymphoman" bedeutet? Aber der Ältere und Erfahrenere kam ihm zuvor.

„Du weißt natürlich nicht, was das ist. Mädchen, die nymphoman sind, haben immer wieder einen anderen Freund. Sie wechseln, kann man sagen, ihre Freunde so oft, wie du deine Unterhosen wechselst."

Er lachte, sagte: „Mach's gut!", ging fort und ließ den Jüngeren sprachlos zurück.

Der Alfons spinnt, dachte der. So ungefähr alle zwei Tage ziehe ich eine neue Unterhose an, und so oft kann ein Mädchen gar nicht ihren Freund wechseln – dachte der. Die Rosi wird wohl ihre Unterwäsche im Limbach vielleicht deshalb gewaschen haben, weil sie auf dem nassen Gras ausgerutscht und hingefallen war und sich dabei ihre Unterhose – er scheute sich, das Wort „Schlüpfer" zu denken – dreckig gemacht hat, dachte er.

Mit dieser Erklärung konnte er auf jeden Fall besser leben als mit der Vermutung des Älteren, der wiederum vom Kaufmannssohn, vom großen Werner, diese Geschichte erfahren hatte. Und der, genauso alt wie Bert, hatte eine Freundin, die fünf Jahre älter war als er.

Adventszeit. Sonntag „Gaudete". Auf der Kanzel steht ihr Pfarrer im violetten Messgewand und hebt an, gewaltig zu predigen. Er ist im Predigen fast so gut wie sein Gröninger Amtsbruder, der Jugendpfarrer des Dekanats. Aber jedes Empfinden ist subjektiv. Nicht alle Schäfchen in den Bänken der Kapelle teilen diese Ansicht. Sie sitzen. In den Gottesdiensten der Katholiken sitzt man wenig und selten. Bei ihnen wird hauptsächlich gekniet oder gestanden. Im Sitzen lässt es sich noch besser dösen als im Knien oder im Stehen, und so dösen sie so vor sich hin – die meisten.

Da ihr Seelsorger aber seine Schäfchen lange und gut genug kennt, versteht er es, Spannung aufzubauen, verbunden damit, dass er immer lauter wird. Er hat die Bergpredigt nach dem Evangelisten Matthäus zum Thema gemacht.

Hütet euch vor den falschen Propheten; sie kommen zu euch wie harmlose Schafe, in Wirklichkeit sind sie aber reißende Wölfe. An ihren Früchten werdet ihr sie erkennen. Erntet man etwa von Dornen Trauben oder von Disteln Feigen? Jeder gute Baum bringt gute Früchte hervor, ein schlechter Baum aber schlechte. Ein guter Baum kann keine schlechten Früchte hervorbringen und ein schlechter Baum keine guten. Jeder Baum, der keine guten Früchte hervorbringt, wird umgehauen und ins Feuer geworfen. An ihren Früchten also werdet ihr sie erkennen.

Wen er mit den falschen Propheten meint? Er nennt sie nicht direkt und mit vollem Namen. Die in den Bänken Sitzenden benötigen nicht allzu viel Scharfsinn. Natürlich meint er den Karl Marx und den Friedrich Engels und den Wladimir Iljitsch Lenin und den Walter Ulbricht, die prophetisch die goldene Zukunft der Menschheit in der neuen und letzten Epoche der Menschheitsgeschichte beschreiben.

Niemand kann zwei Herren dienen; er wird entweder den einen hassen und den anderen lieben – oder er wird zu dem einen halten und den anderen verachten.

Will er damit die Gemeinde auffordern, sich zu entscheiden? Ist er nicht damit einverstanden, dass der Mann am Sonntag in die Kirche geht und während der Woche seine Bürgerpflichten erfüllt – so wie Schwager Ernst –, dass die jungen Menschen seiner Gemeinde jetzt diese Predigt hören und im Alltag das blaue Hemd der staatlichen Jugendorganisation tragen?

Selig seid ihr, wenn ihr um meinetwillen beschimpft und verfolgt und auf alle mögliche Weise verleumdet werdet. Freut euch und jubelt: Euer Lohn im Himmel wird groß sein.

Will er, auch wenn er es nicht deutlich sagt, zum Widerstand aufrufen?

Ernst kommt nach der Sonntagsmesse nach Hause. Wie immer – das Gebetbuch unter dem Arm geklemmt – verrät sein Schritt, dass man ihm das richtige Marschieren gründlich beigebracht hat, damals im feldgrauen Rock.
„Jetzt ist es passiert!"
„Was ist passiert? Was meinst du?", fragt seine Frau.
„Jetzt hat er sich um Kopf und Kragen gepredigt", und er erzählt von der Predigt. „Wenn der Bischof ihn jetzt nicht aus dem Verkehr zieht, dann wird er einkassiert. Jetzt hat er das Fass zum Überlaufen gebracht."

Ernst sollte recht behalten. Der Bischof zog ihn aus dem Verkehr und versetzte ihn in den Westen, in seine Heimat. Magdalena, sein Hausdrachen, zog mit.
„Na", meinte Ernst, „jetzt ist der Kugelblitz gut raus. Er braucht nicht mehr zu warten, bis seine Amtsbrüder ihm den Rotwein und die Zigarren schicken. Da kommt er jetzt schnell selbst dran."

Wollte er damit andeuten, dass er denken würde, Pfarrer Werner Horstmann hätte mit System, sozusagen mit List und Tücke, daran gearbeitet, versetzt zu werden?

Gehorsam – wie ihn der Bischof einforderte – oder Mut, die schwierige Aufgabe zu übernehmen? Kaum vorstellbar, dass sich der Pfarrer Alfons Rohr freiwillig gemeldet hatte. Nicht nur die Diaspora erwartete ihn, sondern auch eine überaus kirchenfeindliche, gottlose Obrigkeit.

Ein Kirchenfest stand bevor. Die Kapelle musste für dieses Fest geschmückt werden. Das sonst nüchterne Innere brauchte Farben, frische Farben. Wer kann es besser bunt und farbig machen als Blumen im Sommer oder die Zweige von Tannen oder Fichten – oder beides –, in der Zeit, in der die Natur sich noch nicht ganz mit Farben geschmückt hat. Bunte Girlanden aus festem Papier sind zur Not kein schlechter Ersatz. Und eine solche Girlande sollte ganz oben, fast unter dem Dach der Kapelle, an der eisernen Ankerstange befestigt werden.

Diese Ankerstangen mit dem Drehschloss in der Mitte hielten die einige hundert Jahre alten, dicken Mauern oben, kurz bevor das geneigte Dach anfängt, zusammen. Der Pfarrer hatte die Pfarrjugend zusammengetrommelt. Den Anweisungen folgend, kam es mit der Ausschmückerei gut voran. Onkel Witteck und Tante Witteck wechselten die Kerzen in den verschnörkelten und versilberten Kerzenständern aus, hantierten mit Schrubber und Wischeimer, mit Besen und Kehrblech, bürsteten den Altarteppich und staubten die Heiligenfiguren ab – mit Routine, wie stets.

Die lange Leiter wurde herbeigeschleppt, mit vereinten Kräften aufgerichtet und so schräg aufgestellt, dass für den, der die Leiter hinaufsteigt, keine Gefahr besteht. Alfons Rohr, der neue Pfarrer, wollte die Girlande oben anbinden. Gemeinhin kletterte man eine Leiter rauf, indem man die Seite der Leiter benutzte, die nach oben zeigte. Dann mit den Händen von Sprosse zu Sprosse greifend und mit den Füßen Sprosse für Sprosse steigend, ging es nach oben. Was machte aber der neue Herr Pfarrer? Die Hilfsmannschaft brach jede Tätigkeit ab und starrte auf ihn. Da ging der doch unter die Leiter, griff mit beiden Händen, so weit er konnte, nach oben, ließ die Beine hängen und hangelte sich so – einen Klimmzug nach dem anderen machend – in Richtung Ankerstange. Auch als er wieder unten am Boden ankam, hatten Gerhard und Karl-Heinz den Mund noch staunend weit offen stehen. Er begann die Herzen der Jugend zu erobern. – Ja, ein katholischer Pfarrer muss nicht unbedingt so sein, wie der Kugelblitz: unsportlich, viel zu schwer, schwer atmend, langsam gehend, bei der leisesten Anstrengung in Schweiß ausbrechend.

Zweimal in der Woche ist Gruppenstunde. Sie singen Lieder, die sonst nicht gesungen werden. Bert liest aus Büchern vor, aus denen sonst nicht vorgelesen wird. Sie sprechen über Gott und die Welt. Er versteht es, eine Wohlfühl-Atmosphäre zu erzeugen, im großen Klassenraum der ehemaligen Katholischen Schule. Norbert und Susi ziehen es vor, sich mit anderen Dingen zu beschäftigen. Es tut ihm leid. Auch Susi lässt sich selbst durch gutes Zureden nicht überzeugen, in die Gruppenstunde zu kommen. Doch auch ohne sie erklingt das neue Lied, das sie eingeübt haben.

Wenn die bunten Fahnen wehen, geht die Fahrt wohl übers Meer.
Woll'n wir ferne Länder sehen, fällt der Abschied uns nicht schwer.
Leuchtet die Sonne, ziehen die Wolken,
klingen die Lieder weit übers Meer.

Wo die blauen Gipfel ragen, lockt so mancher steile Pfad.
Immer vorwärts ohne Zagen, bald sind wir dem Ziel genaht!
Schneefelder blinken, schimmern von ferne her,
Länder versinken im Wolkenmeer.

Ferne Länder! Gipfel! Schneefelder! Haben wir alles noch nie gesehen. Ob wir das überhaupt einmal zu sehen bekommen? – Fernweh oder eine zielgerichtete, gar große Sehnsucht baut sich nicht auf. Warum auch? Alles ist für sie so weit weg wie der Mond und die Sterne. Aber schön wäre es schon, ferne Länder, Gipfel, Schneefelder, das große, weite Meer zu sehen.

15

*Die Lieder der „Neuen Zeit" und der Musiklehrer /
Haben Fahnen etwas Mystisches?*

Das ist das Sichere hier in ihrem kleinen Städtchen: Hier gibt es noch keine Aufpasser. Hier kümmert es noch keinen, dass die Pfarrjugend ihre Lieder singt und nicht die Lieder, die die Effdejottler singen. In der Schule lernen Bert und seine Klassenkameraden auch diese Lieder – Lieder der Neuen Zeit.

Der Herr Oberstudienrat Herbert Pätzmann ist ihr Musiklehrer. Herr Oberstudienrat Pätzmann hat natürlich bei den Schülern auch seinen Spitznamen – einen langweiligen, kaum zu irgendwelchen Scherzen zu gebrauchenden, wenig originellen: H.P., also Ha-Pe. Mit „H.P." unterzeichnet er seine Musikkritiken über Opern und Konzerte, die regelmäßig in der „Volksstimme" zu lesen sind. H.P. zelebriert den Musikunterricht stets in der Aula des Martineums. Er versucht ihn jedenfalls zu zelebrieren.

In der Aula befindet sich an der Stirnseite eine kleine Bühne, auf der bei Feiern das Rednerpult steht oder das Schulorchester probt und musiziert oder die Theaterkünste der Schüler gezeigt werden. Dort steht auch der große Konzertflügel.

Nie ist es anders, nie war es anders, nie wird es anders sein: H.P. kommt durch die hohe, zweiflügelige Tür der Aula. Er schreitet gemessenen Schrittes die Stufen zur kleinen Bühne empor. Er legt seine braune, lederne Tasche auf den kleinen Tisch, der neben dem Konzertflügel steht. Er setzt sich an den großen Konzertflügel.

Er hat im Musikunterricht die Lieder der „Neuen Zeit" den Hoffnungsträgern der „Neuen Zeit" beizubringen. So schreibt es der Lehrplan vor. „Der Not gehorchend, nicht dem eigenen Triebe" – so fühlt es der Musikpädagoge. Friedrich Schiller hat für alle Lebenslagen die richtige, passende Lebensweisheit den Deutschen hinterlassen.

„So, wir haben lange genug geübt. Den Text hat hoffentlich jeder jetzt im Kopf. Also, bitte, die ‚Internationale'."

Er stimmt die Melodie auf dem Flügel an, und aus den Kehlen der jungen Männer dröhnt das Kampflied der Arbeiterklasse. Die fordernde, Hoffnung verheißende, Sieg verkündende Melodie füllt die alte, ehrwürdige Aula.

Wacht auf, Verdammte dieser Erde,
die stets man noch zum Hungern zwingt!
Das Recht wie Glut im Kraterherde
nun mit Macht zum Durchbruch dringt.
Reinen Tisch macht mit dem Bedränger!
Heer der Sklaven, wache auf!
Ein Nichts zu sein, tragt es nicht länger
Alles zu werden, strömt zuhauf!

|: Völker, hört die Signale!
Auf zum letzten Gefecht!
Die Internationale
erkämpft das Menschenrecht. :|

H.P. scheint etwas zu hören. Nein, das ist eine akustische Täuschung.

Es war aber keine akustische Täuschung. Nur ein ganz, ganz feines Gehör konnte es heraushören. Da haben doch wirklich einige

bekämpft das Menschenrecht

gesungen. H.P. gehörte zu den alten Lehrern, die die Schüler, die erst in der fünften Klasse aufs Gymnasium gekommen waren, nicht für voll nahmen. In seinen Augen gehörten sie nicht hierhin. Volksschüler, Fahrschüler, womöglich auch noch Arbeiter- und Bauernkinder. So hatte Bert überhaupt keine Hemmungen, sich zu denen zu setzen, die gewillt waren, H.P. wieder einmal zu provozieren. Seine Eins in Musik, die er noch nach der achten Klasse auf dem Abschlusszeugnis der Volksschule hatte, würde er bei H.P. nie und nimmer bekommen. Die mutwillige, vielleicht sogar unter Umständen gefährliche, nicht genehmigte Änderung des Textes im Refrain des gewaltigen Liedes war mitnichten ein Zeichen von Opposition gegen die Blauhemden. Aber sie hatten sich schon überlegt, wohin sie sich in der Aula setzen sollten. Die Blauhemden mussten hinter ihnen sitzen. Der Schall des Gesanges geht hauptsächlich nach vorn, nicht nach hinten. Der Schallpegel war somit hinter ihnen niedriger als vor ihnen. Deshalb mussten die Blauhemden in den Reihen hinter ihnen sitzen. Und nicht zu laut, aber auch nicht zu leise singen.

„Jetzt die zweite Strophe!"

H.P. nimmt sich vor, sehr genau zuzuhören.

Es rettet uns kein höh'res Wesen,
kein Gott, kein Kaiser noch Tribun.
Uns aus dem Elend zu erlösen
können wir nur selber tun!
Leeres Wort: des Armen Rechte,
Leeres Wort: des Reichen Pflicht!
Unmündig nennt man uns und Knechte,
duldet die Schmach nun länger nicht!

|: Völker, hört die Signale!
Auf zum letzten Gefecht!
Die Internationale
erkämpft das Menschenrecht. :|

Nein. Er muss sich doch getäuscht haben – klar und deutlich der richtige Text des Kampfliedes.

„Gut. Nun die letzte Strophe."

In Stadt und Land, ihr Arbeitsleute,
wir sind die stärkste der Partei'n.
Die Müßiggänger schiebt beiseite!
Diese Welt muss unser sein;
Unser Blut sei nicht mehr der Raben,
Nicht der mächt'gen Geier Fraß!
Erst wenn wir sie vertrieben haben
dann scheint die Sonn' ohn' Unterlass!

|: Völker, hört die Signale!
Auf zum letzten Gefecht!
Die Internationale
erkämpft das Menschenrecht. :|

Der Refrain dieser letzten Strophe kommt undeutlich rüber. Sie haben gesungen:

Die Überlandzentrale versorgt das Volk mit Strom.

Ob nun H.P. es nicht hören will, ob er es nicht für notwendig hält, zu ermitteln, oder ob ihm das Schillerwort wieder durch den Kopf geht – wer weiß es schon?
„So. Die ‚Internationale' sitzt offensichtlich. Gut. Es ist jetzt noch genügend Zeit, um mit dem neuen Lied anzufangen. Auch dieses Lied müsst ihr kennen. So wie es aussieht, wird es in diesem Jahr öfters erklingen", und nach einer kleinen Pause, als ob er überlegt, wo es wohl erklingen wird, „vor allem auch in Berlin."

Große Ereignisse werfen ihre Schatten voraus. Und sie lernten den Text, übten die Melodie und probierten – die Blauhemden sehr eifrig, Bert weniger mit Freude –, begleitet von ihrem Lehrer auf dem Flügel so lange, bis es wieder aus voller Kehle, also stimmgewaltig, gesungen werden konnte.

Brüder, seht, die rote Fahne
weht uns kühn voran!
Um der Freiheit heil'ges Banner
schart euch, Mann für Mann!
Haltet stand, wenn Feinde drohen!
Schaut das Morgenrot!
Vorwärts! ist die große Losung.
Freiheit oder Tod!"

Polternd, lärmend und sehr laut wird die Aula leer. Didi geht neben Bert. Er dreht sich um. Die Blauhemden sind nicht in der Nähe. Ganz leise, aber so, dass Bert jedes Wort versteht, singt er:

Uns're Fahne flattert uns voran.
Uns're Fahne ist die neue Zeit.
Und die Fahne führt uns in die Ewigkeit!
Ja! Die Fahne ist mehr als der Tod!

„Kennst das noch?"
„Nee."
„Ach so. Du bist ja zwei Jahre jünger. Warst kein Pimpf."

Was ist das Faszinierende an Bannern, Standarten, Flaggen, Fahnen, Wimpeln? Besitzen diese doch eigentlich toten Dinge aus Stoffen oder

Leinen, wenn auch häufig verziert mit goldenen Fransen und silbernen Stickereien, etwas Mystisches – ja, etwas Heiliges? Waren sie vielleicht in frühen Zeiten nur Erkennungsmarken und Feldzeichen, damit die in den Kampf Ziehenden wussten, wohin sie gehörten im Schlachtgetümmel, wo ihr Haufen war, so wurden sie bald auch zu weihevollen und geweihten Symbolen.

„Die Fahne ist mehr als der Tod!" Wenn die Fahne dem Feind in die Hände fiel, war die Schlacht verloren. Der rote Diktator aus Moskau ließ unzählige, vom Heer des braunen Diktators aus Berlin erbeutete Fahnen im Mai 1945 bei der Siegesparade in den Staub des Roten Platzes vor dem Kreml werfen. Der braune Diktator weihte die Fahnen seiner Kohorten dadurch, dass er sie mit der Blutfahne des 9. November 1923 berührte. An diesem Tag wurden einige seiner Gefolgsleute in München erschossen.

Auch die Kirche hat ihre Fahnen, ihre Prozessionsfahnen. Prunkvoll, golddurchwirkt, mit Bildern der Heiligen oder mit dem Herzen Jesu – mehrere Blutstropfen in leuchtendem Blutrot – oder mit den schlichten weiß-gelben Farben des Vatikans.

Und plötzlich hat auch die Pfarrjugend in Schwanebeck ihr Banner. Auf weißem Grund läuft von der linken unteren Ecke zur oberen rechten Ecke diagonal ein breites grünes Band. Diagonal von der linken oberen Ecke zur rechten unteren Ecke – das gleiche Band. In der Mitte steht ein große P. Auserwählt zum Bannerträger wird Bert.

Pfarrer und Pfarrjugend wollen, dass er bei Wallfahrten, Prozessionen und anderen festlichen oder besonderen Anlässen ihr Banner trägt. Für ihn bedeutet dies einiges. Es ist eine Steigerung seines Selbstwertgefühles. Der Anzeige auf der Skala des Lebens tut das gut. Sonst hätte sie verharrt. Schwager Ernst oder sein Musiklehrer sind wahrlich kein Grund, ein Aufsteigen anzuzeigen.

„Und was bedeutet XP?", fragt sein Schulfreund Günther, der angehende Tischlergeselle.

„Na ja, Ix Pe ist hierfür eigentlich nicht richtig. Das sind zwei Buchstaben aus dem griechischen Alphabet: Chi Ro. Die Anfangsbuchstaben für Christus in Griechisch."

16

Die Weltfestspiele der Jugend und Studenten und das Sportleistungsabzeichen / Der Keuschheitsgürtel / Die zwei Kopfzimmer / Das tote Ferkel an der Tafel

Große Ereignisse werfen ihre Schatten voraus.
 Es steigert sich. Es wird immer mehr. Es ist nicht zu übersehen.
 Die Ruinen der Städte werden bunter. Überall große Plakate, auf denen lachende, freudige, Optimismus ausstrahlende Gesichter junger Menschen abgebildet sind. Viele rote Fahnen. Zählbar noch mehr blaue Fahnen. Weniger schwarz-rot-goldene Fahnen. Die Jugend der Welt ist nach Berlin eingeladen – zu den Weltjugendfestspielen. Zigtausende aus allen Ländern der Welt werden erwartet.
 In der „Volksstimme", in der „Jungen Welt" – dem Zentralorgan der Freien Deutschen Jugend – jeden Tag eine ausführliche Berichterstattung über die Vorbereitungen. Geeignet auch dazu, ausgeschnitten und für die wöchentliche Wandzeitung im Klassenzimmer angeheftet zu werden. Hans Dietz erinnert daran, dass diejenigen, die sechzehn Jahre alt sind – und das sind die meisten – gewissermaßen als Vorbereitung auf das große Fest, das Sportleistungsabzeichen erwerben könnten.
 H.P. hat den Auftrag, für das große Fest neue Lieder einzuüben, und so – am großen schwarzen Flügel sitzend, die sangesfreudigen jungen Männer räumlich unter sich – intoniert er die neuen Lieder.

Bau auf, bau auf, bau auf, bau auf!
Freie Deutsche Jugend bau auf!
Für eine bessere Zukunft richten wir die Heimat auf ...

Dass wieder irgendwelche dummen Störenfriede

Wau, wau, wau, wau, wau, wau wau wau ...

singen, stört ihn nicht im Geringsten, weil er es nicht wahrnimmt – „bau" oder „wau" gesungen, ist schwer auseinanderzuhalten.

Nach der Musikstunde spricht Ringer den Bert an.
 „Hast du nicht Lust, das Sportleistungsabzeichen zu machen?"

„Lust hätte ich schon. Aber ob ich das überhaupt schaffe?", ist die skeptische Antwort. „Und außerdem müsste ich dann zum Üben auch nachmittags kommen."

„Kannst ja mal überlegen. Wenn ich dich so in Turnen sehe, könntest du das schon schaffen. Vielleicht sollten wir mal zusammen trainieren."

Ringer sagt nicht „üben". Er sagt „trainieren". Schließlich ist er Mitglied bei „Lokomotive Halberstadt" in der Sektion Leichtathletik.

Seinen Namen hatte dieser Sportverein bekommen, weil sich in Halberstadt das große Reichsbahnausbesserungswerk, das RAW befand. In Schwanebeck nannte sich der Sportverein „Traktor". Dort gab es nämlich das volkseigene Gut, in dem die Susi mit ihren Eltern wohnte.

„Ich überleg mir das."

Laufen kann er ja. Mit dem Werfen würde es vielleicht Schwierigkeiten geben. An Kraft in den Armen mangelt es ihm. Vom Geräteturnen weiß er das. Er wird sich erst mal das Heft mit den Bedingungen von Hans Dietz besorgen. Zunächst lernen sie aber das offizielle Lied der Weltfestspiele der Jugend und Studenten. Dieses Lied begeistert ihn. Solch ein schönes Lied! Solch eine mitreißende Melodie! Obwohl man danach marschieren könnte, empfindet er es nicht als Marschlied – eher als Tanzlied.

Lasst heiße Tage im Sommer sein!
Im August, im August blüh'n die Rosen!
Die Jugend der Welt kehrt zu Gast bei uns ein,
und der Friede wird gut und uns näher sein!
Im August, im August blüh'n die Rosen!

Die Welt soll mit uns zufrieden sein!
Lasst die Fahnen im Morgenwind wehen.
Das Kind will die Mutter vom Weinen befrei'n,
und der Friede wird schön wie die Heimat sein!
Lasst die Fahnen im Morgenrot wehen!

Dann lacht der Erdball im Sonnenschein,
sind die Fahnen umkränzt von den Rosen!
Werft den Krieg in den Kehricht der Zeiten hinein,
und der Friede wird endlich geborgen sein!
Im August, im August blüh'n die Rosen!

Den Refrain liebte Bert besonders. Er ging ihm nicht mehr aus dem Kopf – auch Jahrzehnte später nicht.

Und es singt die Ukraine ihr blühendes Lied,
und Jungafrika lacht in der Sonne.
Das siegreiche China ins Stadion zieht
und die Warschauer Mauerkolonne.
Klatscht beim Spaniertanz Kim aus Korea,
grüßt die Kitty aus Mexiko ihn,
reichen Hände sich Jimmy und Thea
im August, im August in Berlin.

Die Neununddreißiger hat den Zug am frühen Nachmittag von Halberstadt nach Schwanebeck gezogen. Die Fahrschüler steigen aus. Susi, Alfons, Norbert und Bert gehen vom Bahnhof den schmalen Weg zwischen den Gärten entlang bis zur Hauptstraße, die links nach Krottorf führt und rechts in das kleine Städtchen. An der Straße liegen zur Linken viele kleingeschnittene Gemüsegärten, zur Rechten ruhen die Toten – auch Berts Vater. Bert liebt den Friedhof, diesen Ort der Stille mit seinen alten Laubbäumen und den Grabmälern, die mit ihren Bert vertrauten Namen die Geschichte des Städtchen zu erzählen scheinen. Oft geht er über den knirschenden Kies, der auf den Wegen liegt.

„Ich hab Rosi lange nicht mehr gesehen", fragt er. „Ist sie krank?"

„Krank ist sie nicht", Susi zögert, bevor sie dann sagt, „aber sie ist abgehauen. Alle. Die ganze Familie."

Alfons – wer auch anders – liefert den Kommentar.

„Na, hoffentlich kommt sie da nicht unter die Räder, bei ihrer Veranlagung. Dort im Kapitalismus mit seiner Dekadenz."

Hat er das nun ernst gemeint, denkt Norbert. Beim Alfons kann man das nie so genau wissen. Oder ist es ironisch gemeint?

Susi summt und singt ganz leise das neue Lied: „Lasst heiße Tage im Sommer sein ..."

Sie hat immer noch diese feine, helle Stimme. Bert fällt Walther von der Vogelweide ein. Wie war das noch? „Zwitschert ein süß-klein Vögelein in dem grünen Apfelbaum" – oder so ähnlich.

Nicht nur im Chor der Volksschule hat sie gesungen. Auch Frau Doktor Jenny Diekmann, diese in inniger Feindschaft mit H.P. verbunden, ist sie aufgefallen. Und nun gehört sie zu den tragenden Sopranstimmen des Chores der Käthe–Kollwitz-Oberschule. So nennt sich seit einiger

Zeit die Schule für die Höheren Töchter, also das Lyzeum. Der Schulchor ist einfach sehr, sehr gut. Ein wenig eifersüchtig auf dessen Erfolge ist H.P. schon, der gedanklich bereits einen Chor des Martineums auf den Bühnen sieht.

„Bert. Was gibt's Neues von euren Lehrern?", interessiert sich Susi.

„So richtig was Neues weiß ich nicht. Oder doch. Aber nicht rot werden. Der Dürer hat mal wieder einen losgelassen."

Der Dürer ist der Kunstlehrer. Er hat auf mehreren Kunstakademien studiert und ist gar kein richtiger Gymnasiallehrer. Er ist ein echter Kunstmaler. Er heißt natürlich auch nicht Dürer. In seinem Personalausweis steht Harald Klopfer. Und weil er kein studierter Lehrer ist, kann er den Oberschülern – abseits vom normalen Lerninhalt des Kunstunterrichtes – die Malerei der Zeiten erklären.

Ob ein Bild schön ist oder nicht, hänge immer von der subjektiven Sicht des Betrachters ab. Eine absolute Schönheit gäbe es nicht. Maler seien dann große Künstler, wenn sie Objekte ihrer Zeit in Objekte ihrer Malkunst verwandelten. Ganz groß aber seien sie dann, wenn sie eine umfassende, universale Weltsicht haben, die sie befähigt, diese Weltsicht in ihren Werken zum Ausdruck zu bringen.

– Manche Klassenkameraden taten so, als ob sie das verstanden hatten.

„Er hat mit uns ein Bild aus dem Mittelalter besprochen. Darauf ist eine Dame aus dem Adel. Mit riesigen Kleidern um sich herum. Er meinte dann, dass sie womöglich unter diesen Bergen von Stoff einen Keuschheitsgürtel tragen würde. Einen Keuschheitsgürtel! Aus Blech! Man solle sich das mal vorstellen. Die Männer hätten damals doch nicht immer eine Blechschere bei sich tragen können."

Alfons lacht wissend. Norbert täuscht Verstehen vor. Susi wird doch rot.

„Ich habe gehört, Werner soll ein Kind bekommen haben. Hat mir Achim gesagt", verrät Norbert.

Jetzt fängt das Mädchen an zu kichern, das mit ihren fast schon siebzehn Jahren doch eigentlich schon ein Fräulein genannt werden kann.

„So ein Quatsch. Seit wann bekommen denn die Männer Kinder? Und welchen Werner meinst du? Doch wohl nicht Werner Kupfer."

„Nein! Den doch überhaupt nicht! Der kann doch bestimmt noch nicht Männlein und Weiblein unterscheiden! Den großen Werner! Den, der die Freundin hat, die ein paar Jahre älter ist."

„Was läuft denn jetzt für'n Film bei Uppenkamps?", fragt Bert.

Gegenüber dem Postamt ist der Kolonialwarenhändler Uppenkamp. Über den Hinterhof gelangt man in den großen Saal, in dem Bert vor

Jahren von dem Pianisten mitgerissen wurde und in dem auch Filme vorgeführt werden.

Susi sieht an ihm empor. Sie ist ja so klein und er so groß.

„Ach ja. Ich wollte dich fragen, ob du mit mir ins Kino gehst. ‚Der Untertan' wird gezeigt. Das Buch hat Heinrich Mann geschrieben. Unsere Deutschlehrerin hat gesagt, wir sollten uns den Film angucken. Im nächsten Jahr würden wir sowieso das Buch lesen müssen, nach dem Lehrplan."

„Prima. Machen wir."

„Mach's gut."

„Mach's besser."

Ihre Wege trennen sich hier. Bert und Alfons gehen durch die Johannisstraße, Susi und Norbert durch die Breite Straße nach Hause. Bert guckt der Susi hinterher. Wie immer will sich ihr rechter Fuß nicht so richtig in einen gleichmäßigen Schritt einfügen. Nur wenn man genau drauf achtet, merkt man es.

Selbst überschätzt hatte sich Bert in seinem Leben sicherlich bisher nie. Im Gegenteil. Selbst unterschätzt hatte er sich oft. Aber diese Mal hatte er sich richtig eingeschätzt. Das Werfen war ein echtes Problem, und fast hätte er das Sportleistungsabzeichen

BEREIT ZUR ARBEIT
UND ZUR VERTEIDIGUNG DES FRIEDENS

nicht geschafft. Jetzt hatte er also seinen wesentlichen Beitrag zum Kampf für den Frieden geleistet.

Denn so stand es in dem Leistungsbuch, in dem Zeiten, Höhen und Weiten dokumentiert werden:

Die Entfaltung der Massenbewegung zur Ablegung der Prüfungsbedingungen zum Erwerb des Sportleistungsabzeichens ist ein wesentlicher Beitrag im Kampf um den Frieden.

Zur Abnahmeprüfung gehörte auch die „Beantwortung der Fragen aus dem gesellschaftlichen Leben".

Um die Bedingungen zu den fünf Themen zu bestehen, hatte er das seitenlange Vorwort im Leistungsbuch gelesen. Er wusste jetzt genau, gegen wen und warum er für die Verteidigung des Friedens kämpfen sollte:

– Denn im Westen Deutschlands haben die anglo-amerikanischen Imperialisten das Potsdamer Abkommen mit Füßen getreten.

– Denn in Westdeutschland räubern die die anglo-amerikanischen und französischen Imperialisten die deutsche Friedenswirtschaft aus und stürzen die Werktätigen Westdeutschlands in Not und Elend, während die Sowjetunion jede mögliche Hilfe dem deutschen Volke gibt.

– Denn die anglo-amerikanischen und französischen Imperialisten kolonisieren Westdeutschland mit dem Ziel, Deutschland auf ewig zu spalten. Sie wollen Westdeutschland zum Aufmarschgebiet für den geplanten Raubkrieg gegen die Sowjetunion und die Volksdemokratien und die Jugend Deutschlands zum Kanonenfutter für diesen verbrecherischen Krieg machen.

– Denn die anglo-amerikanischen und französischen Imperialisten bereiten einen dritten Weltkrieg vor.

– Doch wir stehen in den Reihen der Weltfriedensfront, die von der großen sozialistischen Sowjetunion mit ihrem Bannerträger des Friedens, Josef Wissarionowitsch Stalin, an der Spitze geführt wird.

– Doch wir sind bereit, die Errungenschaften der Deutschen Demokratischen Republik, den Frieden in Europa und in der Welt zu verteidigen, und das Sportleistungsabzeichen ist ein Zeichen dafür, dass sein Träger zu den gesunden, kräftigen, patriotischen, aktiven Kämpfern gehört, die bereit sind zur Arbeit und Verteidigung des Friedens.

Auf einen Satz wurde Bert besonders aufmerksam: „Jeder Inhaber des Sportleistungsabzeichens hat das Recht, bevorzugt bei Bewerbung um Annahme in eine Sportschule und Höhere Lehranstalt zu werden."

Hans Dietz, sein sympathischer Sportlehrer, war einer von zwei Prüfern für die Fragen aus dem gesellschaftlichen Leben. Bert bestand natürlich diesen Teil der Prüfung. An der Kletterstange quälte er sich. Gerade mal wenige Zentimeter – etwa ein Prozent – warf er den Schlagball weiter, als die Bedingung es forderte. Ringer lobte ihn für seine Zeit über tausend Meter.

„Willst nicht zum Training bei ‚Lokomotive' kommen?"

Seinen ersten Orden durfte er sich jetzt an das Blauhemd stecken. Er war stolz. Orden! Hatte er etwa immer noch die Bilder im Kopf, auf denen die Kriegshelden zu sehen waren? Eisernes Kreuz, Ritterkreuz, Deutsches Kreuz, Narvikspange, Gefrierfleischorden – wie die Soldaten das Bändchen am Uniformrock nannten, mit dem sie geschmückt wurden nach dem ersten – sehr, sehr kalten – Winter in Mütterchen Russland?

Orden und Ehrenzeichen. Abzeichen der Partei, der Freien Deutschen Jugend, der Gesellschaft für Deutsch-Sowjetische Freundschaft.

Horst, Jürgen, Markus und Kurt konnten sein Abzeichen nicht tragen. Für die Kugelkreuzträger hatte es einen sozialistischen Geruch. Durch ihn bekamen sie immer ihr christlich-evangelisches Niesen.

Nach der Turnstunde bildete die Klasse ein Halbrund um ihren Lehrer.

„Hört mal her! Ruhe bitte! Das gilt auch für dich, Wolfgang! Über die Weltjugendfestspiele in Berlin seid ihr genügend informiert worden. Um Folgendes geht es. Im Walter-Ulbricht-Stadion sollen Gymnastikelemente vorgeführt werden – von mehreren tausend Sportfreunden aus der Republik. Wer mitmachen möchte, kann sich hier eintragen."

Er zeigte auf die Liste, die in der Nähe des Recks auf dem Sprungkasten mit seiner weichen Oberfläche aus Leder lag. Unter der Liste war eine dicke Pappunterlage, damit der Bleistift sich nicht durch das Papier in das weiche Leder drücken konnte. Bert dachte nur kurz nach. Er nahm den Bleistift und schrieb „Bert Howald" in die Zeile. Noch immer dachte er an die Drei im Fach Leibeserziehung auf dem letzten Zeugnis. Sportleistungsabzeichen. Gymnastik bei den Weltjugendfestspielen. Eigentlich konnte Hans Dietz gar nicht mehr anders. Er musste ihm im nächsten Zeugnis eine Zwei geben.

Als Bert nach Hause kam, war die Schwester auf dem Hof. Er ging zu ihr.

„Ich werde jetzt Schularbeiten machen. Um sechs Uhr habe ich Gruppenstunde. Die Kleinen heute."

„Aber vorher miste das Schwein aus."

Sie drückte ihm die Mistgabel in die Hand. Gar nicht einmal sehr widerwillig nahm er die Mistgabel in die Hand. Der Hahn mit seiner Hühnerschar, die Ziegen Hanne und Lotte, das Schwein. Alles machte Arbeit. Er half gerne mit. Schließlich aß er ja auch die Eier und die Butter, die gegen fette Ziegenmilch in der Molkerei eingetauscht wurden. Und ein gebratenes oder gekochtes Huhn und ein saftiges Schweinefleischstück – gewissermaßen aus der eigenen Produktion – ließ er auch nicht auf dem Teller liegen. Seppel, diese undefinierbare Mischung von einem Hund, von dem Ernst behauptete, ein großes Stück von einem Drahthaarterrier stecke in ihm, sprang kläffend und jaulend um ihn herum. Und als Bert die dritte Gabel Mist hinausbeförderte, lief auch schon die erste Ratte aus der Stalltür.

Der Limbach fließt unten am Garten vorbei. Wo Wasser und Viehzeug ist, sind auch Ratten. Seppel hatte nur darauf gewartet. Ein Biss, ein Quieken, ein Knacken des Rattengenicks, die Beute kräftig geschüttelt. Wieder hatte der Hund eine Ratte erledigt.

In seinem Kopf hat Bert ein Haus ganz für sich allein gebaut – eher eine Hütte. Nur zwei Zimmer. Beide Zimmer haben eine Tür, die nach draußen führt. Und draußen ist die reale Welt. In der Wand zwischen den zwei Zimmern ist auch eine Tür. Sie ist von der einen Seite nur zu öffnen, wenn man den Türschlüssel hat. An der anderen Seite hat die Tür keine Türklinke. Allein er hat den Schlüssel. Hängt im linken Zimmer ein Bild von Stalin und eine große rote Fahne, so fällt im rechten Zimmer der Blick auf ein großes Holzkreuz. Bert lebt in beiden Zimmern. Weder im rechten noch im linken hat er das Gefühl, ein schlechtes Gewissen haben zu müssen. Auch wenn er im rechten den RIAS aus Westberlin hört.

So wie er hat wohl auch der Schwager Ernst seine Hütte – glaubt er. Nach außen zeigt er den loyalen Abteilungsleiter im Rat der Stadt. Das schließt nicht aus, dass er im vertrauten Kreis schon sagt, was ihm gegen den Strich geht, und dass er treu seine Christenpflichten erfüllt.

Und er? Mit Freude und mit Eifer gestaltet er die Gruppenstunden. Voller Stolz trägt er das Banner mit dem Christuszeichen. Aber auch sein Sportleistungsabzeichen, seine Mitgliedschaft in der FDJ und in der Deutsch-Sowjetischen Freundschaft bringen ihn nicht in innere Konflikte. Natürlich trägt er auch das Blauhemd. Sind die Kugelkreuzträger konsequenter? Nie sieht man sie im Blauhemd. Nur – sie müssten doch auch für Frieden und Völkerfreundschaft, müssten gegen einen neuen Krieg sein. Wenn sie auch nicht gegen einen neuen Krieg kämpfen, hoffentlich beten sie für den Frieden. Was hatte doch Jesus gesagt?

So gebt dem Kaiser, was des Kaisers ist und Gott, was Gottes ist.

Und was hatte der Apostel Paulus an Titus geschrieben?

Erinnere sie daran, dass sie der Gewalt der Obrigkeit untertan und gehorsam seien.

Diese Ermahnung des Apostels hatte sich an die Christen gerichtet, die von der heidnischen Welt im Römischen Reich umgeben waren.
Es geschah alles an einem Tag.

In den frühen Stunden des Tages ferkelte die Sau des Wegelebener Großbauern. Ein Ferkel war eine Totgeburt, was nicht ungewöhnlich ist.

Didi, der Sohn des Großbauern hatte einen Einfall. Er nahm eine alte Einkaufstasche, deren Farbe früher rot gewesen war, die jetzt jedoch starke Gebrauchsspuren aufwies, und steckte das totgeborene Ferkel in die Tasche.

In Schwanebeck versammelten sich die Fahrschüler um kurz vor sieben Uhr auf dem Bahnhof.

Dem Erhard, dessen Vater gleich nach dem Ende des Krieges von den Russen „abgeholt" worden war und nie mehr zurückkehrte, fiel es erst jetzt ein – kurz vor Ankunft des Zuges –, dass sie heute Bio hatten und Napoleon wieder einmal gesagt hatte:

„Keeerls! Bringt mir Pflanzen!"

In Bio stand nämlich gerade das Bestimmen von Pflanzen auf dem Lehrplan. Erhard hatte versprochen, auch für Wolfgang Pflanzen mitzubringen. Wolfgang wohnte in der Stadt. Für ihn war das Sammeln von Pflanzen für Napoleons Bio-Unterricht recht umständlich. Erhard sah, dass Bert es auch vergessen hatte. Eilig liefen sie darum an den Gleisen entlang und rissen und rupften aus, was grün war. Sie achteten bei aller Hektik jedoch darauf, dass auch einige blühende Pflanzen darunter waren.

Vor der ersten Schulstunde hängt Didi die sehr oft gebrauchte Einkaufstasche an die seitliche Rahmenstange der großen Tafel. Der Kopf des totgeborenen Ferkels guckt oben aus der ehemals rotfarbenen Tasche. Die Vorderfüße hängen über den Rand der Tasche. In der ersten Schulstunde haben sie Deutsch. Deutsch bei Ramper Mord. Der betritt das Klassenzimmer und geht, wie immer etwas unsicher und ängstlich, an das Pult. Er nimmt aus der Aktentasche sein Notizbuch, in dem auch die erteilten Noten stehen, und legt es auf das Pult. Er dreht sich zur Tafel um. Er sieht das totgeborene Ferkel. Der Schrecken fährt sichtbar durch seine Glieder. Er läuft – nein, er stolpert zur Tür hinaus. Die unbarmherzigen, herzlosen Gymnasiasten sind gespannt. Was passiert jetzt? Die Tür geht auf. Herein kommt der Herr Direktor. Hinter ihm verängstigt ihr Deutschlehrer. Was der Unfug denn soll?

„Ach, ich bitte um Entschuldigung. Wir haben heute bei Herrn Doktor Schrödter gleich Biologie. Ich hab nur vergessen, die Tasche runterzunehmen. Hab sie, als ich kam, an die Tafel gehängt." Didis Entschuldigung leuchtet dem Herrn Direktor ein. Er nimmt sie an.

– In der Zeit, in der kein Lehrer im Klassenzimmer war, hatte Bert das Notizbuch des Lehrers vom Pult genommen. Sie hatten es erwartet. In der letzten Stunde hatten alle eine Fünf bekommen. Rampa Mord hatte sich in seiner Verzweiflung über das Benehmen dieser Klasse ihm gegenüber auf die einzig mögliche Weise, die er hatte, gewehrt. Ob es stimmte, wusste niemand. Es passte aber zu ihrem Deutschlehrer. Als Halberstadt zerbombt wurde, als ganze Straßenzüge lichterloh brannten, als auch das Haus des Lehrers in Flammen stand, soll dieser, dem Wahnsinn nahe, im Nachthemd und mit einem Volksempfänger unter dem Arm durch die Stadt geirrt sein. Das Radio wollte er wohl aus dem Inferno retten. Ist es anzunehmen, dass sich die jungen Männer ihm gegenüber anders verhalten hätten, wenn allen das bekannt gewesen wäre? Wie grausam können doch Kinder sein! Nur die jungen Männer waren keine Kinder mehr.

In der Biostunde grummelte Doktor Schrödter, man solle sich doch ein bisschen mehr Mühe geben bei dem Mitbringen von Pflanzen. Viel zu viel, was auf dem Tisch läge. Viel zu viel Unkraut. Trotzdem erklärte Napoleon und bestimmte das brauchbare Grünzeug. Sie lernten bei ihm gerne.

Am Abend traf sich die Pfarrjugend in der alten Schule an der Kapelle. In zwei Wochen hatte die Huysburg zu einer Wallfahrt eingeladen. Diese musste vorbereitet werden.

17

Wallfahrt zur Huysburg / Gegenwartskunde beim überzeugten Kommunisten und Antifaschisten / Was ist Musik? / Der erste Kuss

Der Huy ist ein bewaldeter Höhenzug. Wenige Kilometer nördlich von Halberstadt schiebt er sich von Ost nach West – wenn man ihn von Süden aus betrachtet, erscheint er wie ein Riegel in der Landschaft. Wer gut zu Fuß ist, kann ihn in wenig mehr als drei Stunden durchwandern. Will er ihn von Süd nach Nord überqueren, so schafft er es in einer guten Stunde. Alte, hohe Buchenbäume, deren hellgrünes, junges Laub besonders im Frühling und Frühsommer bei Sonnenschein blitzt und funkelt, bilden den Wald. Nadelbäume wird man vergeblich suchen. Zwei mittelalterliche, vielleicht auch frühneuzeitliche Warten – einst in kriegerischen Zeiten als Feuer- und Rauchsignaltürme benutzt – zeugen von der Bedeutung des Höhenzuges. Weit kann man in die Ebene sehen und vor herannahender Gefahr früh genug warnen: die Warte auf dem Paulskopf und die Sargstedter Warte. Eine Höhle im dichten Buchenwald geht tief in den Sandstein hinein. Sie soll in alten Zeiten dem Räuber Daniel als Versteck und Unterschlupf gedient haben: die Danielshöhle. Die in den Sandstein vom strudelnden Gletscherwasser eingefrästen Gletschertöpfe sind noch viel, viel älter als die Höhle.

Die strategische Bedeutung dieser sich plötzlich aus der Ebene erhebenden Höhe hatten wohl schon die Franken vor mehr als tausend Jahren erkannt. Aus einem Vorposten, in dem Kriegsknechte die Grenze – gegen einen Stamm der Sachsen vermutlich – schützten, entwickelte sich ein Kloster, zunächst ein reines Frauenkloster, das dann nach weiteren vierhundert Jahren zu einem Mönchskloster wurde. Benediktiner zogen ein. Neunhundert Jahre alt ist die Klosterkirche – eine romanische Basilika.

Die Staatsmacht hat es wieder erlaubt. Die Staatsmacht lässt es zu, dass die Katholiken wieder eine Wallfahrt zur Huysburg machen.

Der Morgen ist kühl. Eine stattliche Anzahl Gemeindemitglieder – jung und alt, Frauen und Männer, Mädchen und Jungen – ist früh aufgebrochen. Das Banner der Pfarrjugend trägt Bert. Den Wimpel mit dem Kreuz, gewissermaßen das Banner der Jüngeren, trägt Martin aus der Jungschar, die in der Gruppenstunde mit Bert die Lieder eingeübt hat, die jetzt auf dem Weg zur Huysburg laut und fröhlich gesungen werden.

Sie wecken die Menschen auf, die in den wenigen Häusern am Weg wohnen und erstaunt dem frommen Zug hinterhersehen. Ach ja, die Katholischen pilgern heute zur Huysburg.

Von der Kapelle führt der Weg durch die von Linden gesäumte Kapellenstraße, durch die Steinbrücke in Richtung des Zementwerkes. Grauer Staub und weißer Qualm zeigen an, dass auch am Wochenende die Produktion nicht unterbrochen werden kann. Für den Aufbau der Heimat, der Deutschen Demokratischen Republik, muss auch am Wochenende – an den Sonnabenden und Sonntagen und an den Feiertagen – Zement produziert werden. Am Schwanebecker Holz, dem kleinen Wäldchen, geht es weiter. Es liegt rechts am Weg. Bald ist der Paulskopf und damit der östliche Rand des großen Buchenwaldes erreicht. Die Landstraße wird überquert, an der wenige Schritte nach Norden der „Gambrinus" liegt. Vielleicht, so denkt Bert, kann man ja auf dem Rückweg dort eine Brause, ein Brusewater trinken. Kurze Zeit später taucht unvermittelt die hohe, weißgraue Mauer aus grob behauenen Steinen des Klosters auf.

Sie ordnen sich. Sie zupfen Röcke, Jacken, Blusen und Hosen zurecht. Durch das hohe Tor ziehen sie in das große Areal des Klosters ein. Sie betreten die Basilika. Die Orgel begrüßt sie und die vielen anderen Wallfahrer aus dem Dekanat. Es beginnt der Gottesdienst.

Wie stets: Die Priester, mit dem Rücken zum gemeinen Volk, zelebrieren auf Latein. Die Ministranten gehen auf und ab, reichen Wein und Wasser, knien nieder und stehen auf, schwenken das Weihrauchfass und läuten die kleinen, silbernen Glöckchen. Versunken knien die Gläubigen, im Gebet vertieft – oder in Gedanken bei ihren Tagesgeschäften. Die heilige Handlung ist zu Ende. Der Segen wird gespendet und empfangen. Donnernd, die alten Gemäuer füllend, erschallt der Schlussgesang:

Großer Go-ott, wir lo-oben dich. Herr, wir prei-eisen dei-eine Stärke ...

Im „Gambrinus" schmeckt auf dem Rückweg die Brause. Über den Paulskopf wandern sie zurück zur Kapelle. Die Stimmung ist gehoben. Hell klingen die Wanderlieder.

– Susi und Norbert waren nicht mitgezogen. Mit der Kirche hatten sie es nicht mehr so. Die FDJ hatte in der Schule jetzt ihren eigenen Raum. Man sah Norbert oft diesen Raum betreten, natürlich im Blauhemd.

„Wo steckt der Bengel?", fragte Ernst, als er vom Rathaus am frühen Nachmittag nach Hause kam.

„Der ist gleich wieder nach Halberstadt gefahren. Du weißt doch, die üben für Berlin", lautete die kurze Antwort der Frau. Ernst hatte es gleich gemerkt, als er den Hof betrat: Das Fahrrad war weg. Nun gut. Die Schwester hatte recht gehabt, als sie damals zum Bruder gesagt hatte, er solle mal abwarten, die Lage würde sich schon beruhigen. Vielleicht hatte sich die Lage auch deshalb beruhigt, weil Ernst viel Gutes vom Bengel gehört hatte. Der Pfarrer hatte ihn gelobt. Er würde sehr, sehr gut mit der Pfarrjugend arbeiten. Und Ernst war auf seinen Schwager sogar ein wenig stolz. Immerhin kam er auf der Oberschule gut mit. Und dass er das Sportleistungszeichen gemacht hatte, nahm er wohlwollend zur Kenntnis. Nur – offen würde er das alles nie zugeben. Zwischen beiden Hausgenossen ging es weiterhin ziemlich unterkühlt zu. Aber immerhin: Sie sagten wieder „Guten Morgen" zueinander.

Tatsächlich war Bert nachmittags mit dem Rad, das ihm nun wirklich und endgültig gehörte, in die Stadt gefahren. Hans Dietz hatte es ihm tatsächlich zugetraut, vor der Weltjugend im August und unter den Augen des Generalsekretärs in dem Stadion, das dessen Namen trug – Walter-Ulbricht-Stadion – mit tausend anderen Sportfreunden an der gigantischen Schau mitzuwirken. Durfte er sich jetzt zu den Sportlern zählen? Bekam er im nächsten Zeugnis die ersehnte Zwei im Fach Leibeserziehung?

Von Ost nach West. Von Nord nach Süd. Von der Ostsee bis zum Erzgebirge. Von der Oder bis an die westliche Staatsgrenze. Von Frankfurt an der Oder bis nach Eisenach. Von Rostock bis nach Dresden. In Thüringen und in Sachsen. In Brandenburg, in Sachsen-Anhalt und in Mecklenburg. Tausende junger Menschen übten und trainierten. Tausende junger Menschen machten die gleichen gymnastischen Übungen. Tausende junge Bürger der Deutschen Demokratischen Republik würden im rhythmischen Gleichklang der Körper der Jugend der Welt zeigen, dass die glückliche Zukunft der Menschheit keine Utopie sein musste. Das zukünftige Glück erblühte bereits in den Gesichtern der Sportfreundinnen und Sportfreunde auf dem grünen Rasen des Stadions.

Die älteren Bürger der Republik nahmen es zur Kenntnis, dass derartige Massenturnübungen wohl sein müssten. Für sie war es nichts Neues. Sie erinnerten sich nicht ungern an alte Zeiten. Dabei lagen die alten Zeiten noch nicht einmal zehn Jahre zurück.

Bert war mit dem Fahrrad nach Eilenstedt gefahren. Am späten Nachmittag hatte er seinen Helferauftrag erfüllt. Die Gruppenstunde mit den Mädchen und den Jungen der kleinen katholischen Gemeinde war vorbei.

Er hatte ihnen etwas vorgelesen, das sie sonst nicht – nicht in der Schule und schon gar nicht bei den Jungen Pionieren – gehört hätten. Das Buch enthielt die Legenden der Heiligen.

„Du heißt Hubertus. Was weißt du über diesen Heiligen Hubertus?", hatte er den Jungen gefragt.

„Eigentlich nichts", hatte dieser geantwortet.

Und so hatte Bert vorgelesen: von dem wilden Hubertus, der ein wüstes Leben führte, nicht die heilige Ruhe des Sonntags achtete, sondern am Sonntag auf die Jagd ging. Der Hirsch, den er schießen wollte, wurde plötzlich strahlend weiß, und zwischen dem mächtigen Geweih leuchtete ein goldenes Kreuz, und aus dem wilden, wüsten, jungen Adligen wurde der Bischof von Lüttich, der viel Gutes getan hat.

Auf dem Rückweg fährt der Helfer bei der Kapelle vorbei. Der Herr Pfarrer läuft ihm über den Weg.

„Grüß Gott", spricht der ihn an. „Wie war's in Eilenstedt?"

„Gut", erwidert Bert. „Es hat wieder Spaß gemacht."

„Und was macht die Schule? Es muss doch bald Zeugnisse geben."

„Ja. In paar Wochen gibt's Ferien."

„Und wie, glaubst du, wird dein Zeugnis?"

Der Junge versteht sich mit seinem Pfarrer gut und so hat er auch keine Angst, den hochwürdigen Herrn ein wenig herauszufordern.

„Wie mein Zeugnis wird? Also in Gegenwartskunde bekomme ich bestimmt eine Zwei!"

Alfons Rohr, der Pfarrer, der überhaupt kein hochwürdiger Herr sein will, scheint etwas unsicher zu sein.

„Gegenwartskunde? Ja, davon habe ich schon mal was gehört. Aber, sag mir. Was wird euch in diesem Fach beigebracht?"

„Also ..." Bert holt tief Luft. „Zum Beispiel: Religion ist Opium des Volks – und, dass es einen Gott gibt, kann keiner beweisen – und wir brauchen kein Paradies irgendwo im Himmel. Das werden wir auf Erden schaffen. Und ganz schlimm ist es im Westen. Dort im Kapitalismus werden die Menschen ausgebeutet, und die Amis wollen den dritten Weltkrieg anzetteln. Aber die friedliebenden Menschen unter der Führung der Sowjetunion mit ihrem großen Führer Josef Stalin werden das verhindern."

Jetzt scheint Alfons Rohr doch leicht irritiert zu sein. Bert jedoch kann nicht mehr ernst bleiben. Er lacht plötzlich lauthals. Der Pfarrer stimmt mit ein. Sie haben sich wieder einmal verstanden.

Dabei ist der Lehrer Bruno Hillmann gar kein übler Kerl. Er lehrt nicht nur Gegenwartskunde, sondern unterrichtet die Oberschüler auch in Chemie. In Gegenwartskunde allerdings ist er in Hochform, und das stets und ständig. Er macht daraus keinen Hehl und gibt sich als überzeugter Kommunist und – folglich auch – als überzeugter Atheist zu erkennen. Natürlich gehört er zu den „Neuen Lehrern". Obwohl dem Alter längst entwachsen, trägt er stolz das blaue Hemd der FDJ, das ja eigentlich den jungen „Neuen Menschen" vorbehalten ist. Wenn es um die „Reine Lehre" geht, kennt er keine Kompromisse, keine Toleranz, schon gar keine Akzeptanz. Meinungsfreiheit! Was ist Meinungsfreiheit? Klar! Entscheidend ist, dass die Meinung wahr ist. Wenn ich meine, der Adenauer ist ein Kriegstreiber, dann ist diese meine Meinung die Wahrheit.

Also ist er ein Kriegstreiber. Das darf ich laut und offen sagen. Wenn ich aber sage, Walter Ulbricht ist ein übler Mensch, dann stimmt diese Behauptung nicht, weil er kein übler Mensch ist. Diese Meinung ist also die Unwahrheit und wer das sagt, muss bestraft werden.

Ein höchst aufregendes Thema ist für Bruno Hillmann das Thema Religion, Kirche und alles, was damit in Zusammenhang gebracht werden kann. Irgendwie kommt er einmal auf den Wunderglauben zu sprechen und schlägt seinen rhetorischen Bogen zum Wallfahrtsort Lourdes.

„Glaubt mir. Lourdes ist ein organisierter und vom Papst genehmigter Massenwahnsinn. Der Papst verdient übrigens auch gut daran. Ich sage nur: Massenverdummung! Hier wird der Geisteszustand einer untergehenden Gesellschaft demonstriert, der sogenannten abendländischen Gesellschaft!"

Wenn Bert auch nicht mit diesen Ansichten übereinstimmen konnte – nein, nicht durfte, sondern konnte! –, Bruno Hillmann hatte die Fähigkeit, die jungen Männer für Themen zu interessieren, die nun nicht unbedingt immer in den üblichen Betrieb der Oberschule passten. Dieser Mann konnte begeistern, konnte mitreißen. Wenn er durch seine intellektuelle Brille, lässig auf einer Schulbank sitzend, manchmal auch auf Berts Bank, seine Schüler anblickte, dann lief zumindest den Blauhemden, zumindest denen, die einen altkommunistischen Vater hatten, ein wohliger Schauer über den Rücken.

Da war einer, der überzeugt war, der ehrlich und zutiefst antifaschistisch war. Norbert, Funktionär der Freien Deutschen Jugend, wusste mehr: Bruno Hillmann war ein echter Antifaschist. Wegen seiner Überzeugung hatten ihn die Nazis, ihn den anerkannten und erfolgreichen

Chemiker, ins Konzentrationslager gesteckt. Dann durfte er sich bewähren: Er kam zur Deutschen Wehrmacht, nicht als Soldat mit allen soldatischen Ehren. Er kam in das berüchtigte Strafbataillon 999. Fast ein Wunder – Hillmann glaubte jedoch nicht an Wunder –, dass er noch lebte. Nach dem Krieg fühlte er sich berufen, die Jugend zu echten Antifaschisten zu erziehen.

Bald musste er jedoch einsehen, dass diese, seine selbstgewählte Aufgabe im Westen keinen Nährboden fand, auf dem junge Antifaschisten gedeihen würden. Dort hatten die alten Nazis noch das Sagen, dort im Adenauer-Staat. So handelte er konsequent. Er verließ den Westen und wurde Bürger der Deutschen Demokratischen Republik. Als Chemiker fiel es ihm nicht schwer, eine Anstellung als Lehrer an der Oberschule zu bekommen. Und da er mit Leib und Seele Kommunist und Antifaschist war, lag es nahe, auch den Unterricht in Geschichte und in Gegenwartskunde zu geben.

Die zwei Zimmer in Berts Kopf-Hütte. In das Zimmer mit der roten Fahne und dem Stalinbild gehört natürlich auch der Lehrer Bruno Hillmann. Es stimmt. Bert geht besonders gerne in das linke Zimmer, wenn dieser Lehrer dort mit viel Überzeugungskraft, mit feiner Ironie, aber sine ira et studio – sich also nicht eifernd –, sicher, dass der Kapitalismus zum Untergang verdammt ist, auf der Bank sitzt und redet. Es funktioniert perfekt – das Leben in den zwei Zimmern. Die Zwei im Fach Gegenwartskunde auf dem nächsten Zeugnis ist der beste Beweis.

Nicht enttäuscht ist er über die Drei, die er von H.P. bekommen hat. Das war nicht anders zu erwarten. H.P. hat eindeutige und klare Maßstäbe, wenn es um die Verteilung der Zensuren geht. Es sind seine ureigensten Maßstäbe. Da kannst du machen, was du willst. Es kommt nicht darauf an, dass du musikalisch bist – also, dass du fehlerfrei, den richtigen Ton immer treffend, mit einer guten Stimme singen kannst. Es kommt nicht darauf an, dass du gar die Noten kennst und nach Noten singen kannst. Es kommt auch nicht darauf an, dass du eine Melodie von Beethoven klar von einer Melodie von Verdi unterscheiden kannst.

– Das hatte Bert schon in den ersten Musikstunden bei H.P. gemerkt. Vorbei die Zeiten, als er bei Herrn Hinrichs stets und bei Herrn Dettmann, wenn auch erst nach zähem Ringen, eine Eins stehen hatte. Damals war seine Stimme nicht nur im Schulchor eine dominante Größe gewesen, auch im Quartett oder im Sextett.

H.P. hatte noch keinen Chor auf die Beine gestellt. Warum eigentlich nicht? Scheute er etwa den Wettbewerb mit dem sehr guten Chor der Käthe-Kollwitz-Oberschule? Hier hatte seine Intimfeindin, Frau Doktor Jenny Diekmann, etwas geschaffen! Hut ab! Susi sprach begeistert von ihrem Chor und wirklich: Der Chor konnte begeistern. Bert jedenfalls würde sich sofort melden, wenn H.P. für einen Chor des Martineums sehr gute Männerstimmen suchen sollte. Vielleicht verschwand dann ja die blöde Drei, die ihm nun wahrhaftig nicht zustand – wie er meinte.

Denn schließlich war es so: Wer in H.P.s Schulorchester mitspielte, der hatte zumindest seine Zwei sicher – in der Regel die Eins.

Eine Zwei sicher hatte auch der, der die Aktentasche und die Noten des Herrn Oberstudienrates tragen und auf den Hocker neben dem großen Flügel in der Aula legen durfte.

Eine Zwei sicher hatte auch der, der eilfertig und dienstbeflissen die Noten – immer zur richtigen Zeit – umblättern durfte, wenn der Herr Oberstudienrat am Flügel seine einführenden Worte und Melodien für die nächste Opernaufführung im Volkstheater Halberstadt versuchte, den jungen Männern beizubringen. Zu diesen Auserwählten würde Bert nie gehören können. Zu anderen Auserwählten konnte er aber auch nie gehören: Jedes Jahr organisierte H.P. ein musikalisches Erlebnis in Weimar. Dort dirigierte der Herr Generalmusikdirektor Hermann Abendroth die Weimarer Staatskapelle. Wer sich zu dieser Reise anmeldete und mitfuhr, hatte gute Chancen, seine Note in Musik verbessert zu bekommen. Zeigte er doch, dass er eintauchen wollte in die Welt der Klassik. Bert wäre natürlich gerne eingetaucht. Aber er war nun mal kein Halberstädter Bürgersohn mit noch einigermaßen vermögenden Eltern. Schmerzlich erinnerte er sich an das Stigma des Waisenknaben.

Musik! Was ist Musik? Musik ist alles! Vom sehr einfachen Volkslied „Am Brunnen vor dem Tore" über irgendwelche Schlager – wer wird eigentlich mit den Schlagern geschlagen? – wie „Du hast so schöne, wunder-blaue Augen", über Operettengesänge wie „Gern hab' ich die Frau'n geküsst ..." bis zu den absoluten Höhen, also zu den sonst unerreichbaren Gipfeln einer Bachkantate, der Beethovenschen „Pastorale".

Das alles ist Musik. Bert wird später eine Erklärung dafür finden, warum Musik sein Inneres so stark bestimmt, warum in bestimmten, herunterziehenden Lebenslagen irgendeine Melodie, irgendeine Tonfolge ihn in die Lage versetzt, wieder klar, zielgerichtet denken zu können, wieder eine innere Unruhe zu überwinden, wieder dunkle Gedanken zu verjagen. Vorausgesetzt, dass sein Denken nicht völlig irrwegig ist, wird er sich bemühen, seine eigene Erklärung zu finden, warum die Musik auf das Handeln, auf das Wirken, auf das Miteinanderleben von Menschen einen Einfluss hat. Vorerst erkennt er: Wie die Mathematik folgt die Musik unveränderlichen Regeln. Wie die Mathematik ist die Musik eine exakte Wissenschaft. Gibt es dort nur die eine richtige Lösung, kann hier ein einziger falscher Ton die Harmonie stören, eine Auflösung verschlungener Tonfolgen verhindern, ein jubelndes Finale zunichtemachen. Eine Tonleiter, ob nun in Dur oder in Moll, vergleicht er mit den mathematischen Zahlenreihen. Der Mathelehrer hat es ihnen so erklärt: Eine Reihe ist eine Folge, deren Glieder die Partialsummen einer anderen Folge sind. Und die „unendlichen Zahlenreihen" – sind sie nicht so zu verstehen wie das Thema der Unendlichkeit in Beethovens „Neunter Sinfonie"?

„Bringt eure Frauen mit!"
Er nimmt den Ruf von Tomm nur im Unterbewusstsein wahr. Sie geht ihn auch gar nichts an – diese Aufforderung. Er ist bestimmt nicht gemeint. Er verlässt das ehrwürdige Schulhaus und eilt zum Bahnhof. Er und die anderen Fahrschüler. Susi wird gleich aus der Straßenbahn aussteigen und beide fahren dann mit dem Heringsexpress zurück in ihr kleines Städtchen.

Eure Frauen? Was hat Tomm damit gemeint? Sicher hat er sagen wollen, sie – die Klassenkameraden aus der großen Stadt – sollten ihre „Susis" mitbringen, wenn alle sich am Nachmittag im Schwimmbad treffen.

Tomm und einige andere sind älter als Bert. Sie haben, so denkt er, bestimmt schon einem Mädchen einen Kuss oder viele Küsse gegeben. Also sie küssten sich – die Frauen und sie. Was man noch so alles zu zweit machen konnte? Dazu reicht sein Vorstellungsvermögen nicht – noch nicht. Und doch. Vielleicht will seine Susi geküsst werden. Unbestimmbare Gefühle hat er, wenn er Susi ansieht. Ihr blondes Haar. Die blauen Augen, die wie Sterne strahlen, aber auch ein Dunkelblau erzeugen können, dass an geheimnisvolle, tiefe Brunnen erinnert, in denen das Wasser – kaum das Licht der Sonne kennend – dunkel schimmert. Wenn der Anblick des anderen einer von mehreren Auslösern sein soll, die dazu führen, einen bestimmten Menschen zu mögen oder sogar zu lieben, dann muss man aber auch die alte Volksweisheit anerkennen, dass Liebe blind macht. Es muss ja nicht gleich Blindheit sein. Nur man will manches nicht wahrhaben, was vielleicht später eine Entschuldigung dafür sein wird, wenn neue Anblicke eine neue Leidenschaft entfachen.

Heute Nachmittag will Bert mit dem Fahrrad zum Stadion fahren. Die Vorbereitung für Berlin macht Fortschritte. Sie würden sich sehr gut – wie angestrebt und gewollt – in den Rhythmus der in die Tausende gehenden Menge einfügen. Die Weltjugend erwartet sie.

„Was hast du am Nachmittag vor?", fragt Bert schüchtern seine Susi. Er fragt so, als ob er sich etwas vorgenommen hätte.

„Ich bleibe heute in der Schule. Du weißt doch, dass wir in Berlin mit dem Chor auftreten. Die Jenny meint, wir müssten üben, üben, üben."

Er zögert. Stockend kommen seine Worte.

„Ich bin auch in der Stadt ... Training für die Vorführung im Walter-Ulbricht-Stadion ... Fahre mit dem Rad ... Hast du Lust ..., mit mir zu fahren? ... zurück?"

Es war passiert. Er hat es gewagt. Wozu gibt es aber auch diese Querstange an seinem so hart erkämpften Rad?

Von Halberstadt in Richtung Osten führt die uralte Straße nach Magdeburg, dieser Stadt, die vor mehr als neunhundert Jahren den schon einige Jahrzehnte früher von Karl dem Großen gegründeten Bischofssitz in der ungefähr sechzig Kilometer westlicher liegenden Stadt an Bedeutung und Rang überholt hat. Bald hinter Halberstadt biegt eine Landstraße ab, die nach Norden führt. Diese Landstraße, das Dorf Groß-Quenstedt durchquerend, erreicht nach wenigen Minuten Radfahrzeit das kleine Städtchen, in dem Susi und Bert wohnen. Noch weiter nördlich endet die Straße dort, wo der aggressionswütige Staat anfängt, in dem der Kriegstreiber Adenauer als willfähriges Werkzeug der imperialistischen Mächte das Sagen hat: an der sogenannten Zonengrenze.

Auf der Querstange sitzt das Mädchen. Ihre Hände umklammern neben den Händen des Jungen die Lenkstange des Fahrrades. Sie fühlt sich unsicher, ist ängstlich, achtet nicht auf die Landschaft, sieht nicht die Reihen der Bäume der Süßkirsche, die sich an beiden Seiten der Straße entlangziehen. Die Blüte ist vorbei. Er fährt nicht zu schnell, nicht zu langsam und lässt sich nicht von den leicht verkrampften, kleinen Händen neben seinen Händen aus dem Gleichgewicht bringen. Ein leichtes Glücksgefühl breitet sich in ihm aus. Der Radweg neben dem unbefestigten Sommerweg der Straße ist trocken. Auf der mit Katzenköpfen gepflasterten Straße müssen sie nicht fahren. Das wäre allerdings ein schwieriges Unterfangen, denn ein Fahrrad hat nun mal keine eisernen Reifen um die Räder wie ein Pferdefuhrwerk.

Ungefähr in der Mitte der Wegstrecke quert ein Bächlein ihren Weg. Durch ein Rohr nimmt es seinen Lauf unter dem Kopfsteinpflaster, unter dem Sommer- und dem Fahrradweg. An den Straßenrändern ist der Lauf an den gemauerten zwei Durchlässen zu erkennen. Er bremst und hält an. Beide steigen von dem sicher für das Mädchen unbequemen Gefährt und setzen sich auf das Mäuerchen des – in Fahrtrichtung – rechten Durchlasses. Hat auch sie Herzklopfen? Er hat! Für sie kommt es nicht überraschend. Für ihn eigentlich auch nicht. Ist es nicht an der Zeit? Wie lange gehen sie denn nicht schon Hand in Hand? Sie legt plötzlich ihre Arme um seinen Hals. Es ist ein leichtes Berühren der Lippen.

Ein zärtlich streichelnder Frühsommerwind scheint aufgekommen zu sein. In den wenigen Minuten, die sie noch vor sich haben, sind beide ganz ruhig, ganz still. Sie hat ihre Hände nicht mehr verkrampft am Lenkrad neben seinen Händen. Sie ruhen leicht und weich auf seinen Unterarmen.

18

Sich unterwerfen oder sich anpassen / Die Erbsensuppe beendet den Traum / Weltjugendfestspiele in Berlin / Sind Bananen wichtig? / Was ist eigentlich Freiheit?

„Hast du den Wimpel fertig?"
„Hast du schon ausgemistet?"
„Was hat das eine mit dem anderen zu tun?"
„Willst du nun deinen Wimpel haben oder nicht?"
Nach diesem Zwiegespräch mit der Schwester gibt er auf. Er nimmt die Mistgabel, die immer für ihn bereit neben der Stalltür lehnt. Der Rattenfänger Seppel wird wild. Die Sau grunzt. Er macht die Stalltür auf. Die Sau rennt ihn fast über den Haufen. Der Hund beißt der Sau in das Hinterbein. Die Sau jagt den Hund. Nach dem geistvollen Vortrag des Herrn Studienrates über die Wirkung der Aufklärung auf den Verlauf der deutschen Geschichte ist Bert einmal mehr im Alltag angekommen. Er lernt: Das Leben besteht aus Geben und Nehmen. Macht er sich nützlich – der Herr Oberschüler – in Haus und Hof, bekommt er auch seinen Wimpel.

Natürlich hatten alle aus der Pfarrjugend ein Fahrrad. Man fuhr ja zusammen hierhin und dorthin. Bert fuhr nach Eilenstedt, nach Gröningen, nach Schlanstedt, zur Huysburg. Er wurde erwartet. Seine Gruppenstunden waren beliebt. Eine Idee hatten sie, die Jungen der Pfarrjugend: Die Mütter oder die Tanten oder die großen Schwestern bekamen einen Auftrag. Links oben an der Lenkstange und links unten an der Gabel befestigt, sollte ein Wimpel ihre Zusammengehörigkeit zeigen. Das dreieckige Fähnchen musste auf seinem schwarzen Stoff ein grünes Kreuz aufgenäht bekommen. Es dauerte gar nicht lange und diese Wimpel flatterten fröhlich im Fahrtwind.

So lange Menschen auf dem Planeten Erde sich bewegen, so lange gibt es Familien und Horden und Gruppen und Stämme – und das Bestreben, sich mit äußeren Zeichen zu einer bestimmten und umgrenzten Menge zu bekennen. Solche Zeichen sind jetzt das Blauhemd und das Abzeichen mit der aufgehenden Sonne und den Großbuchstaben F – D – J. Ein solches Zeichen ist das Kugelkreuz. So sicher Jürgen, Horst, Markus oder Kurt nie im Blauhemd oder mit dem Abzeichen der FDJ zu sehen sein würden, so sicher würden andere Klassenkameraden, die auf dem Weg zum „Neuen Menschen" sind, nie das Kugelkreuz tragen.

Bert trägt natürlich auch kein Kugelkreuz, gehört er doch nicht zur evangelischen Jungen Gemeinde sondern zur katholischen Pfarrjugend. Während die Schüler, die der Jungen Gemeinde angehören, ziemlich offen, manchmal schon hart an der Grenze dessen, was noch gerade von den Vertretern der „richtigen und reinen Lehre" des großen Karl Marx hingenommen wird, ihre Meinung kundtun, hält sich Bert an den Apostel Petrus.

Unterwerft euch um des Herrn willen jeder menschlichen Ordnung: dem Kaiser, weil er über allen steht, den Statthaltern, weil sie von ihm entsandt sind, um die zu bestrafen, die Böses tun, und die auszuzeichnen, die Gutes tun.

Mit Theo Schmidt hatte er darüber gesprochen:
„Gilt das auch für uns? Gilt das auch für uns hier in der DDR? Einen Kaiser haben wir nicht, aber wir haben die Partei und die ist uns ja nun wirklich nicht gut gesonnen: Religion ist Opium des Volks!"

Der Dekanatsjugendpfarrer hatte lange nachgedacht. Er hatte sich die Antwort gut überlegt.

„Ja Bert." Sehr ernst hatte er den Helfer Bert angesehen. „Was haben wir denn für Alternativen? Dass bei uns der Atheismus quasi ein Bestandteil eurer Erziehung in der Schule und durch den Staat – nimm die FDJ als Beispiel – geworden ist, ist eine Tatsache und eigentlich, nein, überhaupt nicht mehr umzukehren. Was bringt uns eine offene Opposition? Nichts – außer Repressionen. Wollen wir das? Ich glaube, das würde uns das Leben nicht leichter machen. Aber ist unsere Situation denn wirklich so schlimm, so kritisch? Wir machen unsere Wallfahrten. Das kirchliche Leben stört keiner, solange nicht irgendwer den Staat oder die Partei angreift oder verunglimpft. Du weißt, wie ich das meine. Ihr fahrt mit euren Wimpeln durchs Land, ohne dass ein Volkspolizist daran Anstoß nimmt. Und glaubst du, dass es nicht hier in der Partei oder der FDJ bekannt ist, wie wir mit unserer Pfarrjugend arbeiten? Wir machen das alles ganz offen und nicht konspirativ."

„Ja schon, Herr Pfarrer. Aber manchmal mache ich mir schon Gedanken, wie ich mich in der Schule oder bei der FDJ verhalten soll."

Er hatte von seinen beiden Zimmern in der Kopf-Hütte erzählt.

„Na, das ist doch gut. Besonders gefällt mir, dass aus dem linken Zimmer nur du in das rechte gehen kannst und kein anderer."

In den Augen des Jugendseelsorgers hatte Bert eine gewisse Fröhlichkeit zu entdecken gemeint. „Aber gucken wir uns doch mal an, was Petrus schreibt: Zunächst einmal sollen wir uns jeder menschlichen Ordnung unterwerfen – jeder, also auch unserer heutigen Ordnung. Und warum? Das ist für mich das Entscheidende: um des Herrn willen! Unsere menschliche Ordnung kennen wir. Und sieh das mal so: Du unterwirfst dich dieser Ordnung auch, wenn du dein linkes Zimmer benutzt. Wie soll es denn auch anders sein? In deinem rechten Zimmer bleibt immer das Kreuz! Und denke daran: um des Herrn willen."

Bert neigte mitunter zu Übertreibungen. Oder wollte er herausfinden, wie weit er gehen konnte?

Jedenfalls steckte er sich ein kleines, silbernes Kreuz ans Blauhemd und erschien so am nächsten Morgen im Klassenzimmer. Das Kreuz war kein Kugelkreuz. Die Kugel fehlte: Vielleicht lag es daran, dass keiner der permanenten Blauhemdträger daran Anstoß nahm. Sie fühlten sich nicht provoziert. Mit dem kleinen, silbernen Kreuz bekannte sich seit Kurzem die Pfarrjugend zu ihrem Glauben.

Griff der Herr persönlich ein? Wollte er eine allzu aktive Teilnahme seines kleinen Helfers auf Erden an den Weltjugendfestspielen verhindern?

Die Elemente der großen Schau saßen. Der Rhythmus passte. Die einheitliche Sportkleidung für den großen Auftritt war bestellt. Hans Dietz war zufrieden. Bald war es so weit. Die Reise nach Berlin konnte beginnen. Bert war stolz darauf, ein kleinster Teil des allgemeinen Großen sein zu dürfen. Mit dem Rad fuhr er nun schon zum werweißwievielten Male zum Üben in das Halberstädter Stadion.

Fast fällt er auf der Rückfahrt vom Rad. Ein jäher, kaum zu ertragender Schmerz durchzuckt seinen Bauch. Mühsam, kalten Schweiß auf der Stirn, lässt er das Rad gegen den Gartenzaun fallen. Er taumelt ins Haus. Er krümmt sich auf dem Bett zusammen. Die Schwester holt den Doktor. Der Doktor bestellt den Krankenwagen. Bert wird in den Krankenwagen gesetzt. Dieser rumpelt auf dem Kopfsteinpflaster der mit von Apfelbäumen gesäumten Landstraße über Krottorf, durch Oschersleben nach Neindorf. Das Gerumpel verstärkt die Schmerzen ins fast Unerträgliche. Er stützt sich mit den Händen mühsam ab. In Neindorf ist das alte Krankenhaus. Ein Gebäude aus roten Backsteinen, alle schon leicht verwittert, gibt Raum für die Männerstation. Der von Bauchschmerzen Geplagte wird ins Bett gelegt. Zwölf Betten stehen in dem Krankenzimmer. Eine Frau Doktor kommt zu ihm. Sie ist ihm sofort sympathisch. Sie ist ihm sogar sehr sympathisch. Die Frau Doktor empfindet er als einen mütterlichen Typ, der aber sehr viel Weiblichkeit ausstrahlt – eher eine junge Mutter als eine alte. Sie setzt sich zu ihm, auf sein Bett.

„Na, junger Mann, erzähl mal, was passiert ist."

Bert berichtet ihr, wie er plötzlich ganz starke Bauchschmerzen bekommen hatte, von seiner Fahrt mit dem Rad und warum er am Nachmittag nochmal in die Stadt musste.

„Und vorher hast du dich noch gesund gefühlt?"

Er nickt.

„Und wann hast du – und vor allem, was hast du zu Mittag gegessen?"

Die Antwort kommt nicht gleich. Er denkt, ob etwa diese gute, wie immer sehr fette, aber auch wie immer sehr gut schmeckende Erbsensuppe mit den dicken Speckstücken die Ursache für die Bauchschmerzen gewesen sein könnte?

„Was ist? Ich warte auf deine Antwort", holt die Frau Doktor ihn aus seinen Gedanken zurück in die Gegenwart.

Und er sagt ihr alles: vormittags die Schule, dann zurück nach Hause, dann die gute Suppe, dann aufs Fahrrad und ins Stadion, dann die Übungen für Berlin, dann aufs Fahrrad und wieder zurück.

„Frau Doktor. Ich habe noch eine Frage. In drei Wochen fangen die Weltjugendfestspiele an. Ich muss da ja mitmachen. Glauben Sie, dass ich bis dahin wieder gesund bin?"

Gespannt und ängstlich zugleich sieht er sie an. Platzt jetzt ein Traum? Oder haben höhere Mächte ihre Hand im Spiel?

„Na, mein Junge", sie hat wirklich „mein Junge" gesagt, „schnell gesund werden wir dich schon bekommen. Aber dort in Berlin mitturnen oder was ihr dort auch noch alles auf dem Rasen veranstalten wollt – das wird bestimmt nicht gehen. Du hast eine Entzündung der Magenschleimhaut und offensichtlich keine leichte. Wenn du bei uns rauskommst, musst du dich noch einige Zeit schonen."

Die Schwester besucht den kranken Bruder.

„Sag mal Brüderchen. Was hast du der Dokterschen da erzählt? Meine gute Erbsensuppe soll daran schuld sein, dass du hier liegst? Ich hab ihr gesagt, dass du zwei große Teller davon verschlungen hast!"

„Und was hat sie gesagt, die Frau Doktor?"

– Er sprach natürlich von der „Frau Doktor" und nicht, wie die Schwester, von der „Dokterschen".

Aber in der alten Heimat, die sie nach dem Kriege verlassen mussten, war eine „Frau Doktor" eben die „Doktersche" – und das klang durchaus anerkennend, ja fast liebevoll.
„Was sie gesagt hat? Nach dem Krankenhaus sollen wir dich aufpäppeln. Du würdest schwach sein. Übrigens: Ich glaube, sie hat an dir einen Narren gefressen. Fragt mich doch glatt, ob sie dich nicht adoptieren könnte. Na ja. Wir haben dann beide darüber gelacht."
Jetzt mag der Junge die Ärztin noch mehr.

Lasst heiße Tage im Sommer sein!
Im August, im August blüh'n die Rosen!

Zwar nicht als Sportler in der Mitte der vielen tausend Jugendfreundinnen und Jugendfreunde, die im großen Stadion der Weltjugend zeigen, was sie über Monate eingeübt haben, aber immerhin doch als einer der zwei Millionen FDJler, die das demokratische Berlin, also die Hauptstadt der Deutschen Demokratischen Republik, in ein Meer von blauer Farbe – Blauhemden und Blaublusen, blaue Fahnen, blaue Transparente an den Wandresten der Ruinen mit strahlenden, optimistischen Gesichtern – tauchen, kann Bert die Weltfestspiele der Jugend erleben.

An einem kühlen Sommermorgen, der jedoch einen heißen Tag verspricht, steigen sie in die Güterwagen der Deutschen Reichsbahn. Links, dort wo Orden hingehören, trägt er das große Abzeichen mit der Verleihungsnummer 1376 am Blauhemd. Außer ihm sind es wenige, die ein Sportleistungsabzeichen schon erworben haben. Der Jugendfreund Helmut, Mitschüler aus der Parallelklasse am Martineum, wirft immer wieder einen Blick auf den Orden.

Die Schwester hat ihn aufgepäppelt. So, wie es die „Doktersche" gewollt hat. Jeden Morgen quirlte die Schwester für ihn ein frisch gelegtes Ei, mit viel Zucker. Eigentlich hat sie ihn gar nicht nach Berlin fahren lassen wollen, die Frau Doktor: marschieren, das Stehen in der Hitze, das Massenlager, womöglich ein nicht ganz so richtiges Essen für einen, der gerade erst ein paar Tage aus dem Krankenhaus war. Er hat versprechen müssen, sich in Acht zu nehmen, und sie hat ihm ein Attest ausgestellt, in dem sein Zustand als wenig belastungsfähig beschrieben ist. Die Funktionäre nehmen dieses Attest nicht nur zur Kenntnis und richten sich danach, sondern loben den Jugendfreund aus Halberstadt auch noch. Immerhin habe er, obwohl nicht ganz gesund, auf eine Teilnahme an diesem großen Fest des Friedens und der Völkerfreundschaft nicht verzichten wollen.

An den ersten Tagen ist es anstrengend, sehr anstrengend. Die große Stadt, die vielen Menschen, die fehlende Orientierung. Für den Jugendfreund aus der Provinz ist alles zunächst verwirrend. So ist Bert an den ersten Abenden zufrieden, wenn er sich auf seine Matratze in dem Massenlager legen kann. Auf dem Dachboden eines nicht zur Ruine gewordenen Miethauses, unter und zwischen den Balken, Pfetten und Sparren, sind an die zwanzig Jugendfreunde für die heißen Augustnächte untergebracht. Helmut hat sein Lager neben Bert.

„Du bleibst doch heute Abend wieder hier. Oder?", fragt Helmut.

„Hatte ich vor. Fühle mich noch nicht so gut. Warum fragst du?"

Helmut redet nicht lange um die Sache herum.

„Kann ich dein Sportabzeichen heute mal haben? Nur heute Abend?"

„Wenn du es nicht verlierst und mir noch heute zurückgibst."

Er kann sich denken, warum Helmut sich mit dem Abzeichen am Blauhemd schmücken will. Welche Kitty oder Carmen oder Petruschka oder, auch nur ganz schlicht, welche Thea hat er wohl kennengelernt? Die Tage im August sind wirklich heiß. Vielleicht auch die Nächte? Nicht nur die Rosen blühen. Auch die Liebe blüht.

Klatsch beim Spaniertanz Kim aus Korea,
grüßt die Kitty aus Mexiko ihn,
reichen Hände sich Jimmy und Thea
im August, im August in Berlin.

Für Frieden und Völkerfreundschaft. Oder doch eine kommunistische Großveranstaltung? Aus über hundert Ländern sind sie gekommen. Alles Kommunisten? Warum ist im Westen die FDJ verboten worden? Warum ist sie verfassungsfeindlich? Warum ist es für unsere westdeutschen Freunde so schwierig, nach Berlin zu kommen? Und trotzdem sind über dreißigtausend gekommen! Sind die Mächtigen im Westen gegen Frieden und Völkerfreundschaft? Ja, so muss es wohl sein.

Man muss wissen, wogegen man kämpft!

Bert hat viel Zeit. Er braucht nicht die unzähligen Pflichtveranstaltungen mitzumachen. Er ist ja noch gewissermaßen im Krankenstand. Schwarz auf weiß hat er das. Um zu erfahren, warum wir gegen die imperialistischen Mächte kämpfen müssen, setzt er sich in die Stadtbahn und fährt nach Westberlin. Das Erste, was ihm auffällt: Auch hier scheint das große Treffen der Jugend der Welt stattzufinden. Überall trifft er auf Blauhemden und Blaublusen.

Das Zweite, was ihm auffällt: Hier gibt es viel, viel weniger Uniformen als bei uns, und die Polizisten in Grün sind freundlich, sehen nicht so aus, als ob sie jederzeit kampfbereit sein müssten. Schnell wird er darüber von anderen Jugendfreunden informiert, in welchem Haus er essen könnte, wo er ein Fresspaket mit zwei Bananen bekommen würde und was er sich ganz bestimmt ansehen müsste. So vergeht die Zeit schnell. Mit anderen bestaunt er in einer Ausstellung mit vielen kleinen Modellen die Vorhaben der Amis, die das durch den Krieg zerstörte Deutschland wieder in die Lage versetzen sollen, auf eigenen Beinen stehen zu können. Ein amerikanischer Außenminister hat sich das ausgedacht, der Mister Marshall. Hier ist alles irgendwie entspannter. Und ihm fällt auf, dass hier schon wieder viel mehr neue Gebäude zu sehen sind als in der Hauptstadt unserer Republik. Es ist alles bunter, farbiger – ja, irgendwie fröhlicher. Für Ernst, den ungeliebten Schwager, kauft er sechs Westzigaretten der Marke „Juno". Die hat Ernst, wie er erzählt hat, immer als Soldat geraucht.

Die Stimmung ist ausgelassen. Die Tage in Berlin sind vorüber. Im Güterwagen der Reichsbahn haben sich Gruppen gebildet. Der vorgegebene Takt, den die Räder durch den Abstand der Schienenstöße schlagen müssen, begleitet die Rückfahrt. Unbekannter Duft wabert durch den Wagen.

„Na, Jugendfreund. Welche Marke hast du denn in Westberlin gekauft?"

Der Angesprochene ist ein Funktionär, vielleicht ein Sekretär irgendeiner Kreisleitung der FDJ, erfüllt im Alltag irgendwelche wichtigen Aufgaben, kämpft für irgendetwas, denn gekämpft wird in der Republik immer und um alles und für alles. Gegen die Imperialisten im Westen und um die Erfüllung von Planzielen und für die Erhaltung des Friedens.

„Ja und? Um zu wissen wie der Feind denkt, muss man auch wissen, was er raucht."

Meint er das jetzt ernst? Bert ist unsicher. Will er uns prüfen? Oder gar provozieren?

„Spaß beiseite. Ihr müsst mir nichts vormachen. Wer war denn nicht in Westberlin? Ich glaube, dass bestimmt Tausende, wenn nicht Zehntausende, drüben waren. Das ist auch gar nicht so schlecht. Hoffentlich habt ihr euch nicht täuschen lassen. Denn das wollten die doch: Wir sollten so richtig getäuscht werden. Nur um die Errungenschaften unserer Republik schlecht zu machen. Drüben ist doch alles Fassade. Und dieses ganze Gequatsche von Freiheit und so. Echte Freiheit haben wir. Und sind denn Bananen oder diese Zigaretten so wichtig? Bestimmt nicht! Es kommt doch nicht darauf an, ständig Bananen zu haben oder Bohnenkaffee trinken zu können oder in diesen komischen Nietenhosen herumzulaufen. Wichtiger ist doch ein richtiges Bewusstsein. Was haben die denn drüben im Kopf? Nichts. Wir wissen jedenfalls, dass wir auf der richtigen Seite sind. Wir werden für uns eine Zukunft schaffen, die die Menschen glücklich und stolz macht."

Mein Gott, geht es Bert durch den Kopf, der meint das, was er jetzt gerade gesagt hat, wirklich ernst.

Zunächst herrscht Schweigen im Waggon.

Dann fängt Helmut vorsichtig mit seiner Philosophie an:

„Klar. Du magst ja recht haben. So haben wir das ja auch in der Schule mitbekommen. Der Kapitalismus wird untergehen. Und die klassenlose Gesellschaft des Sozialismus kommt. Und wir sollen auf dem Weg zu dieser Gesellschaftsordnung sein. Und ein ‚Neuer Mensch' wird da sein. Oder besser: Zu dem sollen wir uns entwickeln. Und alles nach dem Vorbild der Sowjetunion."

Was ist mit Helmut los, denkt jetzt Bert, hoffentlich verhaspelt der sich nicht hoffnungslos.

„Und ich muss dir schon zustimmen. Auch unser Lehrer in Gegenwartskunde, Hillmann heißt er, ein echter Antifaschist, kommt übrigens aus dem Westen, hat uns erklärt, was Meinungsfreiheit bedeutet. Wo kommst du denn eigentlich her?"

„Ich bin aus Wernigerode", antwortet der FDJ-Sekretär.

Na, denkt Bert, Gott sei Dank ist die Gefahr gering, dass ich den noch mal treffe.

Doch das Gespräch regt ihn an, über einiges nachzudenken. Was fehlt ihm hier, was dort für ihn erstrebenswert wäre? Bananen? Die kennt er nicht. Die gab es auch in seiner Kindheit nicht. Die braucht er nicht. Freiheit? Was ist denn eigentlich Freiheit? Bruno Hillmann hat ihnen einmal gesagt, dass Freiheit die Einsicht in die Notwendigkeit wäre. Die Notwendigkeit bestimmt also die Grenzen der Freiheit. Hier ist er doch auch frei. Keiner verbietet ihm sein aktives Wirken in der Pfarrjugend.

In der Schule hat er nie das Gefühl, zu irgendetwas gezwungen zu werden, was vielleicht gegen sein Gewissen wäre. In den zwei Zimmern seiner Kopf-Hütte lebt es sich gut. Und sind die da drüben im Westen wirklich frei? Können die alles sagen, was sie wollen, was sie denken? Bestimmt nicht! Sonst wäre dort ja nicht die FDJ verboten worden. Warum wird eine Jugendorganisation verboten, die doch für Frieden und für die Freundschaft zwischen den Völkern eintritt? Er muss an seinen Lehrer Bruno Hillmann denken. Hatte der nicht recht, als er ihnen erklärte, was Meinungsfreiheit ist? Und was ist wichtiger? Ob ich mir immer alles das kaufen kann, was ich gerade will – vorausgesetzt, ich habe das Geld dafür –, oder ob ich auch als armer Kerl, mehrfach stigmatisiert, zur Oberschule gehen und sogar noch monatlich mein Stipendium abholen kann?

Er denkt an seine Schwester. Sie hat ihm irgendwann ihr letztes Zeugnis gezeigt. In diesem Zeugnis aus dem Jahre 1936 hatte sie so gute Zensuren, die mit Sicherheit, heute und jetzt, gereicht hätten, zur Oberschule geschickt zu werden. Damals konnten die Eltern dafür das Geld nicht aufbringen – für eine sogenannte Höhere Schule.

19

*Auf der Gutsmauer / Schwingungen ordnen
Gehirnzellen / „Aida" im Volkstheater*

Wenn Bert in der Dämmerung durch den Garten lief und das kleine Tor hinter sich schloss, stand er vor dem Limbach. Ein Sprung über diesen Bach, der im Sommer eher einem kümmerlichen Rinnsal glich, brachte ihn auf einen Weg, der nach einer kleinen Biegung die Mauer aus unregelmäßig behauenen Feldsteinen erreichte. Diese Mauer, ungefähr zwei Meter hoch, umschloss hier das Gut, in dem in einem Nebengebäude Susi mit ihren Eltern wohnte. Susi kannte die Melodie, die von der Mauer her gepfiffen wurde. Bald war sie unten im Park, und er war auf die Mauer geklettert. Sie saßen eng zusammen. Sie umarmten sich, gaben sich den Begrüßungskuss. Bert spürte die Wärme ihres Körpers. Die Nähe zu einem anderen Menschen tat ihm gut. Manchmal dachte er, dass er jetzt überhaupt zum ersten Mal in seinem Leben menschliche Nähe und menschliche Wärme spüren würde.

Sie hatten sich immer viel zu erzählen, die beiden jungen Liebenden, dort auf der Mauer. Und natürlich: Immer wieder suchten und fanden sich ihre Lippen.

„Was gibt's Neues in eurer Jungenschule?"
Mit leicht spöttischem Unterton fragt das Mädchen.
Etwas rückständig ist die Schule schon in ihren Augen – nur mit Schülern, aber keinen Schülerinnen. Da er jedoch die Rivalität zwischen den beiden Oberschulen nicht so ernst nimmt, reagiert er nur mit einem kleinen Lächeln.
„Wir haben uns heute mal wieder fast kaputtgelacht. Ich hab dir ja schon oft von unserem Russischlehrer erzählt." Sie nennen ihn Nu-Wott.
„Der hat heute einen richtigen Wutanfall bekommen. Der Didi, du kennst ihn, der vom Bauernhof aus Wegeleben kommt, ist richtig eingeschlafen, mitten in der Russischstunde. Nu-Wott fing an zu toben. Didi kam gar nicht zum Reden. Irgendwann hat er aber doch sagen können, dass er die halbe Nacht bei einer der Kühe wachen musste, die Schwierigkeiten beim Kalben hatte. Weißt du, worüber wir dann gestaunt haben?"
„Na, worüber?"

„Nu-Wott musste mit uns lachen und hat sich ganz schnell wieder beruhigt."

Warum der Russischlehrer Nu-Wott genannt wird, brauchte Bert der Susi nicht zu erklären. Sie war in Russisch ja auch sehr gut und wusste, dass die Russen das Wort „wott" oft benutzen – ungefähr so wie die Amis ihr „okay". Der Lehrer hatte Russisch bereits als Kriegsgefangener in einem Lager hinter dem Ural gelernt.

„Das wird dich auch interessieren. H.P. wird einen Chor gründen."

Susi fängt an, mit ihrer glockenhellen Stimme zu lachen.

„Der spinnt doch. Sicherlich nur Männerstimmen. Gegen uns habt ihr doch keine Chance. Nicht die kleinste."

„Na, pass mal auf. Du wirst schon sehen." Ist der Junge leicht gekränkt?

Er hat sich natürlich auch gemeldet. H.P. hat ihn aufgenommen in den Chor. Die angesetzten Proben am Nachmittag bedeuten für ihn zwar wieder ein zusätzliches Hin- und Zurückfahren zwischen der großen und der kleinen Stadt. Aber vielleicht bekommt er doch noch eine Zwei in Musik.

„Geht ihr auch zu ‚Aida'?"

„Ja, natürlich. Jenny legt großen Wert darauf, dass wir ins Theater gehen, wenn Opern gespielt werden", ist die Antwort. Und Susi meint natürlich die Frau Doktor Jenny Diekmann.

Das muss man anerkennen: H.P. ist ein guter Musikpädagoge. Nicht alle seine Schüler im Musikunterricht haben Freude an der guten Musik. Was gute Musik ist, bestimmt natürlich der Herr Oberstudienrat. Er zwingt zwar keinen, nachmittags zu einer Opernaufführung ins Volkstheater zu gehen. Wer aber hingeht, dem ist er wohlgesonnen. Dem Bert ist es gleich, ob ihm H.P. in dieser Sache wohlgesonnen ist oder nicht. Er weiß, dass er – Chor hin oder her – nun einmal nicht zu den Schülern gehört, die große Chancen haben, in Musik von H.P. eine bessere Zensur als die Drei zu bekommen.

Dabei glaubt er, vor Kurzem erkannt zu haben, warum Musik sein Innenleben oder seine Stimmungslage so stark bestimmt, warum ein getragener Choral oder ein fröhliches Volkslied so ganz unterschiedliche Empfindungen hervorrufen, warum nach einem schönen Marienlied in der Maiandacht eine kleine Traurigkeit verschwindet.

Die Erkenntnis bekam er in einer Physikstunde. Schwingungen waren das Thema. Kann man Schwingungen sichtbar machen? Man kann!

Ernst Florens Friedrich Chladni, schon vor mehr als hundertzwanzig Jahren gestorben, beschäftigte sich mit der Erforschung von akustischen Problemen. Herr Chladni nahm eine dünne Platte aus irgendeinem Metall, streute auf die Platte ganz feinen Sand, nahm einen Geigenbogen und strich mit diesem die Kante der Metallplatte. Und er sah Folgendes: Der wahllos verteilte feine Sand bewegte sich und formte sich zu symmetrischen, für das Auge äußerst angenehmen Gebilden. Harmonische Formen entstanden durch die Schwingungen der Platte. Die feinen Körner des Sandes begaben sich in eine durch die Schwingung vorgegebene Ordnung.

Ja! So muss es sein! Die Schwingungen, die durch die Musik entstehen, schaffen in meinem Gehirn eine Ordnung. Durch Traurigkeit, schlechte Erfahrungen, Niedergeschlagenheit, Seelenpein, Enttäuschungen, Liebeskummer und anderes, was mich herunterzieht, geraten die kleinen Zellen oder noch kleinere Bestandteile als die kleinen, grauen Zellen in meinem Gehirn in einen chaotischen Zustand – und ein Chaos ist die vollständige Unordnung. Durch die Musik schwingt sich sozusagen mein Gehirn wieder in die Ordnung. Bert ist von seiner Erkenntnis so überwältigt, dass er sie ganz tief in seinem Innern verschließt. Nie würde er darüber reden. Man würde den Kopf schütteln oder ihn sogar auslachen.

H.P. erklärt also die Oper „Aida" von Giuseppe Verdi. Er spricht über den Komponisten und macht deutlich, dass der als Italiener in einer langen Musiktradition steht. Er nennt Bellini, Rossini, Donizetti, Frescobaldi. Bei Frescobaldi – welch lustiger Name – erreicht die Unruhe in der Aula einen gewissen Höhepunkt. Bei allen Bemühungen hat der Lehrer offensichtlich vergessen, dass dort unten nicht nur seine Lieblingsschüler sitzen. Die dazu nicht gezählt werden können, haben sich die Zeit damit vertrieben, über alles Mögliche zu schwatzen. Bert zählte zwar auch nicht zu seinen Lieblingsschülern. Er nahm jedoch alles auf, was der Musikpädagoge da oben auf dem Podest vor dem schwarzen Flügel über die Musik im Allgemeinen und im Besonderen sagte. Er lernte, wie man Musik erleben kann.

„So, so. Ihr geht also heute Nachmittag ins Volkstheater – in eine Oper."
In der letzten Schulstunde gibt Bruno Hillmann Gegenwartskunde. Da er keine Gelegenheit versäumt, darauf hinzuweisen, wie großartig unsere Errungenschaften beim Aufbau der neuen gesellschaftlichen Ordnung sind, muss er natürlich seinen Schülern erklären, dass im Ge-

gensatz zum kapitalistischen Westdeutschland bei uns anderes beim Wiederaufbau Vorrang hat als dort. Er muss es wissen, denn er kommt ja aus dem Westen.

„Ja! unser Volkstheater! Das alte Stadttheater wurde, wie ihr wisst, in den letzten Wochen des Krieges komplett zerstört. Und jetzt, nur wenige Jahre danach, haben wir dieses schöne, neue Volkstheater. So geht das bei uns! Und ratet mal, was im Westen zuerst wiederaufgebaut wird. Ich sag es euch: Bankhäuser, Villen der Reichen, Fabriken, in denen Kanonen produziert werden."

So belehrt, geht Bert ins Volkstheater.

Immer wieder ist er begeistert. Er versteht noch nicht allzu viel von der Kunst des Bauens. Aber er sieht, wie sorgfältig hier im Inneren des Theaters die Maurer Ziegelstein auf Ziegelstein sorgfältig mit gleich großen Fugen verarbeitet haben. Hier waren Meister ihres Faches am Werk. Solch ein Mauerwerk hat er bisher nirgendwo gesehen. Die Ecken, Kanten und Spitzen der roten Steine zeigen in wohldurchdachter Anordnung ins Innere. Üblich sind ja glatte Wände. Hier ist die Innenseite aber nicht glatt, sondern vom Architekten gewollt ... „Ja, wie ist sie denn eigentlich?", denkt Bert. Zerklüftet, zerrissen. Aber doch geordnet. Wegen der Akustik sei das so, hat ihm der Alfons erklärt, der es weiß, weil er jetzt in Weimar angefangen hat, Architektur zu studieren.

Es wird dunkel. Das Orchester stimmt sich ein. Der Vorhang hebt sich. Die Welt der alten Ägypter nimmt ihn gefangen. Die Musik hüllt ihn ein, bringt Ordnung in die kleinsten Teile des Gehirns. Er nimmt teil an dem Geschehen, vergisst, dass es nur ein musikalisches Drama ist, fühlt sich als Ägypter mitten in der Handlung. Der Triumphmarsch zu Ehren des siegreichen Radames. Unentwegt marschieren die Soldaten von rechts nach links durch die Kulissen über die Bühne. Wo kommen diese vielen Menschen her? Beim dritten Durchmarsch merkt er, dass es immer die gleichen Gesichter sind. Es stört ihn nicht. Schnell werden nämlich in den Kulissen die Kopfbedeckungen ausgetauscht und andere Feldzeichen, andere Banner und ähnliche Utensilien in die Hände der Komparsen gegeben – und schon triumphiert eine neue Hundertschaft. Schmerzlich ist das Ende. Wie grausam waren doch damals die Menschen am Nil. Mauern sie doch tatsächlich den Radames ein, im Keller unter dem Altar der Göttin. Und – das muss Liebe sein: Ohne dass Radames es gemerkt hat, ist Aida zu ihm geschlichen, bevor der letzte Stein die letzte Öffnung verschloss. Sich in den Armen liegend, bekommen sie bald keine Luft mehr und müssen sterben. Heimlich wischt Bert seine Augen trocken.

20

„*Wissen ist Macht!*" / Das „*Abzeichen für gutes Wissen*"
in Bronze ist ausreichend / Musikalischer Misserfolg

Die große Aufregung herrschte nicht. Eine gespannte Erwartung war auch nicht wahrzunehmen. Eher war es die Neugier, die die Jungen und die fast jungen Männer in auffällig großer Zahl aus den Klassenzimmern auf die Flure trieb. Mit dem Beginn dieses Schuljahres endete eine historische Epoche. In die neunten Klassen kamen auch Mädchen, nicht nur Jungen. Ab jetzt ist das Martineum nicht mehr nur ein Gymnasium, eine Oberschule für Jungen. Susi konnte nicht mehr mit einem leicht abfälligen Unterton von der „Jungenschule" sprechen. Diese Vierzehnjährigen sind für die Großen nicht weiter aufregend.
„Diese Kinder!", sagte Tomm.
Aus den Vierzehnjährigen wurden Sechzehnjährige. Da sah auch Tomm sie mit anderen Augen an und sagte nicht mehr: „Diese Kinder!"

Wissen ist Macht!
Alle kennen diesen Satz. Bruno Hillmann hat ihnen dessen Sinn in einer Gegenwartskundestunde erklärt:
Wenn man das Volk in seiner Dummheit verharren lässt, dann wird sich an den gesellschaftlichen Verhältnissen nichts ändern. Wenn man aber das Volk aufklärt, ihm Zugang zur Bildung verschafft, ihm die Möglichkeit gibt, durch ein Mehr an Wissen zu erkennen, wie etwas geändert werden muss und wie somit die herrschende Klasse – Klassenkampf muss sein – überwunden werden kann, dann öffnet sich zwangsläufig der Weg in eine bessere Zukunft für das nicht wissende Volk.
Dass die große Sowjetunion, unser Vorbild, diesen neuen Weg bereits erfolgreich beschreitet, bedarf nach Hillmanns Ansicht keiner besonderen Erwähnung, denn diese Wahrheit hat er stets vermittelt und betont. Nicht vergessen: Von der Sowjetunion lernen, heißt siegen lernen.
Wissen ist Macht!
Ein deutscher Sozialist des neunzehnten Jahrhunderts, glühender Anhänger von Karl Marx, hat diesen Satz, der eigentlich von einem englischen Philosophen stammt, der zweihundert Jahre früher lebte, zum Handwerkszeug, zu einer Waffe für den Klassenkampf gemacht, um die im Kapitalismus herrschende Klasse zu besiegen.

Wissen ist Macht!
Es ist unumstößlich: Die neue Gesellschaftsordnung ist nur mit dem Typ des „Neuen Menschen" zu schaffen. Dieser muss geformt werden, und am Ende seiner Entwicklung wird etwas völlig Neues stehen – vielleicht die „Sozialistische Persönlichkeit". Von alleine, ohne einen kräftigen Impuls durch die bestehenden Organisationen, wird das nicht gelingen.
Also stoßen wir es an, dachte der Zentralrat der Freien Deutschen Jugend. Damit die zukünftigen sozialistischen Persönlichkeiten einen Anreiz erhalten, sich das notwendige Wissen anzueignen, werden wir ein neues Abzeichen schaffen. Wir nennen es: „Abzeichen für gutes Wissen." Wir werden auch diejenigen, die dieses Abzeichen erringen, ein bisschen bevorzugen, wenn es zum Beispiel um die Zulassung zu einem Studium geht. Aber ganz unauffällig.

Gutes Wissen! Welches gute Wissen? In der Naturwissenschaft? In der Mathematik? In Deutsch oder in Sprachen? Nein! Die schriftliche und mündliche Prüfung hat die Grundkenntnisse im Marxismus-Leninismus und die Grundkenntnisse über das politische und gesellschaftliche Leben in der DDR zum Inhalt. Die Mitglieder der Jungen Gemeinde in Berts Klasse, also die Kugelkreuzträger, denken gar nicht daran, dieses neue Abzeichen zu erwerben.
Den Marxismus-Leninismus als Ersatzreligion lehnen sie sowieso ab. Sie sind und bleiben treue evangelische Christen. Selbstverständlich werden die Lehrbücher, die als Vorbereitung auf die Prüfung in großer Auflage kostenlos zu haben sind, von den Klassenkameraden, die immer das Blauhemd tragen, schnell in die Schultasche gesteckt.
Und Bert? Schaden kann es nicht, und wer weiß, wozu es noch einmal gut sein kann. Also hat auch er sein Abzeichen im Herbst am Blauhemd, das er manchmal trägt. Die Prüfung für das Abzeichen in Bronze ist leicht. Im Grunde braucht er sich nur daran zu erinnern, was in der mündlichen Prüfung für sein Sportleistungsabzeichen abgefragt wurde. Eigentlich besteht die beste Vorbereitung auf die Prüfung darin, die Tageszeitung und die „Junge Welt", die FDJ-Zeitung, zu lesen.
Bronze genügt ihm vollkommen und erfüllt wohl auch die Norm, die Bruno Hillmann setzte. Natürlich gibt es das Abzeichen auch in Silber und in Gold. Das Goldene schmückt einige Monate später die Blauhemdbrust seines Freundes Norbert. Der wurde in der Prüfung dann schon ganz anders gefordert, zum Beispiel mit den Themen:

„Was ist Demokratie?"
„Der Aufbau und die Demokratisierung der Landwirtschaft in der Deutschen Demokratischen Republik."
Zu diesen Themen hätte Bert nun aber wirklich gar nichts sagen können. Er hätte höchstens die entsprechenden Kapitel aus dem Vorbereitungsbuch auswendig lernen und dann herunterplappern können. Es wären dann ja keine Lügen gewesen, eher eine Leistung des Gedächtnisses.

„Jetzt ist der auch abgehauen", sagt die Schwester, als er mit dem Rad am späten Nachmittag nach Hause kommt. H.P. hatte die Chorprobe auf vier Uhr gelegt.
„Wer ist abgehauen?", fragt er.
Es hauen immer mehr ab. Deshalb ist für ihn diese Mitteilung seiner großen Schwester nur am Rande interessant.
„Der Karl Hecht. Hat seinen Hof aufgegeben und ist mit der Familie rüber."
Er erinnert sich. Die Sigrid, Tochter des Bauern Hecht, hatte ihm damals manchmal, als ihm das noch wie ein Geschenk des Himmels erschien, heimlich ein Wurstbrot, eingepackt in Pergamentpapier, in das Fach unter der Platte seiner Schulbank gelegt.
„Ja, ja. Die Demokratisierung der Landwirtschaft", murmelt er kaum vernehmbar vor sich hin.

Der Herbst ist die Jahreszeit der Reife. Die Ernte wird eingebracht. Äpfel leuchten rot in der noch warmen Sonne. Sie lässt nicht erahnen, wie sie im Winter zu einer kalten Sonne werden wird. Sie hat jetzt die großen Kalksteine, aus der die Gutsmauer vor vielen, vielen Jahren gebaut wurde, angenehm warm gemacht. Susi ist heute die Erste, die auf der Mauer sitzt. Sie haben sich auf der Heimfahrt im Zug verabredet.
„Ich komme so gegen sechs. Dann bin ich mit den Schularbeiten fertig", hatte er ihr gesagt.
„Hoffentlich schickt mich die Schwester nicht noch zum Ausmisten."
Nein, sie hat ihn nicht geschickt und so – wie schon oft geübt in vielen verflossenen Monaten – klettert er die Mauer hoch und setzt sich neben seine Freundin. Sie ist offensichtlich sehr fröhlicher Stimmung, trällert mit ihrer sehr schönen hellen Stimme irgendeine Melodie vor sich hin. Man meint, es singt ein kleines, farbenfrohes, buntes Vögelein.
„Na und?"

Sie guckt ihn mit einem Lächeln an, in dem er eine kleine Portion Schadenfreude zu erkennen glaubt. Vielleicht wird er aber auch durch die abendliche Dämmerung getäuscht.
„Was meinst du?", fragt er.
„Ich hatte doch recht. Das mit eurem Chor konnte nicht gut gehen. Jenny hat nach eurer Singerei ganz schön gelästert."
Er macht sich ganz klein. Nein, sie soll es nicht merken. Sie soll nicht merken, wie enttäuscht er ist.

Es war demütigend – für den Chor, für ihn und vor allem für H.P., also für den Dirigenten des Chores.
Ihr erster Auftritt wurde zu ihrem letzten. Nutzlose Zeitverschwendung – die zusätzlichen Fahrten mit dem Rad an vielen Nachmittagen, die Stunden der Proben, der Anlauf für den Zweier in Musik.
Woran es gelegen haben könnte? Sicherlich auch daran, dass der Chor der Konkurrenz nun wirklich viel, viel besser war. Sicherlich jedoch auch daran, dass sich H.P. in seinen Möglichkeiten selbst maßlos überschätzt hatte. Sang der Chor der Käthe-Kollwitz-Oberschule fröhliche Lieder und Lieder, die die strahlende Zukunft optimistisch verherrlichten, so suchte sich H.P. etwas aus, das zwar gewissen akademischen Ansprüchen genügte, aber in der Kargheit, was Melodie und Text betrifft, überaus einfallslos und langweilig ist.

Immer strebe zum Ganzen, und kannst du selber kein Ganzes werden, als dienendes Glied schließ an ein Ganzes dich an!

Es musste wohl nach H.P.s Ansicht eine Spruchweisheit des Dichterfürsten Schiller sein, was sie, in Noten gesetzt, zu singen hatten. Bestimmt sechs Mal: immer derselbe Text, immer dieselbe Melodie. Da wohl die Hörerschaft eine weitere oder mehrere weitere Strophen erwartete, fiel nach einer langen Pause des Abwartens der Beifall dünn, sehr, sehr dünn aus – mehr aus Höflichkeit als aus Anerkennung der Leistung. Nur mühsam unterdrückten zuhörende Schülerinnen und Schüler der anderen Oberschule schadenfrohes Kichern.
Diese Weisheit des Herrn Schiller gefiel ihm von Anfang an nicht. Bert, manchmal tiefschürfenden Betrachtungen zugeneigt, fragte sich, warum, wenn schon ein Mensch kein Ganzes werden kann, er nur noch einem anderen Ganzen als Glied dienen soll. Warum versucht er nicht selbst, durch große Anstrengungen ein Ganzes zu werden? Auf jeden

Fall schien H.P. nicht erkannt zu haben, dass der „Neue Mensch" eine Persönlichkeit zu sein hat, die als vollkommenes Glied – also als Ganzes – in der neuen Gesellschaftsordnung nicht dem Ganzen dienen muss, sondern zum Ganzen, nicht dienend, aber die ihr gesetzten Aufgaben und Pflichten erfüllend, gehört.

Aber vielleicht hatte Schiller diese weisen Worte auch so gemeint: Der Mensch ist ja mitunter innerlich zerrissen und weiß nicht, was richtig, was falsch ist. Er findet sich nicht, kann sich nicht selbst verwirklichen. So soll er eben zu sich selbst finden, soll für sich entscheiden, was gut oder böse, richtig oder falsch ist, soll entweder innerhalb seiner eigenen Person oder zumindest als Glied einer Gruppierung eine innere Harmonie erreichen.

Bert dachte an seine Kopf-Hütte mit dem linken und dem rechten Zimmer. Harmonisch ließ es sich in beiden Zimmern leben.

21

*Landschulaufenthalt im Harz / Über die
grüne Grenze und eine schwierige Verständigung*

Es war eine Kneipe. Auf den Holztischen breiteten sich Bierlachen aus. Dazwischen standen die großen Gläser – für das helle Bier – und die kleinen Gläser – für den hochprozentigen Korn bestimmt. Die Männer an den Tischen sind Harzer. Gegerbte Gesichter unter den Mützenschirmen. Man sah es ihnen an, dass sie bei Wind und Wetter im Freien arbeiteten. Zigaretten zwischen den spröden Lippen. Rissige, raue Hände wiesen auf ihr Handwerk hin. Diese Männer waren Waldarbeiter, gewohnt, die riesigen Tannen und Fichten zu fällen, sie zu entasten, sie zu entrinden, sie zu verrücken dorthin, wo sie später die Fuhrwerke abholen würden. Laute Stimmen. Nach der harten Arbeit des Tages gönnten sie sich ihr Bier, ihren Schnaps. Deren Wirkung war zu erkennen. Einige Stimmen taten sich schon schwer, eine verständliche Sprache hören zu lassen.

„Wo kommt ihr denn her, ihr feinen Jüngelchen?"

„Aus Halberstadt", antwortete Wolfgang.

„So, so! Und was macht ihr dort? Aber wartet mal. Ihr braucht es mir nicht verraten. Zeigt mal eure Hände."

Wolfgang und Bert, Kurt und Didi, Knappe Walter und Gerdchen, Tomm und Ringer, Bodo und Achim, die Kugelkreuzträger Jürgen, Horst und Markus, auch alle übrigen Jungen legten die Hände auf den feuchten, nicht gerade sauberen Tisch der Kneipe. Der Waldarbeiter ließ sich Zeit, drehte die Hände hin und her, sah sie durchaus mit erkennenden Augen an.

„So, so! Nur wenige von euch wissen, was harte Arbeit ist. Oder? Ihr geht bestimmt auf eine Höhere Schule. Oder?"

Sie sagten, dass er richtig geraten hätte. Harte Arbeit mit den eigenen Händen kannten die wenigsten Söhne des guten Halberstädter Bürgertums. Vom Klavierspielen oder vom Streichen der Geigensaiten mit dem Bogen bekommt man eben keine Schwielen oder eine Hornhaut an den Händen. Nur bei Bert und bei Didi erkannte er:

„Eure Hände wissen, was Arbeit ist!"

Kein Wunder: Didi, der Bauernsohn aus Wegeleben und auch Bert mussten mit anpacken – beim Ausmisten, beim Ernten, bei der Hofarbeit, bei der Gartenarbeit. Die Anerkennung des Waldarbeiters war so etwas wie ein Orden. Sie waren zwar keine „Aktivisten", schon gar nicht „Helden der Arbeit". Aber es bedeutete schon einiges, gewissermaßen in die Nähe der Arbeiter- und Bauernklasse gerückt zu werden.

Die Klasse war mit Hans Dietz in Schierke. Jede Klasse der Oberschule fuhr zu einem festen Zeitpunkt ihrer schulischen Laufbahn in das Landschulheim. Auch Hans Dietz strengte sich nicht allzu sehr an, hier im Harz den üblichen Unterricht fortzuführen. Viel lieber ließ er seine Schüler in den Wäldern herumlaufen. Und da er auch ihr Lehrer im Fach Leibesübungen war, wurde mehr Sport getrieben als Deutsch oder Geschichte oder Gegenwartskunde.

Dabei hätte er gerade das Fach Gegenwartskunde hier äußerst praxisnah vermitteln können. Die Gegenwart sah nämlich so aus, dass nur wenige Kilometer von ihrem Landschulheim entfernt die Zonengrenze verlief. Nur wenige Kilometer entfernt lag also das Land der Kriegstreiber und Feinde des Friedens.

Wollten einige in Gegenwartskunde sich selbst unterrichten?

Sunt pueri, pueri, pueri puerilla tractant.

Es waren aber keine Kinder mehr und was sie trieben, war beileibe nichts Kindliches. Nein. Was sie da vorhatten, war ein gefährliches Spiel – nicht nur ein lebensgefährliches, sondern auch ein Spiel, das ihre Zukunft auf den Kopf hätte stellen können.

„Wollen wir abhauen?"
Bodo guckt den Bert mit einem schrägen Blick an. Von Bodo sind die Klassenkameraden einiges gewöhnt. Felsenfest glaubt er an seine Berufung. Er wird ein berühmter Schauspieler werden. Will er ein neues Schauspiel inszenieren? Sucht er Komparsen für das Stück „Abhauen"?
„Was meinst du damit? Wohin willst du abhauen?"
„Pass auf, Bert. Braunlage im Westen ist gerade mal so ungefähr fünf bis sechs Kilometer von Schierke weg. Da können wir doch einfach mal hingehen."
„Wer?", fragt Bert. „Du und ich? Wir beide?"
„Ach was. Achim, Jürgen, Gerdchen, Kurt und Didi machen auch mit."
„Und wann?"
„Heute! Wir essen abends pünktlich und dann geht's los."
Wie es sich für einen angehenden Schauspieler gehört, hat sich Bodo – immer schon etwas männlicher und älter im Aussehen als seine Mitschü-

ler – kostümiert. Ein Jackett gab ihm eine gewisse erwachsene Würde. In der Hand hat er einen Koffer, braune Pappe.

„Was willst du mit dem Koffer?", fragt Kurt.

„Mensch! Wenn man abhaut, braucht man doch Gepäck. Für das Nötigste zum Beispiel." Da aber ein leeres Gepäckstück keinen Sinn macht, packen die Flüchtlinge nach den ersten Metern, und dann immer wieder, allerlei in den Koffer: Moos und Steinchen, giftige und nicht giftige Pilze, Holzstückchen und Fichtenborke, Blätter von den Laubbäumen und Nadeln von den Tannen. So stapfen sie durch den Wald, suchen sich einen Weg, folgen hier den Spuren des Wildes, umgehen dort bizarre Felsen, die moosbedeckt den Pfad versperren. Uralte Fichten, von deren Zweigen grüne und braune Flechten hängen, überleben hier die Holzfällerei.

Hier ist Grenzgebiet. Hier wird der Wald wieder zum Urwald. Ist die Wegstrecke zwischen ihrem Landschulheim und Braunlage auch nicht besonders lang, so haben sie es unterschätzt, wie viel Zeit man braucht, wenn man so durch den Wald geht – ohne Weg und Steg. Langsam kommt die Dunkelheit. Bald ist es Nacht. Das verkünden auch unverkennbar die Stimmen der Waldvögel. Umkehren? Nein. Nicht nur, weil sie schon so lange unterwegs sind. Sie wollen nicht im Dunklen zurück durch den tiefen Wald. Aus der abenteuerlustigen, fröhlichen Schar wird ein schweigsamer Haufen.

Wie aus dem Nichts tauchen sie auf. Zwei Grünuniformierte. Gewehr quer vor der Brust. Es ist eine Uniform, die sie nicht kennen. Keine Volkspolizei. Keine Russen. Es sind Grenzwächter aus dem Westen. Sie staunen über die kleinlaute Truppe und erfassen die Situation. Bis zu den nächsten Häusern seien es höchstens noch zehn Minuten. Dort sollten sie ins Gasthaus am großen Platz gehen und sich erst einmal etwas ausruhen, bevor sie zurückgehen wollten.

„Aber hört zu! Wir haben Neumond und ihr dürft auf keinen Fall wieder durch den Wald zurück. Ihr müsst nach Schierke die Landstraße gehen. Dort kommt dann der Schlagbaum. Und gleich hinter dem Schlagbaum sind die Russen. Und hier: Lasst euch eine Cola oder eine Sinalco im Gasthaus geben."

Bodo – wer auch sonst? – nimmt den kleinen Schein, den der Grenzwächter aus seiner Brieftasche hervorgekramt hat, und steckt ihn in die Tasche des Jacketts. Vielleicht glaubten die beiden auch, er wäre der Lehrer?

Jetzt ist es wirklich dunkle Nacht. Nicht nur kleinlaut, sondern still und stumm trotten sie auf der gepflasterten Straße. Bodo trägt den Koffer. Sie sind müde, sehr müde. Der Schlagbaum.

„Stoi! Stoi!"

Aus dem Straßengraben springen zwei Rotarmisten. Drohend zielt die Kalaschnikow auf den erschöpften Haufen.

„Dawei! Dawei! Mitkommen!"

Eine Holzbaracke dient als Kommandantura. Der Kommandant ist ein Genosse Unterleutnant, kleinwüchsig und jünger aussehend als Bodo. Es riecht nach Machorka-Tabak, Wodka und Schweiß. Sichtlich blass und eingeschüchtert stehen sie da – die Oberschüler aus Halberstadt. Ob die Freunde in den Uniformen der Roten Armee ihnen glauben werden? Ob sie nicht meinen werden, sie hätten Spione und Agenten des Klassenfeindes aus dem imperialistischen Lager gefangen? Der Genosse Kommandant nimmt seine Papirossa aus dem Mundwinkel, wirft sie auf die Bretter des Barackenbodens und tritt sie mit dem Stiefelabsatz aus. Streng sieht er den Haufen an. Was haben seine Männer denn da für sonderbare Vögel aufgegriffen? Und Bodo hält immer noch seinen Koffer fest.

„Schto w tschemodane?", schreit der Kommandant ihn an.

Etwas hilflos guckt Bodo den Kurt an. Kurt hat die Frage verstanden. Er hat im Russischunterricht bei Nu-Wott besser aufgepasst als Bodo.

„Er fragt, was im Koffer ist", flüstert Kurt.

Bodo klappt den Kofferdeckel hoch. Ein scharfer Gestank steigt aus dem Koffer und breitet sich in der Kommandantura aus. Moose, Flechten und vor allem die Pilze haben angefangen zu faulen, haben einen Gärungsprozess in Gang gesetzt. Es scheint, als ob die Russen entspannter werden. Eine Bombe ist also nicht im Koffer.

Es ist ja kein Wunder, dass der Genosse Unterleutnant die nächste Frage im Verhör gerade und direkt an Bodo richtet.

„Du! Skolko tebe let?"

Das haben alle verstanden. Durcheinander redend und aufgeregt antworten sie:

„Pjatdesjat!"

Erst gucken die Rotarmisten ungläubig, dann verdutzt. Dann brechen sie in wieherndes Lachen aus. Sie schlagen den Grenzgängern auf die Schulter. Sie springen wie die Kinder herum. Bodo sieht zwar älter aus, als er ist. Älter als seine Klassenkameraden sieht er aus – doch wie fünfzig sieht er nun wirklich noch nicht aus.

Sie wollten „pjatnadzat" sagen. Sie haben am Anfang ihres Abenteuers verabredet, sich für den Fall der Fälle etwas jünger zu machen. Fünfzehn Jahre wollten sie angeben – also „pjatnadzat" –, falls sie nach ihrem Alter gefragt werden sollten.

„Wir haben uns im Wald verlaufen."
Hans Dietz hat leichte Zweifel an dieser Antwort. Er gehört zwar auch zu den sogenannten Neulehrern. Ihm fehlt jedoch dieses gewisse Sendungsbewusstsein. Ein Bruno Hillmann hätte die Grenzübertreter mit Sicherheit einem gestrengen Verhör unterzogen. Das Damoklesschwert des Endes ihrer Oberschulzeit hätte über sie geschwebt. Er hätte nicht das Argument gelten lassen, sie wären ja noch Knaben, Kinder – und sie hätten nur Kindliches getrieben: „... pueri puerilla tractant."

22

Bert wird ein Leichtathlet / Norbert ist ein Funktionär / Das Ende der ersten Liebe / Die Landwirtschaft auf dem Weg in den Sozialismus und die Bauern hauen ab

Ringer hatte ihn überredet. Er hatte ihn daran erinnert, wie gut er doch laufen könne. Beide hatten sich vor einiger Zeit das Sportleistungsabzeichen an das Blauhemd stecken können. So fuhr Bert jetzt zweimal in der Woche mit dem Rad in die Stadt ins Lokomotive-Stadion zum Training. Er lernte die Sportfreunde und Sportfreundinnen seiner neuen Gemeinschaft kennen, und besonders die Sportfreundinnen gefielen – Mädchen und junge Frauen, denen man ansah, dass sie nicht nur den bequemeren Alltag ihrer Altersgenossinnen leben wollten. Er verstand jetzt, was es bedeutet: „Mens sana in corpore sano." Zunächst erlebte er das wohlige Gefühl, wie es ist, wenn man nach einem anstrengenden Training und nach der Fahrt auf der Landstraße zurück – sozusagen hundemüde – auf den Strohsack fiel, um dann am nächsten Morgen frisch im Kopf, wenn auch mit einer gewissen Schwerfälligkeit in den Gliedmaßen, einen neuen Tag zu beginnen. Später merkte er, dass er irgendwie auch in der Schule besser wurde. Vielleicht bildete er sich das auch nur ein. Doch die Zensuren zeigten es.

Sein erstes Sportfest als aktiver Leichtathlet erlebte er in Wernigerode. „Mensch. Du schaffst ja die tausend Meter unter drei Minuten!", sagte der Trainer.

Balsam für die Seele. Einige Teilstriche auf der Skala des Lebens nach oben. Die Selbstzweifel nehmen ab. Also stimmte die Lebensweisheit der alten Römer: In einem gesunden Körper wohnt ein gesunder Geist.

Jenseits des Tales standen ihre Zelte ...

Dieses Lied hatte die Pfarrjugend gelernt, und sie sangen es laut auf ihrer Wanderung im Harzwald.

Die Jugendfreunde der FDJ und die Jungen Pioniere – fast alle Wanderer waren natürlich organisiert, wie man das nannte – hatten wieder einmal den Weg zum „Neuen Menschen" verlassen. In der Pfarrjugend-Gemeinschaft war es inniger, heimeliger. Keine Regeln bestimmten, was man sagen durfte oder nicht sagen durfte. Keiner verlangte Bekenntnisse zu den Freunden in der Sowjetunion. Keiner brauchte mit „Seid bereit. Immer bereit" oder „Freundschaft" zu grüßen. Man musste zwar nicht so grüßen. Doch manchmal war es durchaus angebracht, so zu grüßen und es wurde gerne gehört. Dass Susi und Norbert nicht mehr dabei waren, wunderte Bert nicht. Äußerlich hatten sich beide von der Pfarrjugend längst getrennt und innerlich bald ganz von der Kirche. Norbert war jetzt ein FDJ-Funktionär und man sah ihn in den Pausen nur noch im FDJ-Zimmer der Schule. Ja, die FDJ hatte sozusagen in der Schule einen eigenen Raum, gewissermaßen das Sekretariat der leitenden Jugendfreunde.

Heiß und jeweils die eigenen Ansichten mit aller Energie verteidigend, diskutierten die beiden Freunde oft. Sie waren immer noch Freunde, und mitunter ermahnte Norbert den Freund.

„Mann! Halt doch bloß deine Klappe! Du verbrennst dir noch mal die Schnauze!"

Aber Bert wusste es natürlich: So wie mit Norbert durfte er nur mit ganz wenigen Freunden reden – schon gar nicht mit anderen „Jugendfreunden", zum Beispiel mit seinem Klassenkameraden „Knappe" Walter, Sohn eines Altkommunisten.

Wie viele Male hatte Bert nun den Limbach, der hinter dem Garten floss, übersprungen? Wie viele Male war ihm Susi entgegengegangen? Wie viele Male hatten sie nebeneinander geschmiegt auf der alten Gutsmauer gesessen, hatten sich stürmisch, voller Leidenschaft geküsst? Aus der Freundschaft der Kinder war für sie die erste zarte Jugendliebe geworden. Er wusste nicht, ob das Mädchen – immerhin ist sie ja paar Monate älter als er und hat die erfahrene und verschwundene Rosi zur besten Freundin gehabt – mehr wollte, als er bereit war zu geben. Anders als manche seiner Klassenkameraden, die von ihren Erfahrungen mit ihren „Frauen" angaben, konnte und wollte er nicht sich rühmen, mit seiner Susi schon eine ganze Nacht allein zusammen verbracht zu haben. Und schließlich: Von welchen Gewissensbissen wäre er wohl geplagt worden? Mit welchen schlechten Gefühlen hätte er seine Aufgaben für die Pfarrjugend dann erfüllen müssen?

So sitzen sie wieder einmal auf der Mauer. Aber heute, das fühlt die Susi, ist der Bert irgendwie anders als sonst. Der Kuss zur Begrüßung ist flüchtig. Er ist kalt, meint sie zu spüren.

„Und? Was gibt's Neues?", fragt sie.

Er antwortet nicht gleich. Er erzählt nicht von Erlebnissen, von Napoleon oder von H.P. oder von Nu-Wott. Was quält ihn? Hat er Probleme?

„Ja. Susi. Ich muss mal mit dir über uns sprechen", fängt er stockend an zu reden – die Stimme etwas heiser.

„Weißt du. Ich bin ja nun bei ‚Lokomotive', trainiere zweimal in der Woche, habe am Wochenende, Sonnabend oder Sonntag, die Sportfeste. Und dann die Schule. Und dann die Gruppenstunden mit unsrer Pfarrjugend ..."

„Ja und?", unterbricht sie ihn. „Was hat das mit uns zu tun?"

„Na ja. Weißt du. Ich habe nicht mehr so viel Zeit wie früher. Sollten wir uns mal einfach, vielleicht auch nur für einige Zeit, nicht mehr so oft treffen?"

Das Mädchen hatte es geahnt. Sie fühlte seit Langem, dass ihr Freund sich innerlich von ihr zu trennen begonnen hatte. Lag es daran, dass sie nun überhaupt nichts mehr mit der Pfarrjugend und mit der Kirche zu tun haben wollte? Lag es daran, dass sie, anders als er, sehr aktiv in der FDJ war?

Bert wusste nicht, welche Gedanken ihr durch den Kopf gingen. Es war ihm auch völlig egal. Er hatte ein schlechtes Gewissen. Er hatte nämlich gelogen.

Aber sollte er ihr denn sagen, dass sie ihm einfach nicht mehr gefiel? Sollte er ihr sagen, dass sie etwas breit in den Hüften geworden, dass sie ihm zu unsportlich war?

Je älter sie wurde, so schien es ihm, desto mehr wurde ihre Figur irgendwie verschwommen weich. Alles hing an ihr herunter, meinte er. Dazu kam diese sonderbare Gangart. Den rechten Fuß zog sie kaum bemerkbar in einem nicht natürlichen Rhythmus hinter sich her, meinte er.

Wenn der Anfang eines Verliebtseins durch den Blick auf das Äußere gegeben ist, dann tritt das Ende des Verliebtseins ein, wenn dem Verliebten das Äußere nicht mehr gefällt. So richtig geliebt hat der Verliebte dann aber nicht.

Wenn er sich selbst gegenüber ganz ehrlich gewesen wäre, hätte er sich eingestanden, dass er die sportlichen Mädels, die mit ihm bei „Lokomotive" trainierten, im Kopf hatte. Und da gab es ja auch noch das Ännchen aus der Pfarrjugend, die ihn immer so verliebt mit ihren kohlschwarzen Augen ansah.

Und die sportliche Rita wartete immer an der großen Saaltür des Schützenhauses, wenn er etwas länger brauchte nach dem Turnen. Sie gingen dann gemeinsam durch die Straßen. Er brachte sie nach Hause. Sie wohnte in einem kleinen Siedlungshaus am Rande des Städtchens. Irgendwann gingen sie Hand in Hand. Irgendwann gaben sie sich den ersten Kuss.

Der Fortschritt ist nicht mehr aufzuhalten. Das Vorbild ist und bleibt und wird immer bleiben die große Sowjetunion. Ihr Führer – nur er darf Führer genannt werden –, der Vater aller Werktätigen steht für den Frieden der Welt, für den Wohlstand aller Werktätigen, also vor allem für die Arbeiter und Bauern. Aber auch für die fortschrittliche Intelligenzschicht. Gerade diese Schicht des Volkes wird im Staatswappen der Deutschen Demokratischen Republik durch den Zirkel im Wappen des Staates symbolisiert. Da sind die kleinen Freunde also schon weiter: Die Fahne der Sowjetunion zeigt nur den Hammer und die Sichel, den Arbeiter und den Bauern. Bei uns sind wir konsequenter: der Hammer für den Arbeiter. Der Ährenkranz für den Bauern und der Zirkel für die Intelligenzler. Aber sonst folgen wir eifrig und beflissen dem großen Vorbild. Besonders in diesem Sommer – es ist der achte Sommer nach der Befreiung – werden wir große, ganz große Schritte auf den Weg zu einer sozialistischen Gesellschaft machen. Die Partei hat es so auf einer ihrer vielen Konferenzen beschlossen – die „Planmäßige Errichtung der Grundlagen des Sozialismus in der DDR".

„Ich habe gehört, dass der Sievers auch abgehauen ist. Ist da was dran?", fragt die Schwester ihren Mann Ernst. Ernst hat im Rat der Stadt eine neue Aufgabe bekommen. Er ist jetzt für die Landwirtschaft zuständig.
„Da hast du richtig gehört", antwortet er. „Aber nicht nur die Sievers. Auch Kubatz und der Koschnik, der aus der Mühlenstraße, und zwei aus Büdingen sind in den Westen abgehauen."
Er sieht, dass sie etwas ratlos ist.
„Ja, mein Gott. Was ist denn bloß in diese Bauern gefahren? Seit tausend Jahren haben die hier Haus und Hof und auf dem Friedhof die alten Gräber. Und jetzt lassen die das einfach so im Stich?"
„Na, vielleicht nicht gerade seit tausend Jahren. Aber seit einigen Generationen schon."
Er weiß natürlich, was in diese Bauern gefahren ist. Er kennt die Beschlüsse der Partei und weiß, wenn die immer recht habende Partei etwas beschließt, dann wird das auch umgesetzt. Schritt für Schritt. Nach dem Kriege wurde den Junkern der Besitz genommen. Wie hieß

es doch? Richtig: „Junkerland in Bauernhand!" Jetzt musste es weitergehen, denn die „reine Lehre" des Marxismus-Leninismus verlangt es.

Die Vergesellschaftung der Produktionsmittel bezieht sich nicht nur auf Fabriken wie das Zementwerk, sondern auch auf den Acker, den Wald und die Wiesen und auf Kühe, Schweine und das übrige Viehzeug auf einem Bauernhof. All das sind auch Produktionsmittel. Alles, alles muss Eigentum des Volkes werden, und wer an seinem Eigentum klebt, wie die Bauern, haut dann ab.

„Hör zu, liebe Frau!" Er hatte sie wirklich „liebe" Frau genannt. „In einem Dorf in Thüringen ist eine LPG gegründet worden. Das soll wohl die Landwirtschaft für die Zukunft sein. So wie ich das sehe, wird man bei uns auch bald damit anfangen."

„Halt mal, Ernst. Was ist denn LPG?"

„Ach so. Landwirtschaftliche Produktionsgenossenschaft bedeutet das."

„Ist das so etwas wie die Kolchosen in Russland?"

„Kann man so sehen."

„Und wie läuft das?"

„Frag mir keine Löcher in den Bauch. So genau weiß ich das auch noch nicht. Auf jeden Fall werden die Bauern eine regelmäßige Arbeitszeit haben und an den Einnahmen gerecht beteiligt sein."

Falten auf der Stirn zeigen, dass die Frau nachdenkt und nach einer kleinen Zeit des Schweigens lacht sie. Sie lacht laut auf.

„Was? Die können dann nach acht Stunden die Mistgabel oder den Spaten in die Ecke stellen und nach Hause gehen? Das klappt doch nie und nimmer! Wenn wir mit unserm Garten, der Ziege und einem Schwein das schon nicht können, wie soll das dann in deiner LPG gehen!"

Ernst hat keine Antwort. Von Amts wegen hätte er vehement widersprechen müssen. Doch, denkt er, so Unrecht hat meine Frau gar nicht.

23

Wieder nach Berlin / Eine Deutschstunde / Gegenwartskunde / Katholikentag, mystisches Erlebnis und eine nächtliche Fahrt

Berlin könnte in diesem August wieder das Ziel sein. Nicht die Jugend der Welt ist dieses Mal eingeladen. Neunzehnhundertzweiundfünfzig findet in der jetzt geteilten, ehemaligen Reichshauptstadt der Katholikentag statt. Es ist der fünfundsiebzigste. Sein Leitspruch: „Gott lebt." Bert mit der Pfarrjugend treffen Vorbereitungen. Die Regierung wird Sonderzüge der Deutschen Reichsbahn zur Verfügung stellen, wie vor einem Jahr zu den Weltjugendfestspielen.

Es kann überhaupt nicht verhindert werden, dass die DDR-Bürger katholischen Glaubens sich auf den Weg machen. Dann ist es schon besser, dass die Regierung, also die Partei, wenigstens auf die Organisation Einfluss hat. Und wenn es auch nur um den Transport der Gläubigen geht. Sie kann außerdem auch zeigen, dass sie ihre eigene Verfassung ernst nimmt, den Paragrafen über die Religionsfreiheit zum Beispiel. Schließlich wird der Katholikentag auch in der Hauptstadt der DDR gefeiert, nicht nur in Westberlin.

Theo Schmidt hat die Helfer nach Gröningen eingeladen. Der Dekanatsjugendpfarrer wird ihnen sagen, was sie beachten und wissen müssen für die Fahrt nach Berlin und für den Aufenthalt dort.

Fragen aus ihrer Runde wird er beantworten.

„Wo und wann kriegen wir die Fahrkarten?"

„Ich werde in Halberstadt am Bahnhof auf euch warten und die Fahrkarten verteilen. Nicht verschlafen und pünktlich sein, Freunde!"

„Wo werden wir schlafen? Wieder auf irgendwelchen Dachböden wie im letzten Jahr bei den Weltjugendfestspielen?"

„Nein. Im Grunewald wird für die Jugend ein Zeltlager aufgebaut. Die Zelte stellen die Amerikaner zur Verfügung."

„Grunewald?"

„Liegt in Westberlin. Sag mal Bert. Wie viel fahren aus Schwanebeck mit?"

„Zehn. Mit mir. Wie kommen wir vom Bahnhof in Berlin ins Zeltlager?"

„Ach so. Nein. Wir fahren gar nicht bis Berlin. Die Züge enden in Potsdam. Von dort fahren wir entweder mit Bussen oder mit der S-Bahn in den Grunewald."

„Und wo, Herr Pfarrer, werden Sie sein?"
„Keine Sorge. Ich bin immer da und immer für euch erreichbar. Und nun: Gottes Segen und kommt heil hin und wieder zurück."

Herr Oberstudienrat Doktor Wilhelm Mahrenberg gehört zu den verehrten Lehrern, die es sich nicht anmerken lassen, dass sie im Grunde genommen nicht sehr viel von der Priorität der sowjetischen Literatur im Deutschunterricht halten. Gut. Ein Dostojewski, ein Puschkin, der Maxim Gorki oder der Ilja Ehrenburg oder ein Michail Scholochow und der Wladimir Majakowski: Sie waren ganz sicherlich gute Bücherschreiber und nicht alle, schon gar nicht der Puschkin, waren Sowjetmenschen.

Doch Willi, wie er von seinen Schülern genannt wird, bevorzugt die Deutschen und behandelt nur pflichtgemäß – den Lehrplan gerade so erfüllend – die Dichter und Literaten des großen Brudervolkes. Willi ist bemüht, den geistigen Maßstab zu erhalten. Er will seinen Schülern vermitteln, dass es nicht nur ein reaktionäres, dumpf-konservatives, nicht fortschrittliches, rückwärtsgewandtes Denken und Dichten in der Vergangenheit in Deutschland gegeben hat, und dass schon gar nicht die zwölf Jahre Hitler typisch für das Land sind. Er kann es sich leisten. Bald wird er aus dem Schuldienst ausscheiden. Er ist fast siebzig Jahre alt.

Die Deutschstunde zieht sich. Willi hat Goethe auf den Plan. Goethe hat sicherlich viel geschrieben und gedichtet, was leichter zu verstehen ist. Sein „Faust II" ist eine schwere Kost. Um nicht die Stunde vollends uninteressant und langweilig werden zu lassen, meint Willi, dass seine Schüler aktiv beteiligt werden sollen. Sie sollen abwechselnd den „Faust" – laut lesend – den Klassenkameraden vortragen.

„Denkt bitte daran, dass ihr mit Betonung, also quasi wie ein Schauspieler, sprechen müsst. Bitte bemüht euch entsprechend", so spricht der Schöngeist Doktor Wilhelm Mahrenberg.

„Wer möchte anfangen?"
Der Kurt meldet sich. Er will es offenbar schnell hinter sich bringen.

Ein Sumpf zieht am Gebirge hin,
Verpestet alles schon Errungene;
Den faulen Pfuhl auch abzuziehen,
Das letzte wäre das Höchsterrungene.

„Wer soll das Zeug versteh'n?", flüstert Bert dem Achim zu. Der verdreht nur die Augen.

Jürgen ist dran.

Eröffn' ich Räume vielen Millionen,
Nicht sicher zwar, doch tätig-frei zu wohnen.
Grün das Gefilde, fruchtbar! Mensch und Herde
Sogleich behaglich auf der neusten Erde,
Gleich angesiedelt an des Hügels Kraft,
den aufgewälzt kühn-emsige Völkerschaft!

Jetzt der Achim, der sehr trocken und nüchtern liest.

Solch ein Gewimmel möcht ich seh'n,
Auf freiem Grund mit freiem Volke steh'n!
Zum Augenblicke dürft ich sagen:
Verweile doch, du bist so schön!
Es kann die Spur von meinen Erdentagen
Nicht in Äonen untergeh'n.

Es hat sich angedeutet. Der Unmut im Gesicht des Lehrers kam langsam wie die dunklen Wolken als Vorboten eines schweren Gewitters. Und dann donnert es schon.
„Nein! Nein! Und nochmals nein! So könnt ihr nicht mit Goethe umgehen", grollt er und seine Faust schlägt auf die vorderste Bank gleich dem Blitz.
„Ist denn keiner fähig, Gefühl zum Ausdruck zu bringen, die Tiefe der dichterischen Worte zu erfassen und entsprechend wiederzugeben?"

Natürlich ist einer dazu in der Lage. Es ist Bodo, der seine Berufung kennt, und der Lehrer scheint sie zu erkennen.
„Bodo?"
Dieser steht nicht auf. Nein! Er erhebt sich. In den Händen hält er den „Faust". Die Arme sind locker ein wenig gestreckt, in den Ellbogen leicht gebeugt. Er sammelt sich. Im Klassenzimmer wird es ganz still. Die Pause ist angemessen lang, bevor er anfängt. Mit schwerem Pathos deklamiert er.

Verweieieile doch, duu bissst soooo schööööön!
*Es **KANN** die Spuuurrr von meinen Ääärdentaagen*
Nicht in Äää-ooo-ooo-ooo-nen untergeh'n!

173

Hat Willi Mahrenberg wirklich feuchte Augen bekommen? Bert war ein Schauer über den Rücken gelaufen. Ahnt er, einen großen Mimen der Zukunft gehört zu haben? Nur eine verschwindend kleine Minderheit hat den Ernst des Augenblickes nicht erfasst. Das dümmliche Kichern, natürlich ganz leise, verrät es.

Nach der Pause steht Gegenwartskunde auf dem Stundenplan. In diesem Fach ist eigentlich schauspielerisches Talent nicht gefragt. Nie hätte Bruno Hillmann – der bekennende Antifaschist, schon weit vorangekommen auf dem Weg zum „Neuen Menschen" – erwartet, dass Bert oder Achim oder ein anderer Sätze aus dem „Kommunistischen Manifest" von Karl Marx mit einem revolutionären Pathos vorgelesen hätte.

Und doch: Gegenwartskunde soll sich mit der Gegenwart beschäftigen. Es gehört aber zur Gegenwart, dass immer mehr Menschen unsere Republik verlassen. Sie hauen ab. Da kann auch der Lehrer Hillmann nicht wegsehen, gleichermaßen nicht zur Kenntnis nehmen, wenn der Mathelehrer Weidmann plötzlich verschwunden, also abgehauen ist. Und manch ein Oberschüler geht auch in den Westen. Das ist die reale Gegenwart. Diese gilt es zu definieren. Definieren im Sinne und nach Vorgabe der Partei, die immer recht hat. Für den Gegenwartskundelehrer ist das kein Problem.

Die, die abgehauen sind, schreiben Postkarten oder gar Briefe an die Freunde, die noch nicht abgehauen sind und die vielleicht gar nicht die Absicht haben abzuhauen. Bruno Hillmann kennt die Grundlagen konspirativer Arbeit. Es gelingt ihm immer wieder, diese Grüße aus dem Westen in seine Hand zu bekommen. Er ist der Meinung, dass seine Schüler ihm gerne, gewissermaßen zur Abschreckung, solche Grüße als Anschauungsmaterial überlassen.

„Ihr glaubt doch auch nicht, was der hier schreibt!", sagt er und seine Augen funkeln hinter den Gläsern der Brille. „Erst durften die auf Kosten unserer Arbeiter und Bauern auf die Oberschule. Dann kehren sie unserer Republik den Rücken und werden im Westen zu Spionen und Saboteuren ausgebildet. Mit diesen Nachrichten wollen sie euch doch nur verunsichern und vom sozialistischen Weg abbringen. Das sind verräterische Elemente erster Ordnung!"

Mit Empörung, laut und überzeugend, reagieren seine Schüler.

„Richtig, Herr Hillmann. Wir werden nie und nimmer antworten und alles, was von denen noch zu uns kommt, werden wir unserem Lehrer zeigen."

Es scheint nicht nur so: Auch im Fach Gegenwartskunde ist mitunter durchaus das schauspielerische Element gefragt.
„Ein anderes Thema müssen wir heute noch anschneiden." Der Gesichtsausdruck des Lehrers wird sehr ernst. Jetzt muss also etwas ganz Wichtiges kommen. „Dass der imperialistische Westen eine Aggression gegen uns – also gegen die sozialistische Staatengemeinschaft – plant, ist ja kein Geheimnis. Die würden selbst einen Dritten Weltkrieg vom Zaun brechen. Dagegen können wir uns nur schützen, wenn wir mit militärischer Stärke dagegenhalten. Alle Volksdemokratien und, das muss ich eigentlich gar nicht erwähnen – die Sowjetunion – haben starke Armeen."
Er macht eine bedeutungsvolle Pause.
„Nur wir, nur unsere DDR hat keine Armee."
Und weiter sagt er: „Das wird sich, so wie ich das sehe, bald ändern." Was hat er nun wieder mit dieser Andeutung gemeint? Wenige Tage später wussten sie es. Die Volkskammer beschließt, „Nationale Streitkräfte" aufzubauen. Allzu groß ist die Überraschung bei vielen nicht. Die Volkskammer hatte etwas proklamiert, was eigentlich schon da war. Man kennt die Volkspolizisten, die in Kasernen leben wie richtige Soldaten, und der Nachbarsohn von Schwager Ernst hat zu ihm gesagt:
„Nein, nein. Ich bin nicht Oberwachtmeister. So nennen sie sich bei der normalen Volkspolizei. Ich bin Oberfeldwebel bei der KVP, bei der Kasernierten Volkspolizei. Aber Soldaten sind wir nicht."
Kompliziert, kompliziert. Ernst, ehemaliger Oberfeldwebel der Großdeutschen Wehrmacht, fehlt der Durchblick.
Was die da oben machen, können wir nicht verhindern. Jetzt leben wir nicht mehr in Sachsen-Anhalt. Brandenburg, Thüringen, Sachsen und Mecklenburg sind auch von der Landkarte verschwunden. Diese Gebietsabgrenzungen und Gebietsbezeichnungen passen nicht mehr. Sie kommen aus der Zeit des Feudalismus. Brandenburg – der Alte Fritz –, Sachsen – August der Starke – oder gar Thüringen mit der Wartburg und ihrer Heiligen Elisabeth und Martin Luther. Überwunden!
Auf den Müllhaufen der Geschichte!
Bezirke sind leichter zu überschauen. Kleinere Einheiten lassen sich besser überwachen. Wir gehören jetzt zum Bezirk Magdeburg.
In dieser Zeit, in dem die Republik schnell auf dem Weg fortschreitet, der zum Sozialismus führt, gibt es die Zeugnisse. Ihr Klassenlehrer war im letzten Jahr Hans Dietz. Bert hat immer das Gefühl gehabt, dass das Verhältnis zu diesem Pädagogen recht ordentlich ist – um nicht zu sagen:

gut ist. Wie soll er nun dieses Zeugnis verstehen? Sollen sich schon wieder die Geier des Selbstzweifels auf ihn stürzen? Dabei hat doch die Skala seines Lebens durchaus in guten Bereichen verharrt. Hans Dietz ist natürlich nicht allein verantwortlich für das, was im Zeugnis steht.

Welche Lehrer hat Bert verärgert? Wem hat er es zu verdanken, dass die „Allgemeine Beurteilung" und die für die „Gesellschaftliche Tätigkeit" so schlecht sind? Klar: Seine Eigenwilligkeit, sein ererbter pommerscher Dickkopf, seine mitunter penetrante Art, Lehrern gegenüber recht haben zu wollen, hatten oft den einen oder den anderen gestört, und die gefürchteten Eintragungen in das Klassenbuch erreichten für Bert Howald im letzten Schuljahr eine nicht unbeträchtliche Anzahl. Er versucht, Erklärungen zu finden. Oder will er sich für dieses Zeugnis bei sich selbst entschuldigen?

Erstens: Die Lehrer sind doof und erkennen nicht, wie gut ich wirklich bin. Da er nicht mit einem überdurchschnittlichen Selbstbewusstsein ausgestattet ist, verwirft er dieses Argument.

Zweitens: Ich habe zu viel Zeit gebraucht für meine Jungen und Mädels aus der Pfarrjugend. Das Argument kann akzeptiert werden.

Drittens: Ich habe zu viel Zeit gebraucht für das Training, für die Wettkämpfe. Stimmt!

Viertens: Wie früher der Herr Rektor Lothar Dettmann, hat jetzt Hans Dietz gemeint, man müsse diesem jungen Mann gewissermaßen einen Schuss vor den Bug geben, damit er merkt, dass in einem Jahr das Abitur fällig ist und er sich doch mehr auf die Schule konzentriert und nicht auf andere Sachen.

Dieses Argument gefällt dem Jungen. Dieses Argument muss zutreffen. Schließlich hat er nun von Hans Dietz endlich die lang erhoffte Zwei in „Körpererziehung" bekommen. Die ist ihm wichtig. Also sieht er keinen Grund, wegen des Zeugnisses den Kopf hängen zu lassen und Zweifel an sich selbst zu haben.

Sonntagabend. Bert will, so schnell es geht, zurück. Gleich am frühen Abend will er fahren. Er kann die Fragen der anderen nicht beantworten, warum er es so eilig hat. Die anderen werden am Montag früh auf ihre Fahrräder steigen. Sie werden die rund einhundertsiebzig Kilometer von Potsdam nach Schwanebeck im hellen Licht des Tages zurücklegen. Bert fährt in die Nacht hinein. Warum? Er denkt, dass er in der Stille der Dunkelheit die Zeit des Katholikentages nacherleben kann, intensiv nacherleben kann. An der Querstange des Rades ist das Christusbanner angebunden. Er hatte es in der Waldbühne und im Olympiastadion zum Altar getragen. Von oben hinunter – von dem oberen Eingang die lange Treppe hinunter zum Altar. Viele hundert Banner der Pfarrjugend, andere Fahnen und Banner hatten sich in einem Halbkreis dort unten zur Feier des festlichen Gottesdienstes aufgestellt.

Man hätte es ahnen können: Die „Hohe Obrigkeit" hatte alles zurückgenommen. „Das hat mit einem Katholikentag nichts zu tun. Das ist eine amerikanische Papstparade. Wir werden denen doch nicht noch helfen." So fuhren keine Sonderzüge nach Berlin oder nach Potsdam. Die versprochenen Massenquartiere in den Schulen des Demokratischen Sektors gab es nicht. Die Zusage für eine verbilligte Fahrkarte für diejenigen, die mit der Deutschen Reichsbahn fahren wollten, war vergessen. Und doch Zigtausende – mehr aus der DDR als aus dem Westen – waren gekommen.

Bert tritt in die Pedalen auf der früheren Reichsstraße Nummer 1. Potsdam hat er hinter sich gelassen. Links und rechts der Straße stehen die Kiefernwälder der Mark Brandenburg. Er denkt an Theodor Fontane, den Schriftsteller und Dichter dieser Mark.

Herr von Ribbeck auf Ribbeck im Havelland,
Ein Birnbaum in seinem Garten stand ...

Bei der Stadt Brandenburg wird eine Brücke den jungen Mann über die Havel bringen.

Wie in einem Film, der rückwärtsläuft, so gehen seine Gedanken zurück.

Im Grunewald hatte das große Zeltlager gestanden. Sie bezeichneten die Klappbetten in den Zelten als „Amibetten". „Amibetten" sind ganz leicht zu tragen. Sie hatten Werners Bett aus dem Zelt getragen und versteckt. Man konnte ja nicht immer und zu jeder Zeit nur fromm sein und beten. Selbst Theo Schmidt, der – wie versprochen – für seine Pfarrjugend allgegenwärtig war, hatte herzlich gelacht, als der Werner verzweifelt sein Bett gesucht und geglaubt hatte, bei der großen Anzahl der Zelte nicht das richtige Zelt zu finden.

Noch ist es hell. Mächtige weiße Wolken am blauen Himmel. In diesen Abendstunden ist die Straße leer. Es war doch ein guter Gedanke, früher als die anderen loszufahren – also heute und nicht erst morgen. Die Kiefern verströmen ihren harzigen Duft. Er erinnert an die großen Wälder der alten Heimat. Mehr als sieben Jahre liegt das zurück. Die Vogelwelt stimmt das Abendlied an. Die Nachtvögel werden bald zu hören sein. Noch ist er nicht müde. Das Ausdauertraining bei „Lokomotive Halberstadt" scheint Früchte zu tragen.

Unter dem Motto „Gott lebt" stand dieser Katholikentag. Gott lebt! Lebt Gott wirklich? Gibt es überhaupt einen Gott? Gibt es den Gott? Der Alltag sieht anders aus. Der Alltag kennt keinen Gott und hat scheinbar doch ein Problem mit Gott. Wenn die atheistischen Marxisten-Leninisten Gottesleugner sind, dann brauchen sie sich doch nicht mit dem auseinanderzusetzen, das es gar nicht gibt. Diese Gedanken kommen ihm. Ist denn nicht der Marxismus-Leninismus ihre Ersatzreligion? Propagieren sie nicht das kommunistische Zeitalter als Paradies. Dieses Paradies liegt allerdings nicht im Himmel, sondern auf der Erde. Umso schlimmer. Denn die Enttäuschung könnte groß sein. Über ein Paradies im Himmel kann man nicht enttäuscht sein, wenn man daran nur glaubt.

Die Schatten werden länger.

Wie ein großes, noch durchsichtiges Tuch legt sich die Dämmerung über das Land. Bald wird dieses Tuch alles dicht umhüllen. Klagende Laute aus dem Wald. Was sind das für Geschöpfe? Sind es die grauen und schwarzen Vögel der Nacht? Das leichte Kribbeln auf der Kopfhaut geht schnell vorüber. Bert kennt keine Angst. Noch ist er erfüllt von den Erlebnissen der letzten Tage.

Das riesengroße Kreuz im Olympiastadion, hat man ihnen gesagt, ist aus Eichenholz. Es stünde jetzt schon ein ganzes Jahr dort, denn vor einem Jahr hätten die Protestanten ihr großes Kirchenfest in Berlin gefeiert und das Kreuz für die katholischen Christen stehen gelassen. Bert hat auch viele junge Menschen gesehen, die das Silberkreuz trugen – das Kugelkreuz der Jungen Gemeinde, das er von einigen Klassenkameraden kennt. Nachts leuchtete das große Kreuz aus Eichenholz hell und strahlend. Ein geradezu mystischer Anblick. Er dachte an die Gottesdienste. Gewiss – in der Waldbühne und im Stadion war die Kulisse gewaltig gewesen. Zigtausend Menschen. Choräle. Eine große Menge von Bischöfen und Angehörige der übrigen Geistlichkeit. Messgesänge. Posaunenmusik. „Großer Gott wir loben dich" – inbrünstig und stark gesungen von den Tausenden. Schwaden von Weihrauch stiegen in den wolkenlosen Himmel. Nicht nur Bert empfand so etwas wie eine geistige Verbindung zum Allumfassenden und nicht Erfassbaren. Sie hatten dann mit Theo Schmidt darüber gesprochen.

„Das war auch für mich, nicht nur für euch, ein spirituelles Erlebnis", hatte dieser gesagt.

Ganz hatten sie diese Worte nicht verstanden. Aber sie dachten darüber nach, versuchten es zu erklären und ahnten, dass es mehr war als nur singen und beten.

Bert zuckt zusammen. Urplötzlich ist er wieder in der Wirklichkeit. Die Wirklichkeit ist die Straße, das Rad, das Banner an der Querstange und – das Rasseln von Panzerketten im dunklen Wald. Er weiß. Links und rechts der Straße sind Plätze und Gebiete, in denen schon immer Soldaten für ihr Handwerk ausgebildet wurden – der Truppenübungsplatz. Schwager Ernst hat davon gesprochen, als er erfuhr, dass die Pfarrjugend nach Berlin mit den Fahrrädern wollte. Ein dumpfer Knall!

Seine Erinnerung geht um Jahre zurück. Diesen Knall kennt er. Die Kanone eines Panzers der Sowjetarmee vom Typ T 34. Ein Maschinengewehr verstreut knatternd seine Kugelgarben. Dann wieder der Panzer. Und noch einmal. Und noch einmal. Die große Angst überfällt ihn noch nicht. Wie wild treibt er sein Zweirad über den von Rissen durchzogenen Asphalt. Licht aus! Die werden doch wohl nicht auch noch auf der Straße ihre Kriegsspiele üben wollen? Schneller und schneller fährt er. Nur weg von hier. Er kennt die Russen zu gut. Sie werden ihn nicht so ohne Weiteres laufen lassen. Sie werden ihn festhalten, bis ihre Genossen, die für Spione und Diversanten – so nennt die Obrigkeit hier Saboteure – zuständig sind, ihn übernehmen können. Das Christusbanner, das in Berlin gekaufte „Neue Testament", die Westzigaretten für Schwager Ernst, die Prospekte aus Westberlin. Das wird reichen für eine Anklage, zumindest für ein peinliches Verhör – wenn er Glück hat. Und zimperlich sind weder die Staatsorgane der DDR und schon gar nicht deren Freunde aus der Sowjetunion. Das ist bekannt. Der Fahrtwind wird schwächer. Er nimmt das Tempo zurück. Weit entfernt ist jetzt der Gefechtslärm.

Die Nacht ist dunkel. Nur ab und zu lassen die Wolken das Licht einiger Sterne durch. Es ist Neumond. Er hat die Lampe an der Lenkstange wieder angeschaltet.

Die Waldbühne und das Olympiastadion kommen wieder in seine Gedankenwelt. Doch sind nicht die Messfeiern im Zeltlager intensiver gewesen? Hatte er sich nicht gerade dort dem Himmel am Nächsten gefühlt? Jeden Morgen hatte Theo Schmidt auf dem großen Platz in der Mitte ihres Lagers die Messe gelesen. Der Pfarrer stand am Altar. Um ihn herum hatten sich die vielen jungen Männer aufgestellt. Vom Wannsee war das leise Plätschern der vom Wind bewegten Wellen zu hören. Fern war der Lärm der großen Stadt. Vogelstimmen mischten sich ein in die Lieder, mit denen sie die Messe begleiteten. Mit seiner ruhigen Stimme las Pfarrer Schmidt die lateinischen Texte der Liturgie. Bert vergaß sein linkes Kopf-Zimmer in diesen Momenten völlig. Wenn man unter der Mystik das religiöse Erleben, die Erfahrung des Transzendenten in der Gegenwart, also hier auf der Erde, versteht, dann war diese Messfeier am frühen Morgen in der Gemeinschaft für die, die da auf der Wiese im Grunewald standen, ganz sicher ihr mystisches Erlebnis.

Er schreckt auf. Warum schlingert sein Gefährt? Ist er fast eingeschlafen? Die Dunkelheit ist schwächer geworden. Jetzt fährt er durch eine flache Landschaft. Ein Getreidefeld und Ackerboden mit Zuckerrüben sind schemenhaft zu erkennen. Noch ist die Sicht beschränkt. Doch es wird von Minute zu Minute heller. Bald wird der Tag die Nacht ablösen. Der Hunger kommt. Der Hunger schmerzt. Apfelbäume am Rande der Straße. Unreifes Obst, grasgrün noch. Er reißt das Unreife von den Zweigen, zermalmt es zwischen den Zähnen und schluckt es herunter.

Er ist zurück, lässt das Rad fallen, weiß später nicht, wie er in sein Bett gekommen ist.

„Mein Gott! Jetzt pennst du schon fast zwei Tage! Willst du nicht endlich aufstehen?", weckt ihn die Schwester.

Bert fährt aus einem bösen Traum hoch. „Wo ist unser Banner?"

„Na. Wo soll es denn schon sein? Es hängt immer noch an deinem Rad."

24

An der Dreschmaschine / „Gesellschaft für Sport und Technik" / Was ist Osmose? / „Dicke Luft"

Früher hieß die letzte Klasse auf dem Gymnasium die Oberprima. Manch Vater und manche Mutter sagten auch jetzt noch mit Stolz: „Mein Sohn geht nun in die Oberprima!" Auch für Bert hatte sein letztes Schuljahr angefangen. Wenn er gefragt wurde, in welche Klasse er denn geht, antwortete er: „Ich bin in der zwölften Klasse." Das Bürgertum mit seinen alten Begriffen war ihm nicht besonders vertraut. Woher sollte eine Vertrautheit auch kommen? Er hatte kein bürgerliches Elternhaus. Die bürgerliche Zeit endete für ihn mit dem Ende des Krieges. Hätte man ihn gefragt, zu welcher gesellschaftlichen Klasse er sich zählen würde, wäre ihm eine Antwort nicht eingefallen. Er gehörte weder zu der zum Untergang verurteilten Klasse des Bürgertums noch zu der siegreichen Klasse der Arbeiter und Bauern. So jedenfalls war sein Gefühl. War er etwa schon auf dem Wege zur „Sozialistischen Persönlichkeit", auf dem Wege zum „Neuen Menschen"? Er glaubte jedoch, sich noch gar nicht entscheiden zu müssen. Es lebte sich sehr gut in seiner Kopf-Hütte, mit dem linken und mit dem rechten Zimmer.

Gleich zu Beginn des neuen Schuljahres sorgt ein Ereignis dafür, dass Berts noch immer etwas unterentwickeltes Selbstbewusstsein einen Schub erhält, der die Anzeige auf der Skala des Lebens regelrecht nach oben schnellen lässt. Beim Sportwettkampf der Oberschulen rund um den Harz darf er in der 3-mal-1000-Meter-Staffel das Martineum vertreten. Das allein schon ist für ihn eine Bestätigung seiner nun auch wohl von Hans Dietz erkannten Fähigkeiten. Aber dass sie tatsächlich mit vorn sind, Dritter werden, eine Urkunde bekommen und mit ihren Namen in der Zeitung stehen, macht ihn richtig stolz. Selbst Schwager Ernst – wenn auch nur mit kargen Worten – gratuliert ihm.

Überhaupt sein Schwager Ernst. Stur sind ja beide. Keiner würde im Traum daran denken, Rauchzeichen des Friedens aufsteigen zu lassen. Der Junge hat immer noch nicht vergessen, dass Ernst mit der dicken Kette und dem großen Vorhängeschloss sein Fahrrad stillgelegt hatte – und dass er ihn mit Farbtopf und Malerpinsel ins Leben schicken wollte.

Und doch – irgendwie ist im Laufe der Zeit gewissermaßen Tauwetter eingetreten. Mitunter quält sich der Schwager sogar zu einem Lächeln, und Bert, wenn er es sich auch nicht eingestehen will, hegt immer noch eine gewisse Bewunderung für ihn – vielleicht auch in Erinnerung an die Zeiten, als dieser in der feldgrauen Uniform mit vielen Orden und Ehrenzeichen herumlief.

Deshalb freut er sich, als Ernst ihm die Frage stellt: „Willst du beim Dreschen helfen?"

Erntezeit. Das reife Korn ist gemäht und in Garben auf dem Acker zum Trocknen aufgestellt. Bert hat geholfen. Schwungvoll hat der Schwager mit der scharfen Sense gemäht. Die Schwester und er haben die Garben gebunden. Das Sommerwetter ist günstig. Die Sonnenwärme sorgt für eine kurze Trocknungszeit. Auf dem freien Feld neben dem Sportplatz steht die Dreschmaschine.

Rund um die Uhr, am Tage und in der Nacht, sieben Tage in der Woche ziehen die Ackergäule die hochbeladenen Fuhrwerke zum Dreschplatz. Der Mann auf dem Fuhrwerk wirft mit der Strohgabel hastig – alles muss schnell gehen – die Garben nach oben auf die Maschine. Dort steht Ernst, schneidet die Garbe auf und lässt sie in den Schacht fallen. Ohrenbetäubender Lärm. Warnrufe der Arbeiter. Staub, Staub, Staub und nochmals Staub. Millionen Weizenkörner, goldgelb, werden in Säcke geschaufelt.

Ausgedroschenes Stroh wird in der Maschine zu Ballen gepresst, kommt unablässig und schnell unten als Strohballen aus dem großen Auslass. Vor dem Auslass ist in einer Stahlstrebe das Loch, in das der Draht gesteckt werden muss. Dieser Draht bindet die Ballen fest zusammen. Wehe, wenn der Draht nicht schnell genug ins Loch kommt! Ungebunden flattert das Stroh dann aus der Maschine heraus. Die Männer schimpfen auf den Drahtstecker. Das Stroh muss nun wieder nach oben gebracht und noch einmal durch die Maschine geschickt werden. Alles kommt ins Stocken. Der ganze Ablauf gerät durcheinander. Bert ist der Drahtstecker. Hastig zieht er die Drähte aus dem runden Drahtbund, das neben ihm liegt, steckt ein Ende des Drahtes in das Loch und fädelt ihn ein. Er will – nein, er muss! – alles richtig machen. Geschafft. Unser Getreide ist gedroschen. Das Lob des Schwagers: „Das hast du gut gemacht!", bedeutet ihm fast genauso viel wie die Zwei in Leibeserziehung im letzten Zeugnis.

Die Partei machte keine halben Sachen. Sie machte „Nägel mit Köpp", wie Onkel Männe es nannte. Nachdem im Juli der „Aufbau der Nationalen Streitkräfte" beschlossen wurde, gründete sie knapp vier Wochen später die GST, die „Gesellschaft für Sport und Technik". Das war doch ein guter Name. Das zog. Das begeisterte die Jugend. Sport und Technik. Motorradfahren, Segelfliegen, Motorbootfahren, Tauchen, Funken und – Schießen. Ja, richtig. Schließlich ist Schießen ein Sport. Mitten in den langen Sommerferien war die neue Gesellschaft gegründet worden. So waren die jungen Männer – natürlich sind Zwölftklässler keine Knaben mehr – nicht weiter erstaunt, als ihr Gegenwartskundelehrer Bruno Hillmann schon seine erste Stunde des neuen Schuljahres dazu nutzte, ihnen die GST nahezubringen. Was noch nicht so laut gesagt wurde, hatte er jedoch bereits verstanden. Oder sprach man in der Partei ganz offen darüber? Gab es nicht auch beim großen Bruder eine ähnliche Organisation? Eine Organisation, die einzig und allein dafür da war, die Jugend für den Dienst in der Roten Armee vorzubereiten?

Nur die Kugelkreuzträger unterschrieben nicht die Eintrittserklärung. Bert hingegen unterschrieb und legte seine Eintrittserklärung im linken Zimmer seiner Kopf-Hütte ab. Als die ersten Kleinkalibergewehre geliefert waren, schoss er auf die Scheiben. Als am 1. Mai die Fahnen der Republik und der FDJ vor der Schule hochgezogen wurden, begleitete er die Fahnenträger mit dem geschulterten Gewehr.

Man muss es ihnen ja lassen. Diese Kugelkreuzträger sind mutig. Sehr mutig. Selbst Bruno Hillmann macht keinen Versuch mehr, sie zum Marxismus-Leninismus zu bekehren. Durch seine randlose Brille funkelt er sie aber mit einem Ausdruck im Gesicht an, als ob er sagen wollte: Ihr werdet schon sehen, was ihr davon habt.

Der Herbst bringt Regen, viel Regen. Sturm peitscht die Linden der Kapellenstraße, deren welkendes Laub allmählich das Kopfsteinpflaster bedeckt. Am frühen Nachmittag ist Bert wieder zurück im kleinen Städtchen. Er geht zur Kapelle. Für die Jüngeren der Pfarrjugend wird er die Gruppenstunde leiten. Für sie ist er ein Großer. Macht er doch bald das Abitur. Sein heiterer Gesichtsausdruck verrät ihnen, dass er heute irgendetwas Lustiges erlebt hat. Er wird ihnen das bestimmt sagen. Von der Oberschule in der großen Stadt spricht er oft und gerne mit ihnen.

„Grüß dich, Bert", ruft das Ännchen ihm zu. „Du siehst ja so fröhlich aus. Haste was Schönes erlebt?"

„Hab ich! Aber bevor ich euch eine komische Geschichte von unserm Napoleon erzähle, singen wir was. Wer schlägt ein Lied vor?"

Sie wissen, wen er mit Napoleon gemeint hat.
„Singen wir doch ‚Im Frühtau zu Berge'", meint der Manfred.
„Mensch! Es bist doch bald Nacht. Das passt aber wirklich nicht", meldet sich das Ännchen. „Dann schon lieber ‚Abend wird es wieder'."
Und so wird es dann auch gesungen, dieses schöne Lied.

Abend wird es wieder.
Über Feld und Wald säuselt Friede nieder
und es ruht die Welt.

„Ich soll euch also wieder was aus der Schule erzählen. Gut. Also unser Napoleon. Der hat heute wieder einen rausgelassen! Wir hatten Bio. Hatten in der letzten Stunde die Osmose durchgenommen. Die fragt er ab. Nimmt den Klassenkameraden Erhard dran.
‚Fischer! Hast hoffentlich gelernt. Erzähle mir was von Osmose!'
‚Osmose ist, wenn durch eine Wand, die fast durchlässig ist, etwas durchgeht. Aber nicht von jeder Seite. Man nennt ...'
Weiter kam er nicht, denn Napoleon schüttelte den Kopf:
‚Weißt mir zu wenig. Weißt mir fast nichts. Ist sich eine Vier.'
Erhard wollte sich aber nicht geschlagen geben und sagte, als ob er den Lehrer gar nicht gehört hat:
‚Osmose ist, wenn durch eine Wand, zum Beispiel eine Membran, nur von einer Seite etwas, zum Beispiel eine Flüssigkeit, auch Wasser, durchgeht. Die Wand wird auch semipermeable Membran genannt.'
‚Siehst. Weißt doch mehr. Ist sich Zwei.'
Na, Manfred. Haste das verstanden?"
„Aber der Erhard hat doch beim zweiten Mal fast das Gleiche gesagt ..."
„Mensch Manni! Das ist doch gerade der Witz!", ruft Ännchen.

Ernst ist nicht zu Hause, als Bert in der Küche die Schwester trifft. Der Schwager muss in der letzten Zeit häufig auch an den Abenden arbeiten. Auch in Schwanebeck soll das bäuerliche Privateigentum in Gemeinschaftseigentum überführt werden, und er hat das zu organisieren. Mit dem ihm eigenen preußischen Pflichtgefühl geht er ans Werk. Gehorchen und die Befehle einer Obrigkeit auszuführen, hat er gelernt. Zwölf Jahre bei der Deutschen Wehrmacht und jetzt schon einige Jahre im Dienste der Partei, deren Mitglied er zwar nicht ist und auch nie sein wird.
Das sehr mürrische Gesicht der Schwester fällt Bert gleich auf.
„Was ist los?", fragt er.

„Dicke Luft", ist die einsilbige Antwort.
Also stimmt wieder einmal irgendetwas nicht zwischen den Eheleuten. Er kennt das. Und die Bedeutung der „dicken Luft" kennt er auch. Diesen Ausdruck hat Ernst aus dem Krieg in Russland mitgebracht und in ihren Sprachschatz eingeführt. Dicke Luft! Immer wenn die Russen eine Aktion planten und sie nicht ganz geheim halten konnten – das Brummen der Motoren, das Rasseln und Klirren von Panzerketten, die plötzlich auffällig vielen Flugzeuge –, dann ahnten die Deutschen, dass der Iwan bald wieder angreifen würde. Dann herrschte „dicke Luft".
„So, so. Dicke Luft. Wo denn diesmal?"
„Ach, hör auf. Immer wieder dieser Ärger mit der alten Zimtziege!"
Alte Zimtziege. Es fällt Bert nicht schwer, zu erraten, wer gemeint ist: die Schwägerin Martha, die Schwester des Schwagers. Nun ist sie zwar die Älteste der Geschwister und meint, sich überall einmischen zu müssen, gewissermaßen eine matriarchalische Führungsrolle in der Sippe übernehmen zu dürfen, doch Berts Schwester passt das absolut nicht. Auch sie besitzt eine gehörige Portion Starrsinn. Auch sie hat einen ausgeprägten eigenen Willen.
Es knistert schon seit einiger Zeit zwischen den beiden und Schwager Ernst, das meint Berts Schwester jedenfalls, er hört viel zu sehr auf seine älteste Schwester Martha.
„Der Onkel in Krottorf hatte schon recht. Kannst dich noch erinnern, was er gesagt hat, damals als wir dort nach der Flucht landeten?"
Nur noch dunkel erinnert er sich an diese Zeit.
„Irgendwas von einem ‚blauen Wunder'? Meinst du das?"
„Ja. Das meine ich. Der kannte seine Verwandtschaft und besonders die Martha. Der hatte ja früher schon erlebt, wie sie mit dem Männe umging. Wenn was nicht nach ihrer Nase geht, dann wird sie wild."
„Und was ist jetzt los?", will der Bruder wissen.
„Ernst meckerte heute rum. Er hätte das satt, immer mit den Bauern reden zu müssen, damit sie in die Produktionsgenossenschaft eintreten sollen. Die Partei säße ihm im Nacken. Andauernd wollten sie ihn überreden, auch einzutreten. Und was weiß ich. Da habe ich ihm gesagt, dass er doch selbst schuld ist. Alle unsere Verwandten leben im Westen, und wir könnten auch schon lange da sein. Nur weil er sich von der Martha nicht trennen will, sitzen wir noch hier. Ist doch wahr!"
„Und dann?"
„Na ja. Du kennst ihn ja. Ich würde immer gegen die Martha sein. Ich hätte einen Dickkopf. Ich bin an allem schuld. Und da ist mir dann der

Kragen geplatzt. Ich hab ihn daran erinnert, dass er damals, als er aus der Gefangenschaft kam, nicht zuerst zu mir gegangen ist. Nein. Er ist zu der Martha gegangen. Und ich hab ihm gesagt, wenn die mal verreckt, dann gehe ich nicht zur Beerdigung!"

Bert macht sich seine eigenen Gedanken: Da kommen diese Flüchtlinge. Sie nisten sich zuerst einmal bei der Martha ein. Obdach gewährt sie allen, auch Berts Schwester, die Frau ihres Bruders, zwölf Jahre jünger ist als sie. Die Not lässt alle näher zusammenrücken. Jeder hat seine eigene Geschichte. Hier die Flüchtlinge, die sich nichts dafür kaufen können, dass sie einmal eine wohlsituierte Beamtenfamilie waren. Dort der Zementwerkarbeiter Männe mit seiner Frau Martha. Wie viel Toleranz – dieses Wort kennen sie wahrscheinlich gar nicht – gehört dazu, miteinander zu leben?

Und wenn schon der angeborene Charakter es schwierig macht, gewisse Dinge zu ertragen – wie viel Kraft gehört dazu, Rechthaberei, Neid, Missgunst nicht Blüten treiben zu lassen? Dabei hat er gar nichts gegen die Tante Martha. Im Gegenteil. Gern lässt er sich von ihr einladen, um ihre Kartoffelflinsen zu essen, und sie freut sich jedes Mal, wenn er so zwanzig bis dreißig dieser in Butter gebratenen, goldgelben, knusprigen Erzeugnisse aus ihrer gusseisernen Pfanne verzehrt. Aber Berts Schwester? Warum ärgert sie sich so maßlos darüber, wenn ihr Mann Ernst behauptet, die Erbsensuppe seiner Schwester schmecke sehr viel besser als die Erbsensuppe, die sie – also seine Frau – kochen würde?

25

Philosophie / Leibniz und die Monaden / Achim und die Wanzen / Die „Junge Gemeinde", eine illegale Tarnorganisation?

Ob das der Lehrplan vorsieht? Ein deutscher Philosoph, der schon vor ungefähr zweihundertfünfzig Jahren gestorben ist? Wenn schon ein deutscher Philosoph, dann doch Karl Marx. Oder? Das denkt Knappe Walter, als ihr Deutschlehrer ankündigt, sie würden in der nächsten Zeit über Gottfried Wilhelm Leibniz sprechen.

Doktor Wilhelm Mahrenberg hält sich natürlich an den Lehrplan. Alles andere wäre bedrohlich für ihn. Und sowieso: Nur, weil immer noch nicht genug Lehrer für die Oberschule ausgebildet werden konnten, ist dieser alte Pädagoge noch im Schuldienst. Indem er den „Stillen Don" von Michail Alexandrowitsch Scholochow und dessen „Neuland unterm Pflug" etwas schneller als vielleicht üblich im Deutschunterricht durchgenommen, den Wladimir Wladimirowitsch Majakowski nur am Rande erwähnt und „Die junge Garde" von Alexander Alexandrowitsch Fadejew als Pflichtlektüre genannt hatte, bleibt ihm Zeit für den alten Gottfried Wilhelm Leibniz.

Bert ist fasziniert. Er glaubt zu verstehen, was Philosophie ist. „Die Revolution beginnt im Kopf der Philosophen." Das hat Karl Marx gesagt. Aber trifft das zu? Willi Mahrenberg sieht das völlig anders. Er will seinen Schülern beibringen, dass die Philosophie immer den Versuch unternimmt, die Welt in ihrer Komplexität zu erklären. Dabei kann jeder Philosoph sich nur auf die Erkenntnisse seiner Zeit stützen. Schon der alte Grieche Heraklit hat gesagt: „Panta rhei!"

„Ach, richtig. Ihr lernt ja nicht Altgriechisch. Schade. ‚Alles fließt' heißt das."

Was will der Lehrer damit ausdrücken? Knappe Walter stößt mit dem Ellbogen das neben ihm sitzende Blauhemd an.

„Kann nicht sein. Wir wissen es besser", flüstert er.

Für ihn gibt es nur die eine richtige Philosophie. Bruno Hillmann hat es einleuchtend erklärt, dass die Geschichte der Menschheit eine Geschichte von Klassenkämpfen ist, dass der Kommunismus die Endstufe jeder gesellschaftlichen Entwicklung darstellt, dass nach Erreichen dieses Zieles durch die proletarische Revolution alle Menschen glücklich sind und die gleichen Rechte haben, wie es Karl Marx sagte: jeder nach seinen

Fähigkeiten, jedem nach seinen Bedürfnissen! Also hat der alte Grieche nicht recht, denn „alles fließt" dann nicht mehr. Wohin sollte es denn auch fließen? Das Ziel ist erreicht.

Bert, die Kugelkreuzträger und alle anderen, die noch nicht zu weit auf dem Weg zum „Neuen Menschen" sind, finden es interessant, wenn auch nicht leicht zu verstehen, was der Leibniz mit seiner Monadentheorie sagen will. Besonders der Achim macht sich ganz besondere Gedanken.

Und der Lehrer, den sie Willi nennen, erklärt:
„Wie viele große Denker ist auch Leibniz auf der Suche nach einer harmonischen Weltordnung. Descartes, ein französischer Philosoph, der ungefähr hundert Jahre vor ihm lebte, hatte gemeint, dass die Welt aus zwei Substanzen besteht. Einmal das Bewusstsein, das Denken – dazu gehören auch die Wahrnehmung, das Fühlen und das Wollen – und dann die materiellen Dinge. Das Erste ist weder körperlich noch räumlich, kann sich folglich auch nicht bewegen oder ausdehnen. Das Zweite kann sich ganz sicherlich bewegen, also auch ausdehnen.

Leibniz hat nun folgendes Gedankenmodell: Nicht die Bewegung ist das Entscheidende, sondern die Kraft, die Energie. Diese Kraft ist auch in der Ruhe potenziell immer vorhanden. Die Wirklichkeit kann nur aus echten Teilchen bestehen und seien sie noch so klein. Diese kleinsten Teilchen, die schon als Atome bei den alten Griechen erkannt worden waren, nennt er Monaden. Das sind die kleinsten Einheiten, die als punktförmige Kraftzentren jeden Stoff formen. Diese Monaden haben ihre eigenen Ideen und Vorstellungen von Anfang an. Sie haben ein Bewusstsein, allerdings unterschiedlich entwickelt. In jeder Monade ist die große Ordnung des Universums schon enthalten. Es gibt aber große Unterschiede, gewissermaßen eine Klasseneinteilung.

Sie unterscheiden sich nämlich darin, wie sie die Außenwelt erfassen können. So gibt es Monaden auch in Pflanzen. Sind sie fähig zu empfinden und haben sie ein Gedächtnis, dann nennt man sie Seelen. Diese Höherstufung findet man bei den Tieren und beim Menschen. Die höchste Monade aber ist ein Schöpfer mit seinem unendlichen Bewusstsein. Da jede Monade eine Seele hat und die Monade als Energie nicht verschwinden kann, ist die Seele unsterblich. Der Tod ist lediglich die Auflösung des Verbandes der Monaden. Die Energie bleibt."

Stille in der Klasse. Anhaltende Stille. Was wahrhaftig nicht daran liegt, dass Didi und Tomm eingenickt sind.

Dann räuspert sich Knappe Walter:
„Herr Mahrenberg. Was Sie uns gerade erzählt haben, was sollen wir damit anfangen? Das ist doch alles Schnee von gestern. Unsere marxistische Philosophie hat doch schon vor langer Zeit bewiesen, dass das mit Gott und Seelen und so weiter alles kalter Kaffee ist."
Herr Mahrenberg hat er gesagt. Nicht Herr Doktor Mahrenberg. Dieser tappt nicht in die Falle.
„Nun, versuche das doch so zu sehen: Bald werdet ihr die Reifeprüfung machen. Das Ziel des Gymnasiums soll es ja auch sein, euch nicht nur einseitig gebildet in die Welt zu entlassen. Nur wenn ihr auch wisst, was es außer der jetzt gängigen Lehrmeinung noch gibt, könnt ihr euch selbst ein Urteil über Gott und die Welt machen. Zurzeit, das ist aber nur meine Ansicht und die ist nicht maßgeblich, scheint mir vieles zu engspurig zu laufen."
Doktor Wilhelm Mahrenberg, über siebzig Jahre alt, kurz vor seinem Abschied aus dem Schuldienst, kann es sich leisten.

Achim lässt sich von Leibniz inspirieren. Am anderen Morgen, bevor Bruno Hillmann seinen Gegenwartskundeunterricht beginnt, gibt er Bert einen Zettel. Der kann damit nichts anfangen.
Erst in der großen Pause erklärt ihm der Achim seine Philosophie der Ordnung in ihrer kleinen Einheit, Klasse genannt. Nicht in „Monaden" teilt er die Klasse ein. Er teilt die Klasse in „Wanzen" ein. Alle Klassenkameraden gehören also einer „Wanzenklasse" an. Auf seinem Zettel steht:

Die Arbeitswanzen.
Sie sind nicht so schlau, gleichen das Fehlende im Kopf durch großen Arbeitsaufwand aus, wollen unbedingt durchs Abi kommen.

Die Streberwanzen.
Machen alles doppelt und besonders gut. Melden sich freiwillig für zum Wandzeitungsmachen. Machen alles, um von den Lehrern anerkannt zu werden. Erledigen zusätzliche Schularbeiten. Wollen ihre Zensuren verbessern.

Die blauen Wanzen.
Sie tragen immer das Blauhemd, sind auf dem Weg zum „Neuen Menschen". Haben ein sehr weit entwickeltes fortschrittliches Bewusstsein. Ihr liebster Lehrer ist Bruno Hillmann.

Die Edelwanzen.
Sie müssen nicht die Besten sein. Sie sind aber wendig und schlau, meistens gute Sportler, lassen sich nicht so schnell beeinflussen, sind gute Kameraden. Erreichen vieles ohne größere Anstrengungen.

Bert braucht einige Minuten Zeit. Dann schaut er Achim ganz gerade ins Gesicht:
„Wozu hast du mich eingeteilt?"
„Mensch Bert! Du gehörst natürlich zu den Edelwanzen!"
„Und wer noch?"
„Na, ich und der Wolfgang. Tomm und Didi. Hab ich mir gedacht."
„Mehr nicht?"
„Da kommen sicherlich noch einige dazu. Ich muss mal nachdenken."

Natürlich war das alles ohne größere Bedeutung. Einerseits. Andererseits hat der Erfinder der Wanzeneinteilung vielleicht, ohne es selbst zu wollen, seine Mitschüler etwa so gesehen, wie sie sich selbst in ihrer Einstellung zur DDR, zu der FDJ, zur vorgegebenen Linie, zum sozialistischen Fortschritt sahen. Bert dachte zurück. Vor fast vier Jahren war er in diese Klasse gekommen – er, mit dem fünffachen Stigma. Jetzt war er anerkannt. Jetzt war er eine Edelwanze. Einige Teilstriche kletterte dadurch die Skala seines Lebens nach oben.

Und sie ging noch zwei bis vier Teilstriche höher:

„Ich habe heute in der fünften und sechsten Stunde keine Zeit für den Sport in der 9b", sagt Hans Dietz nach der Geschichtsstunde.
„Wolfgang und Bert. Das könnt ihr mal machen. Du kümmerst dich um die Geräte und du, Bert, um Einlaufen, Warmmachen und Gymnastik. Einverstanden?"
Sie sind nicht nur einverstanden. Sie sind auch stolz. Besonders Bert. Nach dem langen Kampf um die Zwei in den Leibesübungen, jetzt dies! Und dann noch die 9b! In der sind die Mädchen, die fünfzehnjährigen, sechzehnjährigen.

Am nächsten Morgen kommen sie in das Klassenzimmer. Wie immer sind es die Fahrschüler, die als Erste da sind. Eine schwache Morgensonne schickt ihr milchiges, früh winterliches Licht durch das Glas der trüben Fensterscheiben. Es gibt Wichtigeres in der Republik zu erneuern, als die jahrzehntealten Fensterscheiben einer Schule auszutauschen. Die

Wandzeitung ist gestern Nachmittag neu gemacht worden. Dieses Mal hatten das die Blauhemden übernommen. Wenn der Erhard zu seinem Platz will, muss er dicht an der Wandzeitung vorbei. Er stutzt, weil ihm ein besonders farbenfroher Artikel auffällt. Viel rote Schrift in großen Buchstaben. Er liest:

Erziehungsziel der Oberschule.

Wir haben die Aufgabe, Patrioten zu erziehen, die ihre Heimat, ihrem Volke, der Arbeiterklasse und der Regierung treu ergeben sind, die die Einheit des friedliebenden, unabhängigen, demokratischen Deutschland im Kampf gegen die imperialistischen Okkupanten und die Adenauerclique erzwingen, die ewige Freundschaft mit der Sowjetunion, den Volksdemokratien und allen für Frieden und Fortschritt kämpfenden Menschen halten, die schöpferische Arbeit als eine Sache der Ehre und des Ruhmes betrachten, das sozialistische Eigentum schützen und immer zur Festigung der volksdemokratischen Grundlagen der Staatsmacht mit allen ihren Kräften beitragen und erfüllt sind von der Liebe und dem Vertrauen zu unserer Volksarmee.

Später liest es auch Markus. Er gehört zu den bekennenden Kugelkreuzträgern. Sein trockener Kommentar an den Glaubensbruder Horst: „Jetzt lassen die wohl die Katze aus dem Sack!"
„Was ist eigentlich ‚Volksarmee'. Haben wir so was?", fragt Horst.
„Weiß ich auch nicht. Ich frag mal den Ringer."
Der Ringer weiß es zwar auch nicht ganz genau. Aber er kann es sich denken:
„Na ja. Seit letztem Sommer haben wir unsere ‚Nationalen Streitkräfte'. Ich schätze mal, dass die gemeint sind." Er hat recht.

Die Kugelkreuzträger, die Mitglieder der Jungen Gemeinde, haben es schwer. Keiner in der Deutschen Demokratischen Republik wird gezwungen, in irgendeine der wichtigen, dem Fortschritt verpflichteten Organisationen einzutreten. Keiner muss ein Mitglied der FDJ oder der GST oder der DSF oder gar der Partei, die immer recht hat, werden, aber wenn er es nicht wird, dann sind ihm manche Wege für seine Zukunft verbaut.

In der letzten Zeit haben sie sich auf die Junge Gemeinde regelrecht eingeschossen. Das Zentralorgan der Freien Deutschen Jugend, also die Tageszeitung „Junge Welt", deren Artikel bevorzugt verwendet wurden, um die Wandzeitungen an den Wänden der Klassenzimmer zu füllen, schrieb, dass die Junge Gemeinde eine illegale Tarnorganisation für

Kriegshetze, Sabotage und Spionage sei. Sie würde vom Westen gesteuert werden und von dort auch Geld bekommen. Es wurde empfohlen, das Tragen des Kugelkreuzes zu verbieten. Es wurde gedroht, dass Kugelkreuzträger nicht zum Abitur zugelassen werden könnten.

Bert fuhr zu einem Wettkampf nach Quedlinburg. Dort, an der Oberschule, wäre es ganz krass, erzählte ihm ein Sportfreund, der auch wissen wollte, dass ganz viele Oberschüler und auch Studenten aus den Schulen und Unis rausgeschmissen worden seien. Markus, Horst und Jürgen, das fiel Bert auf, trugen nun nicht mehr das silberne Kreuz über dem silbernen Kreis an ihren Jacken. Nur – das Abzeichen mit der aufgehenden Sonne, die ihre Strahlen aussendet, sah man bei ihnen auch nicht.

26

Helferschulung auf der Huysburg / Jugendarbeit mit der Kirche / Beten / Gibt es überhaupt einen Gott? / Kann man zwei Herren dienen?

In diesem Jahr wollte der Winter früher kommen. Bereits um die Weihnachtsfeiertage legte sich leichter Frost über die Bördelandschaft. Der Huy war etwas höher als sein Umland. Diese ungefähr zweihundert Meter Höhenunterschied reichten jedoch aus, um den Niederschlag als dünne, weiße Decke über ihn auszubreiten.

Bert packte den Fliegerrucksack. Dieser Rucksack, in der typisch blauen Farbe der früheren „Reichsdeutschen Luftwaffe", hatte Schwager Ernst durch den Krieg und durch die Gefangenschaft in Russland bis nach Schwanebeck zurückbegleitet. Seinen Bedarf für ein paar Tage packte der junge Mann ein. Dann machte er sich auf den Weg, den er in den letzten Jahren oft gegangen war. Allein oder mit der Pfarrjugend und dem Christusbanner. Theo Schmidt wollte seine Helfer im Dekanat wieder einmal schulen. Diese Helferschulung würde am letzten Tag des Jahres abgehalten werden.

Gute sechs Kilometer waren es bis zum früheren Benediktinerkloster. Zwischen dem Zementwerk und dem Schwanebecker Holz ging der Helfer Bert den bekannten Weg. Die Luft war frisch und rein auf dem leichten Anstieg zum Paulskopf. Der Ostwind hatte sich gelegt. Ein leichter Hauch aus dem Westen ließ hier nicht den grauen Zementstaub über das Land kommen. Nach und nach trafen sie ein und schritten durch das alte Tor, das das ehemalige Benediktinerkloster von der Welt da draußen abschloss. Die Halberstädter hatten auch den Weg ‚per pedes apostolorum' bewältigt – wie die Apostel zu Fuß. Einige andere waren bis Dingelstedt mit der Reichsbahn gefahren. Vom Bahnhof hatten sie dann eine knappe halbe Stunde aufzusteigen. Schließlich konnte Pfarrer Schmidt seine zehn Helfer aus dem Dekanat begrüßen.

Sie sitzen im Kreis. Der Pfarrer schlägt vor, dass sie berichten sollen, was sich so zugetragen hat seit dem letzten Zusammensein, ob sie irgendwelche Schwierigkeiten wegen ihrer Arbeit mit der Pfarrjugend in den Gemeinden hätten, wie die Situation an den Schulen sei, wie sich die Hohe Obrigkeit – auch er benutzt diesen Ausdruck für die verschiedenen staatlichen Organe der Republik – verhält. Bald dreht sich das

Gespräch um die Jugendarbeit der Kirchen im Allgemeinen und um die Angriffe gegen die Junge Gemeinde.

Bert sieht den Johannes an. Johannes kommt aus Quedlinburg. „Ich war im September bei euch. Leichtathletik im GutsMuths-Stadion. Irgendwer hat mir gesagt, dass bei euch die Mitglieder der Jungen Gemeinde so richtig in die Mangel genommen werden. Sie sollen irgendein Papier, irgendeine Erklärung unterschreiben. Wenn sie sich weigern, würden sie nicht zum Abi zugelassen. Ist da was dran?"

„Hast du wenigstens was gewonnen?", fragt der Helfer aus Quedlinburg und antwortet auf die Frage: „Ja. Irgendetwas hatten die in dieser Richtung vor. Nur, ich glaube, die Sache ist im Sande verlaufen. Kann vielleicht ein wild gewordener Funktionär gewesen sein, der diese Schnapsidee hatte."

Theo Schmidt schaltet sich ein.

„Sag mal, Bert. Wie ist es denn am Martineum?"

„Na ja. Das Kreuz mit der Weltkugel sehe ich auch nicht mehr. Abgesehen von den Artikeln aus der ‚Jungen Welt' an der Wandzeitung gibt es keine direkten Drohungen. Es kommt wohl auch immer ein bisschen darauf an, wie die Lehrer damit umgehen. Glaube ich."

Alle schweigen jetzt. Denken sie daran, dass auch auf sie etwas zukommen könnte? Bis jetzt hatten sie ihr Wirken ungestört durch die Staatsmacht fortsetzen können.

„Herr Pfarrer", fragt Winfried. Winfried ist der Älteste in der Helfer-Runde. „Was haben die eigentlich gegen die Junge Gemeinde? Müssen auch wir uns für die Zukunft Sorgen machen? Schließlich ist es ja kein Geheimnis, dass wir mit unserer Pfarrjugend Gruppenstunden abhalten und alle möglichen Sachen machen. Theaterspiele, Ausflüge, Tischtennis und was weiß ich noch."

„Aber Winfried!" Das Gesicht des Seelsorgers zeigt ein kleines, spöttisches Lächeln. „Du müsstest es doch noch wissen. Du warst doch noch mindestens vier Jahre in der Hitlerjugend. Oder? Gab es damals neben der Hitlerjugend noch eine andere Jugendorganisation?"

Alle sehen ihn erstaunt, ja, erschrocken an. Ist er, der Herr Pfarrer wirklich so sicher, dass alles, was hier gesprochen wird, in den Klostermauern zurückbleibt? Sollte das ein direkter Vergleich sein?

„Aber zur Gegenwart", fährt er fort. „Zwei, nein drei Gesichtspunkte will ich nennen. Ich hoffe, dass dann eure Fragen beantwortet und eure Befürchtungen ausgeräumt sind.

Punkt 1: Zwischen uns und unseren protestantischen Schwestern und Brüdern gibt es zunächst einmal den wichtigen Unterschied: In der DDR leben ungefähr zehn Prozent Katholiken. Das war schon immer so und ist historisch bedingt. Das ist euch aber nicht unbekannt. Ich sage nur: Lande der Reformation und Martin Luther. Folglich gibt es auch viel mehr junge Christen, die sich zum Protestantismus bekennen. Daraus ist aber wohl auch zu folgern, dass diese, ich möchte das mal so formulieren, mehr auffallen, wenn sie sich organisieren. Und sie wollen wohl auch auffallen. Ich sollte besser sagen, sie wollen sich bekennen. Sie tragen ihr Kreuz. Sie treten nicht in die FDJ ein.

Punkt zwei: Sie haben sich tatsächlich sehr gut in der Jungen Gemeinde organisiert. Neulich hat mir mein Amtsbruder, der evangelische, gesagt, es gäbe so um die zehntausend, vielleicht sogar über zehntausend aktive Mitglieder, und in Leipzig gibt es gar das Evangelische Jugendamt, zuständig für die ganze DDR."

Meinhard unterbricht den Fluss der Rede ihres Dekanatsjugendseelsorgers.

„Entschuldigung, Herr Pfarrer. Möglicherweise haben wir kein Jugendamt. Aber organisiert sind wir doch auch. Allein diese Helferschulung zeigt doch, dass nicht nur in den einzelnen Gemeinden still für sich irgendwelche Helfer herumwursteln. Bis jetzt erkenne ich einen Unterschied nur darin, dass die Evangelischen mehr sind. Oder sehe ich das falsch?"

„Das siehst du vollkommen falsch, lieber Meinhard. Vollkommen! Und keiner sollte das so sehen.

Keiner sollte denken, wir wären ein Ableger der DKJ, also der Deutschen Katholischen Jugend, die es im Westen gibt. Klar. Wir sehen es gern, wenn sie uns Liederbücher und anderes Material – ich gebe euch später wieder ein paar Bücher für eure Arbeit mit – zur Verfügung stellen. Aber ich war mit meinem Punkt zwei noch nicht fertig. Was wir machen – ich will es mal so nennen – ist eine dezentrale Jugendarbeit. In der Verfassung der DDR ist die Religionsfreiheit garantiert. Über die Ausübung der Religionsfreiheit in der Praxis wollen wir nicht diskutieren. Aber garantiert ist mit Sicherheit die Freiheit, unsere Gottesdienste abzuhalten, zu wallfahren, Messdienergruppen in den Gemeinden zu haben, Bibelkreise, Singegruppen für das Einüben unserer Kirchenlieder und alles, was ihr sonst noch kennt. Und Messdiener spielen vielleicht auch ab und zu mal Tischtennis und vielleicht übt der Meinhard aus Versehen ein schönes Wanderlied ein oder die Gröninger haben Freude am Theaterspielen. Stimmt's Paul?"

Theo Schmidt lächelt verschmitzt. Sie haben ihn verstanden.

„Ich will jetzt noch zu Punkt drei kommen", fährt er fort. „Die Junge Gemeinde ist die einzige vom Staat unabhängige Jugendorganisation. Das ist nicht im Sinne unseres Staates. Das kann auch nicht mit dem Begriff der Religionsfreiheit toleriert werden. Nach dem Verständnis, nach der Doktrin der DDR kann es nur eine Jugendorganisation geben. Das ist die FDJ."

Er hält ein. Er will die Wirkung seiner letzten Sätze sehen. Er schaut in die Gesichter. Sieht er ein leichtes Entsetzen in einigen, Unverständnis in anderen?

Es ist spät geworden. Die alten Klostergebäude sind durch die Fensterscheiben nur noch schemenhaft zu erkennen. Wind hat sich aufgemacht, macht die Bäume endgültig kahl. Winterschlaf ist zu erahnen.

„Ich denke, für den ersten Tag ist es genug. Lasst uns hinübergehen. Lasst uns das Abendgebet sprechen. Aber vorher habe ich eine Frage. Wer von euch ist in der FDJ? Nein, halt! Ich will anders fragen. Wer von euch ist nicht in der FDJ?"

Zwei Hände geben die Auskunft. Jo und Stanis sind nicht in der FDJ. Jo hat gerade seine Schlosserlehre hinter sich. Stanis arbeitet im Malergeschäft seines Vaters.

„Gut. Wir werden uns morgen mit unserem Verhältnis zur DDR beschäftigen", sind die letzten Worte des Pfarrers vor dem gemeinsamen Gang in die alte Basilika.

Beten. Gemeinsames Beten. Beten überhaupt. Auch für diese jungen Männer ist das Beten nichts Ungewohntes. Als Messdiener hat auch Bert ständig gebetet, ständig beten müssen. Gebetet? Oder hat er nur nachgesprochen, lateinische Texte entweder abgelesen oder auswendig aufgesagt? Hat er nicht auch gelangweilt und auf den Schluss wartend den Rosenkranz heruntergeleiert? Aber hier ist es anders. Liegt es daran, dass sie im Halbkreis um den Hochaltar stehen? In ihrem Kreis der Seelsorger, nicht herausgehoben durch seine priesterliche Würde? Die abendliche Stunde, die Stille vor dem Gebet in der alten Kirche, die flackernden Kerzen, die das Gotteshaus fast ganz im Dunklen lassen, das Gefühl von Gemeinschaft. Für Bert ist es eine durchaus mystische Erfahrung.

Diese alte Klosterkirche. Achthundert Jahre lang hörten ihre Mauern die Horen der Mönche, zu den festgelegten Stunden. Kann es ein, dass auch diese Mauern und Säulen ihre Erinnerungen mitteilen können? Er hebt den Blick zum Altar auf. Ein Hochaltar aus der Zeit des späten Barock. In dem Dämmerlicht erkennt er nicht mehr die Heiligen, die ganz oben stehen. Nur schwach erahnt er das große Bild in der Mitte. Die Himmelfahrt der Gottesmutter Maria. Näher sind der Heilige Stephan und die Heilige Maria Magdalena. Der zuckende Schein der Kerzen zaubert. Man könnte meinen, die Heiligen sind lebendig und lächeln oder sind traurig oder blicken sehr ernst.

Gemeinsam sprechen die jungen Männer mit dem Pfarrer das Abendgebet. Vielleicht ist Gott durch sein Wort, durch die heiligen Schriften ja anwesend auf dieser Erde. Vielleicht kann im richtigen Gebet deshalb etwas erlebt werden, was das Diesseits mit dem Jenseits verbindet. Vielleicht gibt es durch das Gebet so etwas wie eine geistige Verbindung zur Unendlichkeit. Keiner hat mehr Lust, viel zu sagen. Es liegt nicht nur an dem für manche anstrengenden Tag der Anreise. Mystik sind jene Formen religiöser Praxis, die behaupten und möglicherweise auch bezeugen, dass wir die Allmacht erst dann spüren, wenn wir schweigen und vielleicht die Augen schließen.

Bert liebt hier oben die Stille der Nacht. Kein Laut dringt durch das offene Fenster. Die Luft ist rein und frisch. Kein Traumgebilde hat ihm Angst gemacht. Kein Mönch ist aus seiner Gruft gestiegen.

Nach dem Morgengebet und dem Frühstück hat die Runde sich wieder versammelt.

„Bevor wir uns heute mit unserem Glauben und unser Verhältnis zu unserer Hohen Obrigkeit beschäftigen, lasst uns ein fröhliches Morgenlied anstimmen. Wer hat einen Vorschlag?", so beginnt Theo Schmidt.

„Na ja", meint der Meinhard aus Ilsenburg. „Wie wäre es denn mit ,Im Frühtau zu Berge'?"

Paul meint, dass dieses Liedchen doch wohl mehr zu einem Sommermorgen passen würde.

Sie einigen sich auf den noch immer schlafenden Bruder Jakob, und so klingt es in den alten Klostermauern als Kanon:

Bruder Jakob, Bruder Jakob.
Schläfst du noch? Schläfst du noch?
Hörst du nicht die Glocken? Hörst du nicht die Glocken?
Bim, bam, bom. Bim bam bom.

Bert hatte gut zugehört. Er hatte versucht, jedes Wort und jedes Argument in seinem Kopf zu speichern. Schließlich ging es ihm nicht nur darum, Neues zu erfahren oder das schon Gewusste zu verfestigen. Seinen Kinderglauben hatte er hinter sich gelassen. An den lieben Gott hoch im Himmel über den Wolken mit dem langen weißen Bart und den süßen Engelchen um sich herum glaubte er natürlich schon lange nicht mehr. Aber woran glaubte er? Was ist überhaupt Glaube? Was bedeutet „Gott"? Ist es zum Beispiel nur ein „Prinzip"? Ist es nur ein philosophischer Begriff?

Muss der Mensch überhaupt Gott begreifen? Ja, früher, in grauer Vorzeit, hatten es die Menschen leichter. Alles, was sie sich nicht erklären konnten, musste mit höheren Kräften zu tun haben. Ihre Welt trennte noch nicht das Mystische und die Wirklichkeit. Heute ist das anders. Die Naturwissenschaften haben für alles eine Erklärung und der Fortschritt kennt keine Grenzen. Und einen Gott? Nicht nur, dass sich seine Existenz nicht beweisen lässt, wir brauchen auch keinen.

Hat er doch im Heute jedes Gespräch mit dem Menschen eingestellt. Und was in der Bibel geschrieben steht, ist nicht mehr sein Wort an uns direkt. Berufene sind die Dolmetscher, die uns seine Botschaft übersetzen, und zwar so, wie es der Lehrmeinung und den vielen Dogmen der Religionen entspricht. Aber hatten sie hier oben in dem alten Kloster nicht gespürt, dass sie umfangen wurden von dem Unerklärlichen, nicht Erklärbaren, nicht Beweisbaren? Wenn es zu erklären wäre, wenn es beweisbar wäre, dann gäbe es keinen Gott. Der Glaube wäre dann äußerst überflüssig. Mag der Glaube auch unvernünftig sein, so ist vieles mit ihm leichter zu begreifen als ohne ihn. Und schließlich – ist Bert nicht, selbst in seinem kurzen Leben, nicht schon in Situationen gewesen, die ihm das Glauben leicht machen?

„Ich habe euch gestern die Frage gestellt, wer in der FDJ ist", leitet der Pfarrer zum nächsten Thema über. „Wie erwartet, ist es die Mehrheit."

Es legt sich eine gewisse, spürbare Spannung über die Runde. Alle kennen die Probleme, die die Junge Gemeinde mit der Staatsjugendorganisation hat. Dieses „Entweder-oder" hatte viele Kugelkreuzträger in schwere Konflikte gebracht. Darf ein Mitglied der Jungen Gemeinde auch Mitglied der FDJ sein? Kann man zwei Herren dienen? Nein! Das ist die Meinung der meisten.

Wie wird Theo Schmidt argumentieren, wenn es um die Pfarrjugend und ihr Verhältnis zur FDJ geht?

„Wir sind Christen. Auch wenn unter den Nationalsozialisten die Christen nicht gerade wie im alten Rom zur Zeit der Apostel verfolgt wurden, so konnte eine christliche Überzeugung durchaus, zum Beispiel in gewissen Berufen, nachteilig sein. Die christlichen Werte waren nicht Maßstab des staatlichen Handelns. Heute ist es nicht anders. Der Marxismus-Leninismus ist Staatsdoktrin. Die Verdrängung christlicher Werte im gesellschaftlichen Bereich geht immer weiter.

Die Frage ist: Wie gehen wir damit um? Ihr wisst schon, was jetzt kommt. Ihr kennt mich ja lange genug. Ja, richtig! Hilfreich – wie immer – ist das Neue Testament und da – wie so häufig – der Apostel Paulus."

Er nimmt das kleine Buch und trinkt einen Schluck Wasser, das sauber und gut schmeckend aus dem Brunnen des Klosters geschöpft ist.

„Also. An die römische Gemeinde und an seinen Mitstreiter Titus hat er unter anderem geschrieben:

Jeder leiste den Trägern der staatlichen Gewalt den schuldigen Gehorsam. Denn es gibt keine Gewalt, die nicht von Gott stammt.

Und:

Erinnere sie daran, dass sie der Gewalt der Obrigkeit untertan und gehorsam seien.

Und der Apostel Petrus schreibt in einem Brief:

Seid untertan aller menschlichen Ordnung um des Herrn willen, es sei dem König als dem Obersten oder den Statthaltern, die von ihm gesandt sind zur Bestrafung der Übeltäter und zum Lob derer, die Gutes tun.

Seid ihr auch der Meinung, dass diese Aussagen eindeutig sind?"
„Ja, aber", meldet sich Johannes. „Ich verstehe wirklich nur Bahnhof. Die Gewalt, also die Regierung, stammt von Gott? Auch die Gewalt der Nazis? Auch die Gewalt in unserer Deutschen Demokratischen Republik?"
Tief atmet er durch.
„Seht das so: Die Gewalt stammt von Gott. Aber Gott ist nicht verantwortlich für die Sünden und Fehler derjenigen, die die Gewalt ausüben. Im Übrigen kennt ihr doch die alte Volksweisheit: Gott gibt dem Volk die Obrigkeit, die es verdient."
„Wir sollen gehorsam sein? Wo fängt das denn an und wo hört das auf?" Bert stellt diese Frage.
„Gehorsam ist eine wichtige Eigenschaft eines Christen. Gehorsam den Eltern gegenüber, zum Beispiel. Warum sollen die Apostel nicht ver-

langen, dass diese Tugend auch im Umgang mit der staatlichen Gewalt gültig sein muss? Natürlich gibt es Grenzen. Für einen Soldaten im römischen Heer, der Christ war, hörte der Gehorsam dann auf, wenn er sein Christsein verleugnen sollte, wenn er den Kaiser anbeten sollte. Es ist schon schwer zu entscheiden, was ich noch gerade so tun darf. Würdet ihr aus der Kirche austreten, um zum Beispiel im Beruf weiter vorwärtskommen zu können? Das ist, was ich, wieder nur als Beispiel, unter einer Grenze verstehe."

„Also, in der FDJ darf ich sein, Herr Pfarrer?"

Der hatte geahnt, dass diese Frage ausgerechnet von Bert kommen würde.

„Ich will darauf nicht mit ‚ja' oder ‚nein' antworten. Versucht die Antwort bei Paulus und gewissermaßen als höchste Instanz – beim Herrn selbst zu finden. An die korinthische Gemeinde schrieb der Apostel:

Da ich also von niemand abhängig war, habe ich mich für alle zum Sklaven gemacht, um möglichst viele zu gewinnen. Den Juden bin ich ein Jude geworden, um Juden zu gewinnen; denen, die unter dem Gesetz stehen, bin ich, obgleich ich nicht unter dem Gesetz stehe, einer unter dem Gesetz geworden, um die zu gewinnen, die unter dem Gesetz stehen. Den Gesetzlosen war ich sozusagen ein Gesetzloser – nicht als ein Gesetzloser vor Gott, sondern gebunden an das Gesetz Christi –, um die Gesetzlosen zu gewinnen.

Theo Schmidt macht eine kleine Pause und sieht seine Helferschar in Gedanken versunken an.

„Denkt darüber nach. Geistige Beweglichkeit scheint der Apostel zu fordern. Und nun zu dem, was Jesus zu den Pharisäern sagte, als sie ihn fragten:

Ist es erlaubt, dem Kaiser Steuern zu zahlen? Sollen wir zahlen oder nicht zahlen?

Seine Antwort, nachdem er sich einen Silbergroschen hatte bringen lassen, auf dem der Kopf des Kaisers geprägt war:

Wessen Bild und Aufschrift ist das?
So gebt dem Kaiser, was des Kaisers ist und Gott, was Gottes ist.

Hätte er gesagt, ihr sollt keine Steuern zahlen, dann hätte er gegen die Obrigkeit Stellung bezogen. Er sagt aber mit dem ‚und Gott, was Gottes ist':

Wir sind Gott gegenüber genauso verpflichtet wie dem Staat gegenüber. Er sagt aber nicht – eigentlich ist das schade –, was die konkrete Verpflichtung gegenüber dem Staat ist. Damit gibt er uns den ganz persönlichen Auftrag, darüber nachzudenken, was wir tun dürfen und was nicht."

Draußen ist es dunkel. Fast ist Bert mit dem Kopf gegen eine der vielen Bruchsteinmauern hier im Gelände des alten Benediktinerklosters gelaufen. Ihn beschäftigt das, was der Pfarrer gesagt hat.

Mein Gott, hätte doch sein Freund Norbert nicht so radikal die Seite gewechselt. Wäre er doch hier gewesen und hätte gehört, was die beiden Apostel und Jesus über die Gewalt, also den Staat, also die Hohe Obrigkeit gesagt hatten. Vielleicht wären ihm manche Gewissenskonflikte erspart geblieben. Dann hätte er nicht über ein „Entweder – oder", sondern über ein „Sowohl – als – auch" nachdenken können.

Ihm fällt das Gleichnis vom Sämann ein. Sein Freund und er kommen aus sogenannten gut-katholischen Familien. Beide haben beim Kugelblitz den Religionsunterricht gerne und mit Freude besucht. Beide wurden Messdiener. Norbert wollte sogar Priester werden. Und dann diese Wende um hundertachtzig Grad? Sie haben doch das gleiche „Wort" gehört.

Auf den Weg fällt das Wort bei denen, die es zwar hören, aber sofort kommt der Satan und nimmt das Wort weg, das in sie gesät wurde. Ähnlich ist es bei den Menschen, bei denen das Wort auf felsigen Boden fällt: Sobald sie es hören, nehmen sie freudig auf; aber sie haben keine Wurzeln, sondern sind unbeständig, und wenn sie dann um des Wortes bedrängt werden oder verfolgt werden, kommen sie sofort zu Fall. Bei anderen fällt das Wort in die Dornen: Sie hören es zwar, aber die Sorgen der Welt, der trügerische Reichtum und die Gier nach all den anderen Dingen machen sich breit und ersticken es und es bringt keine Frucht.

Und er? Wird auf sein Leben das Ende des Gleichnisses zutreffen?

Auf guten Boden ist das Wort bei denen gesät, die es hören und aufnehmen und Frucht bringen.

Für Bert ist es klar: Mitglied in der Staatsjugend zu sein ist keine Sünde, die er beichten müsste. Er sieht seine Kopf-Hütte bestätigt. Das Wichtigste seiner Hütte ist, dass die Tür zum linken Zimmer nur vom rechten Zimmer aus zu öffnen ist.

Ein letztes Mal haben sie sich vor dem Hochaltar in der alten Basilika im Halbkreis aufgestellt. Es ist Mitternacht, als sie die Heilige Messe feiern. Jetzt trägt Pfarrer Schmidt die traditionellen Gewänder des Priesters – über der weißen Albe ein rotes Messgewand, die Stola und am linken Arm den Manipel. Er steht nicht mehr in ihrem Kreis. Vorwärts zum Altar gewandt, spricht er die uralten lateinischen Gebete der Liturgie. Nur wenige Kerzen geben dem Altarraum Licht. Bert kann auf dem großen Bild kaum noch Einzelheiten erkennen. Wieder scheinen die Heiligen durch Licht und Schatten zum Leben erwacht zu sein. Wieder spürt er – und nicht nur er – diese Spiritualität. Sie spüren diese geistige Verbindung zur Unendlichkeit. Liegt das nur daran, dass es Mitternacht ist, dass der Priester – fast wie ein Schamane – leise in Latein flüstert, dass das Kerzenlicht Schattenspiele am Altar zaubert, dass sie zwischen den tausend Jahre alten Mauern des Benediktinerklosters stehen?

27

Diebstahl von Volkseigentum / 1. Mai / Abivorbereitungen / Unruhe in der Republik / Berufswahl, was soll er studieren? / Wer möchte Soldat werden?

Nur noch einige, wenige Monate. Dann ist es so weit. Dann wird ein Lebensabschnitt zu Ende sein. Dann wird es sich zeigen, ob sie reif sind. Wofür reif? Getreide wird reif und Äpfel und Birnen. Sie sprechen zwar alle vom Abitur, die Zwölftklässler und auch ihre Lehrer, aber auf dem letzten Zeugnis wird stehen: „Reifezeugnis der Oberschule." Und dieses Zeugnis ist dann der Türöffner zu einem Studium an einer Universität oder an der Technischen Hochschule in Dresden – in der DDR gibt es nur diese eine TH –, vorausgesetzt, es ist recht ordentlich ausgefallen. Sie wären dann also reif für ein Studium.

So zog ein gewisser Lerneifer in die Köpfe ein. Die Arbeitswanzen arbeiteten noch mehr. Die Streberwanzen bemühten sich, besser zu werden, als sie es schon waren. Die blauen Wanzen hofften, fehlendes Wissen oder mangelndes Können durch ihre fortschrittliche Einstellung ausgleichen zu können, und die Edelwanzen konnten auch nicht darauf bauen, dass sie, nur weil sie Edelwanzen waren, Einfluss auf die Güte des Reifezeugnisses hätten. Alle lasen die dicken Bücher, die die Lehrer zur Vorbereitung empfohlen hatten – vor allem sowjetische Literatur, aber natürlich auch die Bücher der progressiven deutschen Schriftsteller, zum Beispiel Heinrich Manns „Der Untertan".

An einem Morgen Ende Februar. Bert wundert sich, dass heute einige nicht auf ihrem Platz sitzen.
 Gleich vier sind krank geworden? Klar. Draußen hat eisiger Frost im Land die Macht übernommen.
 Doch Tomm, Markus, Horst und Manfred gehören nicht zu denen, die durch die Kälte jemals auch nur einen Schnupfen bekommen hatten. In den Häusern ihrer gutbürgerlichen Eltern mangelt es sicher nicht an Wärme. Sie sind gesund und haben eigentlich, so denkt Bert, nie erfahren, was es heißt, hungrig zu sein. Als er sich umdreht, Knappe Walter sitzt in der Reihe hinter ihm, fällt ihm das sehr ernste Gesicht dieses Klassenkameraden auf.
 „Weißt du, warum Tomm, Manfred, Markus und Horst heute nicht da sind?", fragt er in der Pause seinen Sportfreund Ringer.

„So richtig weiß ich auch nichts. Aber ich habe gehört, die hätten Mist gebaut. Diebstahl von Volkseigentum oder so."
„Was soll denn der Quatsch? Du glaubst doch nicht, dass die klauen? Wollten die nicht unsere Fete vorbereiten?"

Alle hatten ein paar Mark gegeben, damit dieses letzte Zusammensein der Klasse, unbeschwert vom üblichen Schulbetrieb, gelingen sollte – für die Miete des Raumes im Restaurant, für Lampions und Fähnchen und nicht zuletzt für Bockwurst, Brötchen und Brause. Die jetzt Vermissten hatten die Organisation übernommen und hatten dafür sogar einen Tag schulfrei bekommen.

Tage später, als die vier immer noch verschwunden sind, kommt – gewissermaßen tröpfchenweise – der Grund für das Verschwinden der Klassenkameraden ans Tageslicht. Den ganzen Tag hatten sie, ohne auch nur eine Mittagspause einzulegen, die Vorbereitungen getroffen für das mit großer Freude erwartete Fest. Erschöpft und hungrig hatten sie sich am späten Nachmittag eine Bockwurst, ein Brötchen und eine Brause „genehmigt". Sie mussten dabei nun wirklich kein schlechtes Gewissen haben.

Am späten Abend klopfte es aber an den Türen ihrer Elternhäuser. Die Volkspolizei holte alle vier ab und brachte sie ins Gefängnis in der Walther-Rathenau-Straße. In Tomm sah die Richterin offensichtlich den Rädelsführer. Erst nach fünf Wochen ließ die Staatsmacht ihn wieder gehen. Diese Klassenkameraden wurden in der Schule nie wieder gesehen. Sie sind „abgehauen".

Dass diese Oberschüler, die in wenigen Wochen das Abitur gemacht hätten, in den Westen gehen, kann Bert ja noch verstehen. Dass aber ihr Deutschlehrer auch plötzlich nicht mehr da ist, sie kurz vor dem Abi im Stich lässt, begreift er nicht.

Bruno Hillmann kommentiert es so:
„Alle, die abhauen, sind Verräter an der Sache des Volkes. Nicht fähig zu begreifen, dass nur bei uns die Zukunft eines demokratischen Deutschlands ist."
„Hat er nicht recht? Zumindest ist doch ein kleines Körnchen Wahrheit dabei." Bert sitzt im linken Zimmer seiner Kopfhütte. „Und sei das Körnchen noch so klein."

Im linken Zimmer muss er unbedingt ein Bild abhängen, denn der Vater aller Werktätigen, der große Führer des Friedenslagers ist gestorben. Josef Wissarionowitsch Stalin ist tot. Seine Verdienste werden gewürdigt. Tagelang bringt der Rundfunk Trauermusik. Tagelang berichten die Zeitungen über

den großen Stalin. Sonderbar oder auch nicht? Er und seine Klassenkameraden sind wenig berührt. Die Wandzeitung wird überarbeitet und zum Teil erneuert. Das übernehmen die Blauhemden, also die blauen Wanzen. Für alle ist es wichtiger, sich auf die Reifeprüfung vorzubereiten. Und die Schwester kommentiert das Ereignis mit den Worten: „Jetzt hat der Deibel endlich diesen Schweinehund geholt!"
Der Bruder denkt daran, was Norbert ihm einmal gesagt hatte und antwortet:
„Du verbrennst dir irgendwann nochmal die Schnauze!"
Im linken Zimmer der Kopf-Hütte hängt Bert ein großes Bild von Walter Ulbricht auf. Der ist zwar nicht der Ministerpräsident, geschweige denn der Präsident. Aber es bedarf keines besonderen Scharfsinns, um zu erkennen, dass ohne den Genossen Generalsekretär der Partei, die immer recht hat, in unserer Republik nichts geht, aber auch gar nichts, und er wird sicherlich dafür sorgen, mit allen Mitteln, die der Staatsmacht zur Verfügung stehen, dass in der DDR die sozialistische Gesellschaft mit ihren „Neuen Menschen" Wirklichkeit wird.

Am 1. Mai ist Gelegenheit zu zeigen, dass sie auf dem richtigen Weg sind. Vornweg marschieren die Lehrer, wenn sie sich nicht gerade krankgemeldet haben. Das Bild dieses Zuges ist schon eigenartig. Der Hillmann hat natürlich das blaue Hemd an. Aber neben ihm geht auch ihr Herr Direktor und der andere kleine Mathelehrer mit diesem Bekleidungsoberteil, das ja eigentlich der Jugend vorbehalten ist. Gesinnung lässt sich durch das Äußere eben auch ausdrücken. Ziemlich bürgerlich schreitet – Seit' an Seit' – der Lateinlehrer mit. Mit dem Jackett, der dunkelblauen Hose und dem weißen Hemd mit der roten Krawatte hebt er sich irgendwie von den anderen ab. Aber immerhin – die Krawatte ist rot und am Aufschlag des hellgrauen Jacketts prangt das Abzeichen der Partei, die immer recht hat. Die Fünferreihe ergänzt der Sportlehrer. Dieser trägt seinen Trainingsanzug. Dahinter marschieren die Schüler. Eigentlich vermisst Bert die rote und die blaue Fahne. Er sieht auch keine Klasse, die die Kleinkalibergewehre geschultert hat. Ihr Herr Direktor neigt nicht zu Übertreibungen. Hätte Bruno Hillmann das Sagen an der Schule, wären die Fahnen und die Gewehre mit Sicherheit dabei gewesen. Es ist der erste 1. Mai nach dem Tod des Väterchen Stalin – oder wie Nu-Wott sagt, der erste „perwaja maja" nach dessen Tod.
Auch Nu-Wott bereitet sie auf das Abitur vor, denn Russisch ist immer und in der ganzen DDR ein Prüfungsfach. Er redet so ein wenig in Rät-

seln, ihr Lehrer. Er spricht von vier Themen, die im Abitur vorkommen könnten und auf die sie sich einstellen sollten. Es würden Texte sein, die sie ins Deutsche übersetzen müssten – aber bitte: „Liefert ordentliche Übersetzungen und nicht irgendwelche Fantasien!", lautet seine Ermahnung. Er weiß schon genau, warum er ihnen das so sagt, denn ein Lieblingsfach ist diese Sprache für viele nun überhaupt nicht. Bert kann diese Einstellung gut nachvollziehen. Hat er diese Sprache doch noch gut im Gedächtnis – gerade mal neun Jahre ist es her, dass er sie zum ersten Mal hörte, und allzu gute Erinnerungen verbindet er nicht mit dieser Zeit. Und trotzdem: Er mag diese weiche, manchmal etwas gutturale und doch angenehm klingende slawische Sprache mit ihren vielen Konsonanten, manchmal weich, manchmal hart ausgesprochen. In dieser Sprache schrieben große Schriftsteller. Er denkt an Leo Tolstoi, an Alexander Puschkin oder Anton Tschechow. Auch diese haben sie kennengelernt und gelesen, nicht nur die Literaten der Sowjetunion.

„Nu-Wott ist ein feiner Kerl", sagt er zum Erhard. „Wie viele Taschen hat deine Jacke?"

Bert würde zum schriftlichen Abitur in Russisch sein Sonntagsjackett anziehen. Es hat genug Taschen, für vier Themen genügend Taschen.

Markus hatte mit seinem Kommentar zu dem Wandzeitungsartikel „Erziehungsziele der Oberschule" – jetzt würden sie die Katze aus dem Sack lassen – gar nicht so unrecht. Es herrschte eine nicht genau beschreibbare Unruhe in der Republik. Die Partei gab immer neue Ziele an, immer höher gesteckte Ziele auf dem Wege zu einer sozialistischen Gesellschaft. Wollte sie nach dem Tod des großen Führers den Genossen in Moskau nun beweisen, dass sie selbstständig und forsch den Weg gehen konnte? Die Überführung des bäuerlichen Privateigentums in Gemeinschaftseigentum wurde beschleunigt.

Schwager Ernst konnte davon ein Lied singen. Mürrisch und leicht verstört – wie seine Frau meinte – kam er häufig sehr spät aus dem Rathaus. Endlose Diskussionen mit „denen vom Kreis". Heftige Streitereien mit den Bauern, die sich immer noch sträubten und die immer noch nicht einsehen wollten, dass sie in der Landwirtschaftlichen Produktionsgenossenschaft besser aufgehoben wären. Versteckte Vorwürfe von Genossen, wenn wieder einmal ein Bauer „abgehauen" war. Die nicht genau beschreibbare Unruhe zeigte sich auch in den Konsumläden. Ständig war etwas ausverkauft oder nicht lieferbar. Es wurde gemeckert und geschimpft.

„Oh, oh, oh!", meinte Ernst. „Wenn die so weitermachen, dann weiß ich nicht, wie das noch mal enden wird. Überall ist ‚dicke Luft'! Wir hier auf dem Land kriegen ja alles gar nicht mit, was so in Berlin oder Leipzig oder Magdeburg los ist. In den VEBs wird das Soll immer mehr erhöht." Bert hörte zu. Eigentlich interessierten ihn diese Zustände nicht. Genauso wenig interessierten sich seine Klassenkameraden dafür – ausgenommen vielleicht die „blauen Wanzen". Das Abi rückte in nächster Nähe.

Bert ist zurück vom Training. Er stellt das Rad neben der alten, gusseisernen Pumpe im kleinen Hof ab. Sein Essen hat die Schwester auf den Küchentisch gestellt. Ernst ist noch im Rathaus. Der frühe Abend ist friedlich.

„Sag mal Schwester. Was ist eigentlich mit deinem Mann los?", fragt er.

„Was soll mit ihm los sein? Es gibt nichts Besonderes. Wie kommst du auf deine Frage?"

„Na ja. Wenn ich so an früher denke."

„Traust dich nicht zu sagen, was du denkst?" Fast ein wenig misstrauisch blickt sie ihn an.

„Der ist ja richtig nett zu mir geworden. Wir reden wieder richtig zusammen."

„Komm", sagt sie. „Ich zeig dir was."

Er ist so allerlei von seiner großen Schwester gewöhnt. So hält sich seine Verwunderung in Grenzen.

„Hat er heute vergessen!"

Sie hat die Brieftasche ihres Mannes aufgemacht.

„Gucke mal, was der sammelt."

Und sie zeigt ihm aus der „Volksstimme" ausgeschnittene Berichte. Ernst muss doch irgendwie Stolz auf sein Mündel Bert sein. Immer, wenn die Zeitung über Sportfeste berichtet hat und Bert in den Berichten mit seinen Ergebnissen genannt worden ist, hatte der Schwager sie gesammelt und aufgehoben. Und darunter befindet sich auch der Ausschnitt aus der letzten Montagszeitung.

Schwanebecker Bert Howald Kreismeister über 400 m in guter Zeit.

Selbstbewusstsein entsteht wirklich nicht nur dadurch, dass der Mensch sich immer wieder sagt, wie gut er ist. Das würde zu einer unerträglichen Überheblichkeit führen. Und überhaupt – ab welchem Alter ist er schon so weit, dass er sein eigenes Ich erkennt, dass er sich selbst gefunden hat.

Wie viele Identitätskrisen hat er dann schon hinter sich gebracht? Bert ist aber erst in einem Alter, in dem das Selbstbewusstsein vorwiegend durch die Anerkennung der Leistungen durch andere gestärkt wird. Und so tut es gut zu wissen, dass sein Schwager auf ihn stolz ist.

Bald wird das Behütetsein ein Ende haben. Die gewohnten Strukturen werden sich auflösen. Es wird nicht mehr die Gemeinschaft mit den Klassenkameraden geben. Streberwanzen, Edelwanzen und alle anderen Wanzen werden bald ihre eigenen Wege gehen. Mit Sicherheit werden sie vermisst werden: Bruno Hillmann, Nu-Wott, Spucker Barni, HaPe, Hans Dietz, Willi Mahrenberg, Napoleon und alle anderen, die versuchten, ihr Bestes zu geben – jeder auf seine besondere Art –, um sie zur Reifeprüfung zu bringen.

Napoleon lässt es sich nicht nehmen, ihnen in der letzten Biostunde zu sagen:

„Keerls! Es war immer ein großer Kampf zwischen euch und mir. Aber glaubt mir – der Napoleon hat doch gesiegt!"

Und er hat recht. Er hat den Sieg davongetragen. Er hat sie „bei der Stange" gehalten und ihnen Wissen vermittelt. Selbst für den Schwächsten hat er gekämpft. Und das mit mitunter sehr subtilen Methoden. Für Bert ist es keine Frage. Er wird aus den Naturwissenschaften Biologie als schriftliches Prüfungsfach wählen.

Was willst du werden? Tief beugen sie sich über Formulare. Wer noch einen Vater und eine Mutter oder nur eine Mutter und nur einen Vater besitzt, kann zu Hause mit ihnen alles durchsprechen. Soll der Sohn studieren? Was soll er studieren? Kann er auch Doktor werden, wie es der Vater ist, oder darf er nicht Medizin studieren, weil er kein Arbeiter- oder Bauernkind ist? Vielleicht ist es ja von Nutzen, ein Handwerk zu erlernen – in der Hoffnung, sich im Volkseigenen Betrieb dann später so zu bewähren, dass dann ein Studium möglich wird.

Auch Bert füllt das Formular aus. Zwar ist er kein Arbeiter- und Bauernkind, aber als Elternloser ist er gewissermaßen „gleichgestellt". Bei ihm bestand nie die Gefahr, durch ein bürgerliches Elternhaus beeinflusst zu werden. Bei ihm besteht im Gegenteil die Hoffnung, aus ihm einen „Neuen Menschen" formen zu können. Zwei Berufswünsche dürfen genannt werden. So nennt er als erste Wahl „Bauingenieur" und als zweite Wahl schreibt er hin: „Studium der Sportwissenschaften." Aber ob das mit dem Sport klappen könnte? Sicher – in der Leichtathletik und im

Schwimmen wird es die Eins werden. Aber im Geräteturnen? Selbst wenn Hans Dietz alle Augen zudrücken wird, mehr als die Drei bekommt er da nicht. Ob das aber für die Zulassung zum Sportstudium reicht? Unwahrscheinlich.

Wenn man einen Sowjetmenschen fragte, was er denn für einen Beruf hat, kam häufig die Antwort: „Ja inschener!" Dieses „Ich bin Ingenieur" wurde nicht so ganz ernst genommen. Schließlich ließ die Auslegung dieses Berufsbildes, wie es die Sowjetmenschen sahen, mancherlei zu. Eine Edelwanze hatte behauptet, die würden sich schon Ingenieur nennen, wenn sie in der Lage wären, am Fahrrad das Vorderrad abzuschrauben, einen neuen Schlauch in den Mantel einzuziehen und das Vorderrad wieder anzuschrauben. Bert findet diese Behauptung sehr übertrieben. Im Russischunterricht bei Nu-Wott haben sie oft Texte übersetzt, die von den großen Leistungen sowjetischer Ingenieure handelten. Aber davon war Bert wenig beeinflusst, als er „Bauingenieur" in das Formular schrieb. Er sieht das sehr praktisch. Schließlich liegt das Ende des Krieges gerade mal acht Jahre zurück. Die Städte – auch Halberstadt – sind immer noch Ruinenlandschaften. Wie viele Brücken sind noch zerstört? Wie viele Straßenkilometer müssen erneuert werde? Arbeit für Jahrzehnte, denkt er.

Dazu kommt noch seine familiäre Vorbelastung. Der Opa hatte ein Baugeschäft. Der Patenonkel war Baumeister. Ein Onkel war Maurer. Er erinnert sich an eine Fahrt mit der Eisenbahn in die Stadt, in der er geboren wurde. Als der Zug in den Bahnhof einlief, zeigte seine Mutter auf den großen Wasserturm und sagte: „Jungchen, siehst du dort den schönen Wasserturm? Den hat dein Opa gebaut!"

Warum soll er nicht in der dritten Generation diese Tradition fortsetzen? Vielleicht wird er dort in Dresden zum Studium zugelassen. Gewiss ist das nicht. Die Staatsmacht ist dafür zuständig. Letztlich muss sie es wissen, welche Berufe in der Zukunft für den Aufbau des Sozialismus gebraucht werden.

„Bist du auch schon dran gewesen", fragt Gerdchen in der letzten, der kleinen Pause.

„Was meinst du? Wo soll ich dran gewesen sein?", erwidert Bert.

„Na, gestern war doch der Genosse von der Volkspolizei bei uns. Er will uns davon überzeugen, den bewaffneten Streitkräften – wie er gesagt hat – beizutreten."

Bert hatte am Rande wahrgenommen, dass eine Uniform in der Schule war. Was die wollte, wusste er zwar nicht. Aber jetzt weiß er es. Nein, er war nicht gefragt worden. Er glaubt, dass Bruno Hillmann oder ein anderer Genosse Lehrer wohl schon eine Vorauswahl getroffen haben.

Wie auch immer. Die, die bis vor Kurzem noch das Kugelkreuz an der Jacke trugen, kommen natürlich gar nicht in Betracht. Das fehlte gerade noch. Sollte etwa in die Armee so etwas wie eine christliche Grundeinstellung geduldet werden? Fünf der Klassenkameraden haben unterschrieben. Ihre Zukunft ist gesichert. Ihr Weg zu einem Studium ist eindeutig offen, und bald würden sie der „Genosse Unterleutnant" sein, später vielleicht sogar der „Genosse Oberst".

Knappe Walter hat einen weiteren Schritt getan. Er hat auch einen anderen Aufnahmeantrag unterschrieben. Er wird sich bald Kandidat nennen dürfen. Zwei verdiente Genossen der Partei haben für ihn gebürgt. Noch ein Jahr. Dann ist er nach der „Probezeit" ein vollwertiger Genosse.

In den Helferkreisen der Pfarrjugend sprechen sie natürlich über die Situation. Dabei stellen sie fest: An manchen Oberschulen ist die Werbung für die Armee oder für eine Kandidatur sehr aufdringlich, ja fast aggressiv. Für das Martineum trifft dies nicht zu. Wie so oft mag es am Übereifer einiger Funktionäre liegen, wenn es woanders anders ist – oder ihr Herr Direktor übt in diesen Fragen eine gewisse Zurückhaltung aus.

28

*Das Abitur / Zeugnis der Reife / Kann ein „Neuer Mensch"
eigenwillig sein? / Anpassung oder Opposition?*

Durch die neugotischen, großen Fenster grüßt ein Maimorgen. Die vielen kleinen Scheiben sind alt und trüb. Zum Teil durchziehen Risse das Glas. Es gibt Wichtigeres beim Wiederaufbau, als in einer Schule Fenster zu erneuern. Für das Schriftliche sitzen sie in der Aula. Sie ist geräumig genug, um die Tische so weit auseinanderzustellen, dass keiner von dem anderen abschreiben kann. Jede Verständigung untereinander scheint unmöglich zu sein. In Russisch brauchen sie sich nicht zu verständigen. Nu-Wotts Hinweise auf mögliche Themen sind sehr hilfreich gewesen. Bert hat sein Sonntagsjackett an. In der linken, äußeren Tasche steckt der Zettel. Zügig kann er die Übersetzung aus dem Russischen ins Deutsche zu Papier bringen. Die übersetzte Überschrift des Textes heißt:

Die Bedeutung der sowjetischen Literatur für die Entwicklung der „Neuen Menschen".

Sie kennen es nicht anders und nehmen daran keinen Anstoß. Selbstverständlich muss sich die Russischprüfung mit einem derartigen Thema befassen.

Ein Tag später. Die schriftliche Prüfung in Mathe. Bert fühlt sich gut. In Mathe ist er sicher. Er liest die erste Aufgabe:

Ein Flugzeug fliegt von Moskau nach Wladiwostok.

Es folgen die Parameter für beide Städte, die er zunächst nur kurz zur Kenntnis nimmt, um die Aufgabenstellung zu erfassen. Diese lautet:

Zu berechnen sind:
a) die Entfernung Moskau – Wladiwostok auf dem Großkreis,
b) der Kurswinkel bei dem Abflug,
c) die geographische Breite des nördlichsten Punktes der Strecke
  Moskau – Wladiwostok.

Als sie die Treppe hinuntergehen, meint Horst:
„Im imperialistischen Westen werden die im Mathe-Abitur bestimmt genauso gefragt. Nur fliegt dort der Flieger von Chicago nach San Francisco."
Bert sieht den Klassenkameraden verständnislos an. Was will der Horst damit sagen? Der mit seinen Verbindungen nach dem Westen.

Zwei Tage später. Die schriftliche Prüfung in Deutsch. Unter drei Themen können sie wählen.

– Über die fehlende Landstraße für die Wissenschaft, deren helle Gipfel nur erreicht werden können, wenn man die Ermüdung beim Erklettern steiler Pfade nicht scheut, will Bert nichts schreiben. Er müsste sich dabei mit Karl Marx befassen. Das traut er sich nicht zu.

– Über die Aufgaben, die sich dem Schriftsteller der Gegenwart stellen, wenn er zum Patriotismus erziehen soll, will er auch nicht nachdenken. Er hätte zunächst einmal den Patriotismus im Sinne der sozialistischen Gesellschaft erklären müssen. Auch das traut er sich nicht zu.

– Es bleibt also für ihn das dritte Thema.

Welchen Beitrag leisteten die bürgerlichen kritischen Realisten für den gesellschaftlichen Fortschritt in Deutschland?
(Beschränken Sie sich bei der Behandlung des Themas auf e i n s der folgenden Werke:
Th. Fontane „Effi Briest", A. Zweig „Der Streit um den Sergeanten Grischa", H. Mann „Der Untertan".)

Er hatte das Buch gelesen und auch den Film gesehen. So schreibt er über Heinrich Manns Buch. Immerhin. Alle drei Themen haben nichts Sowjetisches. Karl Marx – die fortschrittlichen Schriftsteller der Gegenwart – Fontane, Zweig und Mann.

Nun halten sie das Zeugnis der Reife in den Händen. Sie sind frei. Wenn Gesellen freigesprochen werden, dann ist ihre Lehrzeit vorbei. Sie haben ausgelernt. Sie sind auch von ihrem Meister frei.

Bert kennt das. Sein Freund Günther, vormals sein Blutsbruder Old Shatterhand, ist seit einem Jahr ein Tischlergeselle. Mit dem letzten Schulzeugnis ist es ähnlich, denkt Bert. Jetzt frei vom Zwang der Schule.

Nachdem das Zeugnis vor einem Jahr mehr schlecht als recht ausgefallen war, ist er jetzt zufrieden. Mit diesem Zeugnis hat er eine echte

Chance, zum Studium zugelassen zu werden. Eine Erinnerung steigt in ihm auf. Wie war das doch mit dem Abschlusszeugnis der ‚Grundschule der Deutschen Einheitsschule' vor vier Jahren? Auch damals waren die beiden kaum zu vergleichen, das letzte und das vorletzte. Man hätte meinen können, sie beträfen zwei verschiedene Schüler. Damals hatte er gemutmaßt, dass vielleicht aus pädagogischen Gründen das vorletzte so dürftig gemacht wurde. Anreiz, um mehr aus sich herauszuholen? So sehr hatte er sich doch nicht innerhalb eines Jahres verbessert? Und das nicht nur bei den Zensuren in den Fächern, sondern auch im „Gesamtverhalten", von einem „genügend" zu einem „sehr gut". Wie es sich gehört, wird als Drittes auch die „Gesellschaftliche Tätigkeit" beurteilt:

Mitgl. FDJ, DSF, GST, DS, gute FDJ-Arbeit, handelte oft eigenwillig, Wissensabzeichen in Bronze.

Im Grunde genommen ist diese Benotung gar nicht so schlecht. Bert weiß, dass besonders bei den Kugelkreuzträgern, die ihr Bekenntniszeichen nicht mehr tragen dürfen, dergleichen nicht stehen wird. Sie werden es sehr, sehr schwer haben, einen Studienplatz zu bekommen.

Hoffentlich, so meint er, ist diese Bemerkung „handelte oft eigenwillig" keine Falle, und er fängt an, darüber nachzudenken. Dabei wechselt er sehr oft zwischen den Zimmern seiner Kopf-Hütte hin und her. Mal steht er im rechten Zimmer, mal im linken.

Was ist daran so schlimm, einen eigenen Willen zu haben? Ist es nicht besser, einen eigenen Willen zu haben, als sich zu beugen unter den Willen anderer? Ist es nicht ein Zeichen von Selbstbewusstsein, wenn man einen eigenen Willen hat? Offensichtlich hat sich also sein Selbstbewusstsein, das vor einigen Jahren noch gar nicht oder höchstens sehr schwach ausgeprägt war, entwickelt. Gewisse Ziele im Leben sind doch nur zu erreichen, wenn man den Willen aufbringt, den mitunter sehr anstrengenden Weg zu gehen, der zum gesteckten Ziel führt. Ist ein Weg jedoch vorgegeben, gewissermaßen geebnet, dann geht man ihn leichten Fußes. Er denkt an den Weg, der zum „Neuen Menschen" führen soll. Wer hat ihm nur den Hang zum Philosophieren beigebracht? War es der Einfluss von Doktor Wilhelm Mahrenberg? Irgendwie kommt er nicht weiter bei den Antworten auf jene Fragen, die er sich selbst stellt.

„Ich will einmal von einer anderen Seite an die Sache herangehen", spricht er laut zu sich selbst.

Auch bei Bruno Hillmann hatte er stets aufmerksam und interessiert im Unterricht mitgearbeitet. Nicht von ungefähr stand eine Zwei im Fach Gegenwartskunde in seinem Reifezeugnis. Kann der „Neue Mensch" einen eigenen Willen haben? Was den „Neuen Menschen" ausmacht, ist ihm klar. Er muss einen starken Glauben haben. Die Grundlage dieses Glaubens ist die marxistisch-leninistische Gesellschaftstheorie, kurz Marxismus-Leninismus genannt. Danach wird nach dem Ende des Kapitalismus in der sozialistischen Gesellschaftsordnung jeder Mensch sich voll entfalten können. Alles, was in ihm steckt. Seien es musische, geistige oder körperliche Fähigkeiten. Immer wieder hat er gehört und gelesen, wie der Mensch, also der „Neue Mensch", dann sein würde: optimistisch und positiv dem Leben gegenüber – er weiß viel und er kann viel – er interessiert sich für die Kultur – er ist aktiv im Sport – er arbeitet gerne – er ist moralisch sauber – er besitzt ein stark ausgeprägtes sozialistisches Bewusstsein.

Berts Gedanken fangen an, ihm einen geistigen Schwindel zu bereiten. Im linken Zimmer seiner Kopf-Hütte wird ihm klar, dass er schnell ins rechte muss.

Ja, wenn das der „Neue Mensch" ist, dann ist er nicht nur vergleichbar mit den größten Heiligen der Kirche. Er braucht dann auch keinen eigenen Willen. Die Heiligen leben nach dem Willen Gottes, und er lebt nach dem Willen ... Ja, nach wessen Willen? Es dauert einige Zeit, bis er meint, eine Antwort gefunden zu haben. Gott ist im Himmel und die Kirche vertritt ihn auf der Erde. Der Marxismus-Leninismus ist die Theorie und die Partei ist die Praxis. Und die Partei hat immer recht.

Wer also eigenwillig ist, kann noch nicht ein „Neuer Mensch" sein, ist aber hoffentlich auf dem Weg zu ihm. Bert ist sich nicht sicher, ob das die Immatrikulationskommission in Dresden, die über seine Zulassung zum Studium zu entscheiden hat, genauso sieht.

Aber gibt es denn überhaupt schon einen „Neuen Menschen"? Bert geht in Gedanken durch die Reihen der Schulgefährten. Sicher. Von den „Blauen Wanzen" haben schon einige eine gute Wegstrecke zurückgelegt. Am Ziel können sie jedoch noch gar nicht sein. Wir leben ja noch nicht in der sozialistischen Gesellschaftsordnung.

Die Mehrheit ist wie er. Möglicherweise haben viele auch ihre Kopf-Hütte. Sie sind gesellschaftlich organisiert – FDJ, GST, Gesellschaft für Deutsch-Sowjetische Freundschaft. Sie schießen mit Kleinkalibergewehren bei der „Gesellschaft für Sport und Technik". Sie marschieren im

Blauhemd und halten die rote Fahne in den Händen. Sie tragen das Sportabzeichen „Bereit zur Arbeit und zur Verteidigung des Friedens" und das Abzeichen „Für Gutes Wissen". Sie haben sich angepasst. Schließlich wollen sie studieren und nicht in den Westen abhauen. Zu Hause hören sie aber den Sender RIAS. Sie fahren zu Verwandten in das monopolimperialistische Deutschland. Sie besorgen sich Zeitungen und Bücher von dort. Sie leben gewissermaßen in zwei Welten. Zu ihrer Republik verhalten sie sich durchaus loyal, und sie haben gelernt, ohne Gewissenskonflikte in ihren so verschiedenen Welten zu leben.

Und dann die Minderheit. Möglicherweise durch den Vater beeinflusst, sind sie strikt gegen die DDR und alles, was zu ihr gehört. Sie gehören keiner staatlichen Organisation an. Sie legten das Kugelkreuz erst ab, als die Nichtzulassung zum Abi drohte. Sicher ist es so, dass schon einige einen Studienplatz in Westdeutschland sicher haben. Sicher ist es so, dass schon einige geplant haben, abzuhauen.

29

„Aufstand des Volkes" / 17. Juni 1953 / Ausnahmezustand im Kornfeld / Zum Studium zugelassen / Gedanken beim Abschied

Wie immer in der letzten Zeit kommt Schwager Ernst ziemlich spät aus dem Rathaus. Das Abendessen steht auf dem Tisch. Bert hatte in Halberstadt bei „Lokomotive" trainiert. Dafür hat er jetzt viel Zeit. Er spürt, dass sein Schwager bedrückt ist. Irgendetwas quält ihn.

„Ich hab's geahnt", fängt der an zu sprechen. „Wir kriegen, wenn das so weitergeht, einen Riesenschlamassel. Nichts läuft mehr rund. Und unsere Genossen wissen gar nicht mehr, was in Wirklichkeit los ist. Seit Stalin tot ist, geht alles drunter und drüber. Und immer mehr hauen ab. Der RIAS hat gesagt, dass allein im März fast sechzigtausend abgehauen sind. Das ist gerade so, als ob Halberstadt plötzlich menschenleer ist. Was soll alles nur noch werden?"

Das ist dem Bert eigentlich völlig egal. Es wird schon werden, denkt er. Und ob alles stimmt, was der RIAS – der „Rundfunk im Amerikanischen Sektor" – bringt, weiß er auch nicht. Für Hillmann ist das alles sowieso nur Hetzpropaganda.

Für ihn hat eine schöne Zeit angefangen. Es ist Sommer. Fast drei Monate lang kann er machen, was ihm Spaß bereitet. Das Abitur hat er hinter sich. Er genießt die Sonnentage. Er genießt Ritas Nähe. Fast jeden Abend holt er sie nach der Arbeit ab – von dem Geschäft, in dem sie eine Lehre macht. Im Schützenhaus turnen sie einträchtig am Pferd oder am Barren oder am Boden. Nur an das Reck geht er nicht. Noch immer hat er im Ohr, was Hans Dietz zu ihm gesagt hatte:

„Du hängst an der Stange wie ein nasser Sack."

Langsam gehen sie dann Hand in Hand durch die späten Abende. Sie hat ihre blonden Haare zu einem Pferdeschwanz zusammengebunden. Blaue Augen schimmern im letzten Licht des Tages. Alles an ihrem sportlichen Körper ist fest und doch fraulich weich. Sie haben sich sehr gerne.

Er trifft in der Stadt seinen Klassenkameraden Jürgen. Bert stutzt. Ist der Jürgen denn nicht ganz bei Trost? Sprachlos starrt Bert auf den Kragen seiner Jacke. Das Kugelkreuz!

„Ja, willst du dich unglücklich machen? Wenn das ein Funktionär sieht!"

Er deutet auf das Abzeichen.

„Wir dürfen wieder!", lacht Jürgen ihn an.

„Was heißt das denn schon wieder?"

„Mann, Mann! Wohnt ihr in Schwanebeck denn hinter dem Mond? Gibt es bei euch auf dem Dorf keine Zeitung?"

„Dorf" hat er gesagt! Bert ist fast ein wenig beleidigt.

„Nun red nicht dumm herum. Klär mich lieber auf."

„Also! Schon vor ein paar Tagen hat der RIAS gebracht, dass einige aus der SED nach Moskau bestellt – man kann auch sagen befohlen – wurden. Unsere sowjetischen Freunde haben wohl Angst gehabt, dass bei uns etwas schiefgehen könnte, dass sozusagen der Weg zum Sozialismus zu steil werden könnte. Dort müssen sie wohl dann den „Neuen Kurs" beschlossen haben. Hast du davon wirklich nichts mitbekommen? Das stand doch alles in der Zeitung."

„Nee! Wirklich nicht! Aber was hat das mit eurem Kreuz zu tun?"

„Es dauerte keine drei Tage. Da stand dann doch wirklich in der Zeitung, die Mitglieder der Jungen Gemeinde hätte man zu Unrecht verdächtigt. Siehste! Und nun ist die Junge Gemeinde nicht mehr eine illegale Tarnorganisation. Und nun betreibt sie nicht mehr Sabotage und Kriegshetze. Und nun trage ich wieder mein Kreuz."

Mit dem „Neuen Kurs" wird sich also vieles zum Guten wenden. Davon ist Bert überzeugt. Aber nicht alle Menschen, besonders nicht alle Werktätigen, scheinen diese Überzeugung mit ihm zu teilen, oder sie haben die Partei völlig falsch verstanden.

„Mach mal das Radio an." Der Schwager kommt in die Küche. „Ganz, ganz dicke Luft!"

Hier in Schwanebeck ist der Nordwestdeutsche Rundfunk, der NWDR, besser zu empfangen als der RIAS. Von Streiks in Berlin wird berichtet. Auch in anderen Städten soll es Unruhen geben. Von ersten Toten ist die Rede. Anscheinend verbreiten sich diese Nachrichten schnell in der ganzen Republik. Nur der Rundfunk der DDR schweigt. Noch schweigt er.

„Jetzt ist es passiert!" Ernst atmet schwer. „Wie soll das nur alles ausgehen?"

Bert muss zu seiner Schule. Für seine Bewerbung zum Studium braucht er noch eine Unterschrift und eine Bescheinigung. Auf dem Bahnhofsplatz stehen Sowjetarmisten herum. Lässig halten sie ihre Kalaschnikows im Arm. In der Nähe der Martinikirche hat sich ein T-34 der

Roten Armee postiert. Acht Jahre ist es her, dass er diese Panzer zum ersten Male gesehen hat.
  Der Rundfunk der DDR hat nun die Lage erkannt: „Provokateure und faschistische Agenten ausländischer Mächte und ihre Helfershelfer aus deutschen kapitalistischen Monopolen haben versucht, unsere Deutsche Demokratische Republik zu beseitigen."
  Nun haben also unsere Freunde die Ordnung wiederhergestellt. Überall, wo es notwendig erscheint: in den Kästen für amtliche Bekanntmachungen, am Rathaus, am Feuerwehrhaus und an der Schule, hängen rosafarbene Plakate, die den Ausnahmezustand verkünden. Von abends neun bis morgens fünf darf sich kein Mensch draußen blicken lassen.

Wenn aber das Training im großen Saal vom „Schützenhaus" erst um halb acht anfängt, ist es schnell neun, bevor alle Turnerinnen und Turner von der Straße verschwunden sind. Eigentlich dürfte überhaupt kein Training stattfinden. Es ist ja auch nach dem Ausnahmezustand verboten, sich zu versammeln. Aber hier in der Provinz nehmen sie es nicht so genau mit dem Ausnahmezustand und die Sowjetarmee wurde hier im Städtchen auch noch nicht gesehen.
  Sie denken gar nicht daran, gleich getrennt nach Hause zu gehen. Lau ist die Luft am späten Abend. Leicht streicht der Südwind über fast reife Roggenfelder. Sie wollen zu zweit sein und allein in die Nacht hineingehen. Vom „Schützenhaus" gehen sie Hand in Hand durch die leeren Straßen. Sie kommen am Sportplatz vorbei und lassen die letzten Häuser des kleinen Städtchens hinter sich. Links und rechts der Landstraße, die nach Neuwegersleben führt, ist das Getreide hoch gewachsen. Es wird dunkel. Sie haben die Zeit vergessen. Die Schläge der großen Uhr im hohen Turm der Kirche am Marktplatz dringen nicht an ihr Ohr. Sie sind allein auf der Welt. So fühlen sie.
  Doch dieses Gefühl trügt. Denn plötzlich hören sie den starken Motor, der das Armeefahrzeug antreibt. Sie hören ihn viel zu spät. Er packt das Mädchen fest am Arm. Beide laufen ein paar Schritte in das Feld hinein. Sie lassen sich fallen. Sie machen sich ganz klein. Das Fahrzeug hält. Der sehr helle Finger des starken Suchscheinwerfers zittert grell durch die Dunkelheit und unerbittlich kommt sein Strahl immer näher, verfolgt das umgetretene Getreide, sieht die Spur, entdeckt die beiden. Sie erkennen die Uniformen. Ihm fällt ein Stein vom Herzen. Es sind keine Russen. Es sind Genossen der Volkspolizei. Mit denen kann man reden. Das sind seine ersten einigermaßen klaren Gedanken.

„Was ist denn mit euch los? Wisst ihr nicht, dass nach neune keiner mehr auf der Straße sein darf?"

„Ja schon, aber ...", versucht Bert mit dem Genossen Leutnant ins Gespräch zu kommen. Nur weiter kommt er nicht.

„Was heißt hier aber? Ihr kommt jetzt mit. Los! Einsteigen!"

So schnell will sich Bert aber nicht geschlagen geben. Wie würde im Städtchen geredet werden? Was würden die Schwester und der Schwager für ein Gesicht machen? Die Rita und den Bert haben sie geschnappt. Sie mussten die Nacht in der Zelle verbringen. Wir wussten gar nicht, dass die miteinander gehen. Was würde dann Pfarrer Alfons Rohr von ihm denken? Er würde es Theo Schmidt weitersagen. Und dann?

Er unternimmt einen weiteren Versuch, sie zu retten: Das Mädchen wohne ganz in der Nähe – dort in den letzten Häusern, die man von hier sehen kann. Sie kämen vom Training und wären auf dem Weg nach Hause gewesen und wollten nur noch ein bisschen zusammen reden. Und außerdem – sein Schwager wäre der Bürgermeister von Schwanebeck. Er wohne in der „Steinbrücke 6" und sie könnten sich ja mit ihm in Verbindung setzen. Was er sagt, stimmt fast. Nur Bürgermeister ist Ernst nicht. Der Genosse Leutnant guckt den Genossen Unteroffizier an und glaubt, in dessen Gesichtszügen ein Einverständnis erkennen zu können. Na ja. Diese beiden jungen Sportfreunde sind sicherlich keine Spione oder Saboteure oder Agenten der Imperialisten. Lassen wir sie laufen.

Das Mädchen verschwindet schnell im Elternhaus. Bert sucht sich Pfade aus, auf denen er mit Sicherheit keine Organe der Staatsmacht mehr treffen wird.

Einen sehr amtlich aussehenden Brief an Bert Howald hat der Postbote gebracht. Der Absender ist die Technische Hochschule Dresden. Es kann doch nicht wahr sein. Aber es ist wahr. Er hat es schwarz auf weiß. Er wird in Dresden studieren dürfen. Dort war man also nicht darüber gestolpert, dass auf seinem Reifezeugnis vermerkt ist: er würde oft eigenwillig handeln.

Die Immatrikulationskommission bei der Technischen Hochschule Dresden hat Ihre Bewerbung ordnungsgemäß verhandelt und den Beschluss gefaßt, ihr zu entsprechen. Sie werden nunmehr nach erfolgter Bestätigung durch den Herrn Rektor der Technischen Hochschule Dresden zum Studienjahr 1953/1954 für die Fachrichtung Bauwesen immatrikuliert.

Damit übernehmen Sie eine gesellschaftliche Verpflichtung, die mit hoher Verantwortung verbunden ist. Es wird von Ihnen erwartet, daß Sie sich dieses Vertrauensbeweises bewusst sind und Ihr Studium zum Wohle der Allgemeinheit durchführen werden.
Um einen reibungslosen Ablauf der Einschreibung zu gewährleisten, werden Sie gebeten, **unbedingt** *am 4. Sept. 1953 am Hochschulort Mommsenstraße 13, Mensagebäude, Speisesaal, Ostflügel einzutreffen.*
Der Vorlesungsbeginn für oben erwähnte Fachrichtung ist auf den 7. Sept. 1953 festgesetzt. **Bei Nichtaufnahme** *des Studiums am vorgenannten Tage wird die* **ausgesprochene Zulassung rückgängig gemacht.**

Die genannten Termine, das ist doch selbstverständlich, wird er einhalten. Wolfgang, der Beste seiner Klasse, der das Abi glatt mit einer Eins geschafft hat, der begnadete Sportler, der Bestaussehende unter ihnen, wird mit ihm in den Zug nach Dresden einsteigen. Auch er, der aus einer gutbürgerlichen Familie kommt, wird in Dresden ein Bauingenieurstudium anfangen.

Hochsommer. Zum Teil haben die Erntemaschinen ihre Aufgaben schon erfüllt. Die Gabelweihe sieht das mit großer Freude. Ihr Raubvogelruf ist weit zu vernehmen. Die Mäuschen unter, und vor allem auf den Stoppelfeldern, hören ihn. Und wenn das Mäuschen zu langsam ist, hat es die Gabelweihe schon in den Krallen. Fast täglich kann Bert beobachten, wenn er mit dem Rad zum Training fährt, wie Gabelweihen auf die Jagd gehen. Von Napoleon weiß er, die Gabelweihe hier ist der Rote Milan.
Den „Ringer" haben sie verdonnert. Mit dem Abi in der Tasche, so meinen die leitenden Funktionäre der Sportvereinigung, kann er jetzt ja das Schreiben der Chronik übernehmen.
„Ich will mal deine Meinung hören", spricht er nach dem Training seinen Sportfreund und ehemaligen Klassenkameraden Bert an.
„Ich gebe dir mal das mit, was ich über die letzten Tage geschrieben habe. Guck mal drüber, ob ich das so lassen kann."
Zu Hause liest Bert:

Die unerfreulichen Dinge der Absage des Vergleichskampfes mit den Goslarer Sportfreunden wurden ganz plötzlich durch ein weit größeres Ereignis zum Schaden unserer Sportarbeit vermehrt. Es kam der 17. Juni, jener Tag, der neben dem Durcheinander in Wirtschaft und öffentlichen Leben den Ausnahmezustand brachte, der für uns die Einstellung des aber für die bevorstehenden Meisterschaften so dringlich notwendigen Trainings bedeutetet. Das ganze Trai-

ning war auf die bevorstehenden Veranstaltungen ausgerichtet. Doch auch diese Freude sollte uns genommen werden. So lebte man in der Ungewissheit, ob sie doch noch stattfinden oder ausfallen würden.

Die ganzen Vorarbeiten für umsonst. Die Wettkämpfer ohne Startmöglichkeiten. Fast kein Training. Das war die traurige Bilanz. Durch die Maßnahme des Ausnahmezustandes war jegliches gemeinsame Training verboten. Zum Einzeltraining fehlte die Zeit für die Trainer. Unser Ausweg war so, dass die Aktiven nicht insgesamt, sondern in sehr kleinen Gruppen, ohne zur Zeit unnötige Gespräche, ihr Trainingspensum abarbeiteten.

Nur gut, dass ein Teil unseres Trainingsgeländes im Wald liegt und nicht so schnell zu kontrollieren ist. So wurden wir nicht so leicht entdeckt und mieden jeden Konflikt mit der Polizei. Jeder verhielt sich entsprechend, um das Training halbwegs aufrecht zu erhalten. Und es wurde trainiert, doch ohne augenblickliches Ziel. Denn man wusste ja nicht, wann der nächste Wettkampf stattfinden würde. Froh atmeten wir auf, als aller Zauber vorüber war.

Er liest es nochmal. Ja, ob das mal gut geht? Klar, so haben es die meisten empfunden. Klar, er hätte das so ungefähr auch geschrieben. Aber nur dann, wenn es ausschließlich für sein Tagebuch bestimmt gewesen wäre. Aber als Chronik, in die doch manche reingucken werden, die davon überzeugt sind, dass „aller Zauber" nur von den bösen Imperialisten veranstaltet wurde mit dem Ziel, unsere Republik zu vernichten?

Er wird es dem Ringer sagen. Er wird ihm raten, doch mehr die offizielle Meinung in seinem Beitrag für die Chronik der Sportvereinigung einfließen zu lassen. Und dann sollte er auf keinen Fall vom „geheimen" Training reden. Im Ausnahmezustand sind Menschenansammlungen verboten, und beim Training waren es immer eine Menge Läufer, Springer und Werfer.

Abend im Sommermonat August. Der Tag war heiß. Jetzt kühlt ein milder Wind das alte Mauerwerk der großen Kirche. Es ist ruhig hier. Die Schüler sind noch in den Ferien. So ist es auch rund um die Schule still – auf dem Schulhof, der auch in den Abendstunden sonst gerne für die Spiele der Kinder benutzt wird.

Die beiden Freunde lehnen am Geländer, das den erhöhten Platz an der Kirche von dem tieferliegenden Marktplatz trennt. Freunde sind sie natürlich noch immer, obwohl Bert in vielen Dingen völlig gegensätzliche

Standpunkte vertritt. Sie diskutieren über Gott und die Welt. Während Norbert gezielt den Weg zum „Neuen Menschen" eingeschlagen hat, hat Bert sich in seiner Kopf-Hütte eingerichtet. In wenigen Tagen werden sie sich trennen.

Bert fährt südwärts nach Dresden. Norbert wird nach Berlin fahren. Er wird an der Hochschule für Planökonomie in Berlin-Karlshorst sein Studium anfangen. Dort wird er lernen, wie die sozialistische Wirtschaft funktioniert. Er wird eine Fachkraft für die Planwirtschaft werden. Nur in den Semesterferien können sie sich dann noch sehen und miteinander diskutieren, werden Argumente austauschen – und das alles „sine ira et studio". Nicht darum geht es ihnen, wer recht hat. Im Recht sehen sich beide. Und deshalb reden sie miteinander „ohne Zorn und Eifer".

Rechts von ihnen steht das Lehrerhaus, in dem jetzt Herr und Frau Hinrichs wohnen. Aus dem Fräulein Gastner ist die Frau Hinrichs geworden. Es ist dunkel geworden.

„Mach's gut!"

„Mach's besser!"

Als Bert vor einigen Tagen das junge Lehrerehepaar getroffen hatte, fragte Herr Hinrichs ihn, was er denn nun studieren würde.

„Ich gehe nach Dresden an die TH."

„Also an die Technische Hochschule. Du willst doch wohl nicht einen technischen Beruf erlernen?"

„Doch. Ich will Bauingenieur werden."

„Nein, Bert. Ich habe stark angenommen, dass du eine musische Richtung einschlägst oder dich den Geisteswissenschaften widmest. Aber Ingenieur?"

Er hatte dem Lehrer viel zu verdanken. Ohne ihn hätte er wahrscheinlich nicht das Abitur gemacht.

„Wenn ich so überlege und daran denke, wie gut du in Deutsch deine Aufsätze geschrieben hast und welche Talente du in der Musik besitzt."

Sie hatten sich in den letzten vier Jahren aus den Augen verloren – der Lehrer und sein einstiger Primus. Sollte Bert ihm über seine Erfahrungen im Musikunterricht bei H.P. erzählen? Oder über die Gründe seiner Entscheidung? Er erzählte nichts. Die Würfel waren ohnehin gefallen.

Trauer liegt in Ritas Stimme. Es sind die letzten Abende, an denen sie zusammen sein können.

„Rudi wird auch in den Westen abhauen."

Ritas Bruder, einige Jahre älter als sie, arbeitet in Magdeburg als Maschinenschlosser.

„Er hat sich schon in Schöningen eine neue Arbeitsstelle besorgt. Ich hab dir ja erzählt, dass wir dort eine Tante wohnen haben."

Beide schweigen.

„Ich glaube", sagt sie nach einigen Minuten der Stille, „ich haue auch ab. Bald bist du in Dresden. Wie oft im Jahr werden wir uns dann überhaupt noch sehen?"

„Na ja", antwortet ihr der Freund, „in den Semesterferien – im Sommer und um die Weihnachtszeit – bin ich auf jeden Fall hier."

Das Mädchen sieht ihn an.

„Na gut. Dann würde ich ja auch wieder hier sein können, würde Urlaub machen. Sag mal, könntest du denn nicht auch im Westen studieren?"

Darüber hat er nun wirklich noch nie nachgedacht. Nie ist ihm auch nur der kleinste Gedanke gekommen, abzuhauen und dort Bauingenieur zu werden. Warum sollte er denn auch die Seiten wechseln? Nein – es sind nicht die bösen Imperialisten, die Aggressoren, die Friedensfeinde, die ihn daran hindern. Nein – trotz des linken Zimmers in seiner Kopf-Hütte, trotz des Unterrichtes bei Bruno Hillmann ist er – wenn überhaupt – nur wenige Meter auf dem Weg zum „Neuen Menschen" vorangegangen.

Auf der anderen Seite: Nun ist er zweimal in Westberlin gewesen, hat also zweimal den Glitzer und den Glanz der westlichen Seite gesehen. Gut. Er war beeindruckt. Aber begeistert war er nicht. Vieles war ihm dort fremd, gehörte nicht zu seiner Welt. In seiner Welt verspürt er mehr Sicherheit als dort. Hat er Angst vor einer allzu großen Freiheit? Hat er Angst, dass ihm in jener Welt nicht mehr irgendwelche für den Lebensweg wichtige Entscheidungen abgenommen werden würden?

Und schließlich: Geht es ihm hier in der jungen DDR schlecht? Mit Sicherheit nicht. Hätte er – das Flüchtlingskind, der Elternlose – dort im Westen auch das Abitur machen können? Oder gar ein Studium anfangen? Seine Cousinen und Cousins jedenfalls, sicherlich nicht weniger begabt als er, können dort im Westen nicht auf eine Höhere Schule gehen.

Er hat bisher auch nicht erfahren, dass er zu irgendwelchen Dingen gezwungen wurde. Er ist wegen seiner Helfertätigkeit in der Pfarrjugend niemals behelligt worden. Er hat seinen Sport betreiben können, so wie er es wollte. „Ubi bene ibi patria." Von den alten Römern stammt diese Weisheit: „Wo es mir gut geht, da ist mein Vaterland!"

Und wenn der Nordwestdeutsche Rundfunk und die revanchistischen Politiker im Westen immer wieder von der Unfreiheit der Menschen in der Sowjetzone, so nennen sie die DDR, reden, dann versteht Bert noch nicht, was überhaupt Freiheit bedeutet. Ja: was ist Freiheit? Für ihn ist das ein abstrakter Begriff. Bruno Hillmann hatte den großen deutschen Philosophen Georg Wilhelm Friedrich Hegel im Gegenwartskundeunterricht zitiert: „Freiheit ist die Einsicht in die Notwendigkeit."

Der angehende Student weiß es noch nicht: Die Marxisten-Leninisten haben diesen Satz nur allzu gerne gelesen. Sie legen ihn so aus: Die Freiheit kann auch die Unfreiheit des Einzelnen sein. Dieser muss nur zu der Einsicht gebracht werden, dass es vielleicht notwendig sein kann, gewisse Freiheiten für ihn einzuschränken.

Der große, braune Koffer aus harter Pappe ist gepackt. Die Zulassung zur TH macht den Kauf der verbilligten Fahrkarte der Deutschen Reichsbahn nach Dresden möglich. Der neue Lebensabschnitt kann beginnen.

- - - - -

Nachwort und Dank

Die Fragen drängen sich geradezu auf:
Sind nicht schon genug Bücher über das Leben in der sogenannten Deutschen Demokratischen Republik geschrieben worden? Haben Zeitzeugenberichte nicht geradezu mitunter den Büchermarkt überflutet?

Kann es überhaupt noch etwas geben aus dieser Epoche der deutschen Geschichte, was nicht schon in Wort und Bild – in Publikationen und im Fernsehen – umfassend dem interessierten Publikum nahegebracht wurde?

Diese Fragen scheinen mir allerdings nicht das Wesentliche anzusprechen. Man könnte sie durchaus mit einem einfachen „Ja" beantworten.

Aber warum schwindet dann das Interesse an diesem Thema, besonders bei der jüngeren Generation?

Warum antworten Schüler des Gymnasiums auf die Frage, wer die Berliner Mauer gebaut hat, mit der Gegenfrage: „Willi Brandt?"

Ist Geschichtsschreibung objektiv? Meine Antwort: „Nein!" Jeder Historiker wird die Geschichte aus seiner Sicht sehen. Wer den Geschichtsunterricht in der DDR erlebt hat, braucht für diese Behauptung keinen weiteren Beweis. Geschichtsschreibung und Ideologie sind die zwei Seiten einer Medaille. Ein ehemaliger, auch noch heute vielleicht überzeugter Anhänger des DDR-Regimes, der der Ansicht ist, dass in der DDR „doch nicht alles schlecht war", wird seine Erinnerungen völlig anders zu Papier bringen, als derjenige, der möglicherweise – aus welchen Gründen auch immer – fliehen musste oder – aus welchen Gründen auch immer – der Stasi in die Fänge geraten ist. Der eine „hellt". Der andere „dunkelt". Dazwischen liegt das „echte" Leben.

Dieses „Echte" ist im Geschichtsunterricht der Schulen heute nur noch selten gefragt – in manchen Bundesländern schon gar nicht. Kompetenzorientierter Geschichtsunterricht: die fachspezifische Kompetenz – die Methodenkompetenz – die Kommunikationskompetenz – Urteilskompetenz. Also kein Hintergrundwissen mehr, das historische Zusammenhänge erklären könnte. In meinen Augen ist diese Art von Geschichtsunterricht ein wunderbares Vehikel, um von einer gewollten oder ungewollten ideologischen Sicht heraus, die Schülergeneration in ihrem Urteil (Urteilskompetenz!) zu beeinflussen.

Ich habe mich bemüht, das Leben in der „DDR" in den Jahren bis 1953 so zu zeigen, wie es der Protagonist des Buches erlebt hat, wie es wirklich war. Dabei soll natürlich nicht vergessen werden, dass in anderen Landesteilen, in anderen großen Städten mit Sicherheit andere Verhältnisse in den Schulen und christlichen Gemeinden herrschten als dort, wo die Handlung spielt. Ich habe nicht „schwarzgemalt", aber die Skepsis gezeigt, die viele Menschen hatten, als der Weg in den Sozialismus eingeschlagen wurde.

Es würde eine weitere Seite füllen, wenn ich an dieser Stelle all denen danken sollte, die die Entstehung dieses Buches begleiteten und mir Mut machten, „dranzubleiben".

Genannt werden müssen aber Elfie Neuser, die bis zu ihrem viel zu frühen Tod mich anspornte und Heidi Kühl, die mir aus dem Nachlass von Old Shatterhand wertvolles Quellenmaterial übergab.

Nachdem schon das Cover meines Buches „Eine Flucht 1945" – die zweite Ausgabe von 2016 trägt den Titel „Am Ende des großen Krieges" – nach einer Idee von Albrecht Thomas aus Siegen gestaltet wurde, ist auch das Cover dieses Buches von ihm wesentlich mit erarbeitet worden. Danke, Albrecht.

Dem Roland Reischl Verlag danke ich für die gelungene Umsetzung des Manuskriptes in ein ansehnliches Buch.

Last but not least: Zum zweiten Male hat Eckhard Humbert ein Buch von mir lektoriert. Seine hohe Professionalität und unser gegenseitiges Vertrauen sind die Grundlage unserer Zusammenarbeit.

Ganz herzlichen Dank.

Über den Autor

Hubertus Deick wurde 1935 in Pommern geboren. Als Zehnjähriger kam er nach Sachsen-Anhalt, wo er in Schwanebeck die Volksschule und in Halberstadt das Gymnasium „Martineum" besuchte. Nach dem Abitur studierte er an den Technischen Universitäten Dresden sowie Darmstadt Bauingenieurwesen und arbeitete 40 Jahre als Statiker, Bauleiter, Oberbauleiter und Niederlassungsleiter in der freien Wirtschaft. Im Ruhestand entdeckte Deick das Schreiben als Hobby. Der Autor lebt in Nackenheim bei Mainz und wandert mit seinem Belgischen Schäferhund jeden Tag in den rheinhessischen Weinbergen.

Über den Verlag

Der Roland Reischl Verlag wurde 2008 für das Buch über die Kölner Jazzkneipe *metronom* gegründet. Seitdem mehr als 30 Titel aus den Sparten Zeitgeschichte, Reise, Krimi und Belletristik. Mit Schauplätzen im Rheinland und Rheinhessen, an der Sieg, im Harz und dem Schwarzwald sowie in Spanien, Paris und Chile. Weitere Informationen und den kostenlosen Verlagsprospekt erhalten Sie bei: Roland Reischl Verlag, Herthastr. 56, 50969 Köln, Internet: www.rr-verlag.de